texte

zur
mathematisch·naturwissenschaftlich·technischen
forschung und lehre

band 3

Michael Ewers
(Hrsg.)

Wissenschafts-
geschichte
und
naturwissenschaftlicher
Unterricht

didaktischer dienst
verlag barbara franzbecker

di/

ISBN 3-88120-004-5 verlag barbara franzbecker, didaktischer dienst

Inhaltsverzeichnis
(Kurzfassung)

Inhaltsverzeichnis
(Langfassung)

Vorwort

In den in diesem Band vereinigten Beiträgen werden vor allem drei Interessen artikuliert: Reflexion des Zusammenhangs von Wissenschaftsgeschichte und Didaktik, Erörterung wissenschaftsgeschichtlicher Paradigmata im Kontext naturwissenschaftlicher Fachdidaktiken und Bestimmung des Stellenwertes von Wissenschaftsgeschichte im Unterricht und in der Lehrerausbildung.

Zumindest für den Bereich der westdeutschen Naturwissenschaftsdidaktik sind diese Problemstellungen insofern neu, als Ungeschichtlichkeit und "Objektivität" naturwissenschaftlicher Erkenntnisbestände beinahe als Synonyma zu verstehen, hier immer noch, und zwar sowohl auf der Ebene des Unterrichts als auch der Lehrerausbildung, weithin üblich ist. Es gehörte lange Zeit in konstitutiver Weise zum Selbstverständnis von Fachdidaktikern sowie Schul- und Hochschullehrern naturwissenschaftlicher Disziplinen, sich über die Subjektivismen, hermeneutischen Zirkel und Irrationalismen der Geisteswissenschaften erhaben zu dünken und von gesellschaftspolitischen Fehden um Sinn und Zweck der Wissenschaft nicht tangiert zu werden. Daß solches ständische Selbstverständnis nicht nur einem Selbstmißverständnis entspringt, sondern auch wissenschaftlich unhaltbar ist, wird sicherlich noch lange Zeit eine unbequeme Erkenntnis für die Betroffenen bleiben.

Es würde der Sache, nämlich dem naturwissenschaftlichen Unterricht, nur dienlich sein, wenn möglichst alle Lehrer mit den in diesem Reader festgehaltenen Gedanken bekannt würden. Die Autoren, die in Schule sowie Lehreraus- und -weiterbildung tätig sind, hoffen indessen, nicht als "Privat-Sekretäre des Weltgeistes mißverstanden" zu werden[1].

Gegliedert ist der Band in Artikel mit methodologischen, hochschuldidaktischen und fachdidaktisch-unterrichtspraktischen Schwerpunkten.

Michael Ewers

---

1.   vgl. Bericht von: Walter Jung, IPN-Seminar 15: Geschichte der Naturwissenschaft im naturwissenschaftlichen Unterricht. In: physica didact., 5 (1978), Heft 2, S. 69—73.

Einführung in die wissenschaftsgeschichtliche Didaktik

von

Michael Ewers

Einleitung

Die zehn Jahre währende Expansionsphase der Curriculumrevision kann als abgeschlossen gelten; z.Z. verlagert sich das schulpädagogische Interesse von der curricularen Ebene in die "Mikrosphäre" der Lern-Lehr-Prozesse, d.h. es zeichnet sich nach dem "Scheitern der Bildungsreform" eine neue "realistische Wende" in der Erziehungswissenschaft ab. Die Zeit der großen curricularen Programme scheint vorüber zu sein, zumal die meisten Versprechungen uneingelöst geblieben sind. In dieser Situation erlangen die Stimmen der Skeptiker offenbar wieder größere Resonanz; daß durch Curriculumreform allein die Schule nicht verbessert werden könne, wird zum pädagogischen Allgemeinplatz.

Parallel zur Schwerpunktverlagerung der schulpädagogischen Forschung von der Curriculum- zur Unterrichtsanalyse erweitert sich gegenwärtig die wissenschaftsdidaktische Perspektivik, indem sie sich von der synchronistischen Orientierung an gegenwärtigen Wissenschaftssystemen schrittweise abzulösen beginnt und historisch-genetische Betrachtungsweisen, die unlängst noch als rückwärtsgewandt oder "romantisierend" galten, in zunehmenden Maße verfolgt. Die Hinwendung zur wissenschaftsgeschichtlichen Dimension kann m.E. nicht als bloße Reaktion auf bildungspolitische Trends interpretiert werden, sondern entspricht vielmehr einem genuin didaktischen Bedürfnis, das nicht zufällig gerade innerhalb der Naturwissenschaftsdidaktik zum Ausdruck gelangt. Es ist bekannt, daß eben die Didaktik der Naturwissenschaften bis zum Beginn dieses Jahrzehnts weithin eine Domäne "verhinderter" Naturwissenschaftler darstellte, die ihre fachwissenschaftlichen Ambitionen in reduzierter Form zu befriedigen trachteten, ohne sich ernsthaft mit erziehungswissenschaftlichen und gesellschaftlichen oder wissenschaftstheoretischen Komplexen ihrer Fachdidaktiken zu beschäftigen. Ein Mann wie Martin Wagenschein mußte sich wohl eben deshalb jahrzehntelang wie ein Fremdkörper in der Gilde der Didaktiker naturwissenschaftlicher Disziplinen ausnehmen, mag uns auch heute sein genetischer Ansatz als wenig aufregend erscheinen.

Das didaktische Bedürfnis nach wissenschaftsgeschichtlicher Reflexion kann m.E. nicht aus der fachwissenschaftlichen Entwicklung abgeleitet werden, sondern hat gesellschaftliche Wurzeln. Es ist nicht das altbekannte Oberflächenphänomen sozialpolitischer Desorientiertheit von Wissenschaftlern, sondern die humanökologische Entwicklung der letzten Zeit, welche die gesell-

schaftliche Funktion der Wissenschaft auf außerwissenschaftliche Weise ins
Bewußtsein breiter Volksschichten gehoben hat. Das Märchen von der "Objektivität" und Wertneutralität der Naturwissenschaft, das weiterzuerzählen
das Hauptkontingent der Naturwissenschaftsdidaktiker seit dem Ende des
Dritten Reiches sich hatte angelegen sein lassen, büßte seine Glaubwürdigkeit
nicht im Labor, sondern im politischen Raum ein. Insofern erscheint das
Interesse an Wissenschaftsgeschichte im sozialgeschichtlichen Kontext. Daß
es sich gegenwärtig gerade in der Naturwissenschaftsdidaktik artikuliert,
hängt mit dem gewandelten Selbstverständnis dieser Profession zusammen:
Es sind nicht mehr die verhinderten Fachwissenschaftler, sondern sozialwissenschaftlich orientierte Didaktiker mit naturwissenschaftlicher Ausbildung, die an wissenschaftstheoretischer Aufhellung der historischen Hinter-
gründe ihrer Fächer interessiert sind. Dieses Interesse hat selbstverständlich
auch eine legitimatorische Funktion, weil das so umschriebene neue Selbstverständnis von Naturwissenschaftsdidaktik mit dem Widerstand der traditionellen Fachdidaktiker zu rechnen hat. Insofern handelt es sich hierbei also
durchaus auch um einen idiosynkratischen Vorgang im Zusammenhang mit
einem Paradigmawechsel sensu Kuhn.

I.   Ansätze zur Erforschung von Naturwissenschaftsgeschichte

Gegenwärtig lassen sich unterschiedliche Konzepte wissenschaftshistorischer
Untersuchungen ausmachen; im folgenden möchte ich traditionelle Auffassungen erstens *historistischer* und zweitens *marxistischer* Observanz sowie
neuere Ansätze erstens *konstruktivistischer* Prägung, zweitens *kritisch-
rationalistischer Herkunft* und drittens *sozialkritischer Orientierung* kennzeichnen. Ich habe die Absicht, die positionalen Charakteristika dieser Ansätze zunächst ohne direkte Bezugnahme auf ihre didaktischen Umsetzungs-
möglichkeiten herauszustellen, da sonst ihre Bewertung aus praktischer Sicht
präjudiziert würde.

1.   Im Sinne des historistischen Wissenschaftsverständnisses erfolgt "die
Wertung geschichtlicher Ereignisse und Persönlichkeiten" in der Regel ihrer
"Bedeutung und Größe" gemäß[1]. "Bedeutung und Größe geschichtlicher
Ereignisse und Personen" festzustellen, gilt hier als "erstrangiges Problem
der Geschichtsschreibung"[2]. So bewegt sich der Historist also in einem
Zirkel, wenn er einmal "Bedeutung und Größe" als Kriterien der Historiographie versteht, zum andern aber eben das Vorliegen dieser beiden Merkmale
durch seine Geschichtsforschung allererst zu prüfen trachtet. Logisch ausgedrückt, handelt es sich bei der historistischen Methode als um nichts anderes
als eine Tautologie. Der Historist ist im Grunde nicht in der Lage, seine
Kriterien historiographischer Beurteilungen zu begründen, sondern läßt sich

vielmehr von unhinterfragten Vorverständnissen und professionellen Konventionen bei der Darstellung "wichtiger" geschichtlicher Ereignisse und "bedeutender" Persönlichkeiten leiten.

Der Wissenschaftshistoriker K.E. Rothschuh, den ich als Vertreter des Historismus betrachte, sieht zwar die Gefahr, daß "Haß und Liebe unbemerkt die Feder des Geschichtsschreibers führen können", glaubt aber, "die Auswahl und das Werten" könne sich "relativ eng an das Faktisch-Erweisliche halten", "wenn man geschichtliche Bedeutung und Größe nach dem Ausmaß der Nachwirkungen beurteilt, mit dem eine Persönlichkeit, eine Idee, ein Ereignis, eine Entdeckung den Verlauf und die Richtung der späteren Entwicklung beeinflußt haben"[3]. Diese "effektorische Geschichtsbetrachtung" sei jedoch — was die Wissenschaftsgeschichte betrifft — "eher dem historisch geschulten Fachspezialisten vorbehalten", während die "genetische Betrachtung" der Wissenschaftsgeschichte, d.h. "im Hinblick auf ihre Wurzeln", "mehr Sache der allgemeinen Wissenschaftsgeschichte" sei[4].

Es entbehrt nicht einer gewissen Ironie, daß Jakob Burckhardt in seinem Aufsatz über "Die historische Größe" (1868) das Vorliegen eben historischer Größe bei Naturwissenschaftlern und Entdeckern in Abrede gestellt hat, weil es diesen gemeinhin an Einmaligkeit und allgemeiner Bedeutung für die schicksalhaften Lebensprobleme ermangele[5]. Angesichts der durch naturwissenschaftlich-technische Entwicklungen dieses Jahrhunderts hervorgerufenen humanökologischen Veränderungen und für die Zukunft zu erwartenden technologisch verursachten Katastrophen globalen Ausmaßes erstaunt uns jene bemerkenswert kurzsichtige Fehleinschätzung der Wissenschaftsdynamik und ihrer gesellschaftlichen Bedeutung. Dieses Erstaunen muß allerdings in vehemente Kritik umschlagen, wenn wir in einem Aufsatz von Rothschuh aus dem Jahre 1961, also fast 100 Jahre nach Burckhardts Abhandlung über "Die historische Größe", zunächst den Allgemeinplatz lesen, daß "jeder Forscher, auch der bedeutendste, ... in einer historischen Umwelt (lebt)", worunter "die Gesamtheit der für seine Leistung als Forscher in Frage kommenden Bedingungen, z.B. der Stand der Forschungslogik, der Technik und Methodik, die wirksamen Leitbilder und Ideale, die als Zeitgeist die Interessenrichtung bedingen, ferner politische Mächte, wirtschaftliche Momente und gesellschaftliche oder persönliche Umstände aller Art" zu verstehen seien, dann aber Rothschuhs Meinung zur Kenntnis nehmen müssen, daß beim Aufzeigen "der allgemeinen Entwicklungsdynamik der Wissenschaften an der Geschichte der Physiologie" "die wirtschaftlichen und politischen Momente ... unberücksichtigt bleiben" dürften[6]. Indessen ist die hiermit zum Ausdruck gelangende Auffassung Rothschuhs als typisch für die Wissenschaftsgeschichtsschreibung mit historistischer Ausrichtung anzusehen.

Mit dem bei Rothschuh wirksamen Verständnis von Wissenschaftsgeschichte geht auch St. F. Mason konform, wenn er davon spricht, "daß Wissenschaft eine eigene Tradition und nur ihre eigene innere Triebkraft besitzt"[7].

2. Ich möchte nun auf die **marxistische Historiographie** eingehen. Nach H.J. Sandkühler wird "die Kategorie Geschichte" durch eine "spezifische Differenz zwischen widerspiegelndem Begriff und widergespiegeltem objektivem Sein" gekennzeichnet[8]; hierbei wird im Sinne des Historischen Materialismus zwischen einer "wirklichen Geschichte" und einem über ihrer materiellen Basis konstituierten "Geschichtsbewußtsein" unterschieden. Sandkühler bezeichnet die bewußt-erkannte "Geschichte" als eine "theoretische Kategorie", die "durch Abstraktion von der Fülle der Geschehnisse der Vergangenheit und durch Synthesis der wesentlichen Strukturelemente der vergangenen Wirklichkeit" gewonnen wird[9]. Kennzeichnend für die Kategorie der "Geschichte" ist nun nach marxistischer Auffassung eine "Parteilichkeit", die übrigens für alle "Kategorien des Denkens" bestimmend sei, nämlich der Klassenstandpunkt der Theoretiker[10]; unparteiische Wissenschaft, die über die Klassengegensätze erhaben wäre, wird als nicht-existent angesehen. Die Erkenntnis des materiellen Seins und der Bewegungsgesetze der gesellschaftlichen Entwicklungen wird als ein dialektischer Prozeß aufgefaßt, in dem die durch Arbeit bestimmte soziale Praxis in ihren jeweiligen politisch-ökonomischen Formen auf der Ebene des Bewußtseins widergespiegelt wird. Dieser erkenntniskonstitutive Widerspiegelungsprozeß erzeugt in der Geschichtstheorie also die Theorie der Geschichtlichen Praxis; folglich ist die historisch-materialistische Geschichtsschreibung vor allem auf die ökonomisch-gesellschaftlichen Strukturen und Veränderungen der Realität gerichtet. Für "die kapitalistische Wirklichkeit" bedeutet dies nach Sandkühler, daß die historiographische Rekonstruktion der Geschichte "von der Analyse des Kapitals, der Lohnarbeit, der Privateigentumsformen, der Konsumtion und Distribution sowie der herrschenden Klassenstruktur" auszugehen habe[11].

Die von Seiten der marxistischen Historiographie gegen den "bürgerlichen" Historismus vorgetragenen Angriffe reichen von der Apostrophierung des hermeneutischen Zirkels geschichtlichen Verstehens als "Scheinaporie" über den Vorwurf der "Flucht aus der Geschichte" bis hin zur Feststellung eines "Skeptizismus völliger Geschichtslosigkeit"[12]. Sandkühler ist indessen beizupflichten, wenn er jene degenerativen Formen geschichtswissenschaftlicher Selbstverstümmelung geißelt, die sich bei Fakto- und Biographie der Siege, Kriege und sonstigen "großen" Ereignisse bescheiden und damit die wirkliche Geschichte verfehlen und verleugnen.

Der Stellenwert der Wissenschaftsgeschichtsschreibung innerhalb der marxistischen Geschichtswissenschaft ist von Marx' in der 'Deutschen Ideologie' formuliertem Diktum her zu bestimmen, daß "die Geschichte ... von zwei

Seiten aus betrachtet, in die Geschichte der Natur und die Geschichte der Menschen abgeteilt werden (kann)"[13]. "Beide Seiten" seien "indes nicht zu trennen; solange Menschen existieren, bedingen sich Geschichte der Natur und Geschichte der Menschen gegenseitig"[14]. Für die Geschichtsschreibung von Naturwissenschaft und Technik läßt diese umfassende Sichtweise der Geschichte das Erfordernis aufscheinen, den jeweiligen Zusammenhang von die Naturstoffe technisch-wissenschaftlich umformenden Produktivkräften und letztere bedingenden gesellschaftlichen Verkehrsformen, auf deren Gestaltung sich die Produktivkraftentwicklung wiederum auswirkt, stets zu vergegenwärtigen. Eine einseitig sozial- oder naturgeschichtlich ausgerichtete Wissenschaftsgeschichtsschreibung ist dementsprechend zu vermeiden. Da nach marxistischer Auffassung die technologische und wissenschaftliche Entwicklung aufs engste mit der allgemeinen Produktivkraftentwicklung verknüpft ist, ist die Wissenschaftsgeschichte als integrale Komponente der Sozialgeschichte zu strukturieren. Die Formen, in denen die Auseinandersetzung der Menschen mit der Natur sich vollzieht, sind hierbei an der Kategorie der Arbeit festzumachen. In den 'Ökonomisch-philosophischen Manuskripten' spricht Marx unter besonderer Berücksichtigung der kapitalistischen Produktionsweise von der "Industrie" als dem "wirklichen geschichtlichen Verhältnis der Natur und daher der Naturwissenschaft zum Menschen"[15]. Auf der theoretischen Ebene habe die Unvermitteltheit von Naturwissenschaften einerseits und Philosophie und Historie andererseits bei rapide fortschreitender Entwicklung ersterer zugenommen, während vermittels ihrer industriellen Verwertung die Naturwissenschaft das menschliche Leben *praktisch* umgestaltet habe. Fasse man die Industrie "als exoterische Enthüllung der menschlichen Wesenskräfte ..., so wird auch das menschliche Wesen der Natur oder das natürliche Wesen des Menschen verstanden, daher die Naturwissenschaft ihre abstrakt-materielle oder vielmehr idealistische Richtung verlieren und die Basis der menschlichen Wissenschaft werden"[16].

Die marxistische Wissenschaftsgeschichtsschreibung ist selbstverständlich stets von der Marxschen Theorie abhängig und kann — soweit sie "marxistisch" bleibt — die von Marx geprägten historisch-dialektisch-materialistischen Grundkategorien nicht umgehen. Insofern interessiert an ihrem Geschäft lediglich die Verarbeitung neuer Informationen bzw. solcher wissenschaftlicher Fortschritte, die zu Zeiten Marx' noch nicht vorhersehbar waren. Wie weit man bei der Klassifizierung dessen, 'was Marx noch nicht wissen konnte', gehen soll, möchte ich an dieser Stelle undiskutiert lassen, da hier ansonsten die für Nicht-Marxisten ebenso delikate wie für Marxisten verhängnisvolle Revisionismus-Debatte aufgenommen werden müßte.

Über den historischen Produktionsprozeß aller materieller Güter und aller Bewußtseinsformen, also auch und gerade Technik und Wissenschaft, schreibt Marx in den 'Grundrissen der Kritik der Politischen Ökonomie': "Es ist dieser zugleich Disziplin, mit Bezug auf den werdenden Menschen betrachtet, wie Ausübung, Experimentalwissenschaft, materiell schöpferische und sich vergegenständlichende Wissenschaft mit Bezug auf den gewordenen Menschen, in dessen Kopf das akkumulierte Wissen der Gesellschaft existiert"[17]. Die marxistische Wissenschaftsgeschichtsschreibung muß also ihr besonderes Interesse auf die geschichtlichen Produktionsbedingungen und praktischen Verwertungsprozesse von Wissenschaft richten. Dieser Forderung genügt z.b. das Bernalsche Werk 'Wissenschaft, Science in History'[18]. Als ein Beispiel möchte ich ferner die Analyse von A. Leisewitz über 'Die Auswirkungen der Verwissenschaftlichung der Produktion auf die Monopolbildung und auf das Verhältnis von Ökonomie und Politik, dargestellt am Beispiel der chemischen Industrie' anführen[19].

Als eine marxistische Technikgeschichte kann die Arbeit von O. Ullrich über 'Technik und Herrschaft, vom Handwerk zur verdinglichten Blockstruktur industrieller Produktion' gelten[20]. Ohne Ullrichs kritische Auseinandersetzung mit bestimmten marxistischen Positionen auch in der Geschichtsschreibung zu übersehen, ist festzuhalten, daß es Ullrich im Sinne von Marx darum geht, die "gesellschaftlichen Entstehungsbedingungen" der Technik und ihr Zusammenwirken "mit anderen gesellschaftlichen Mechanismen aufzuhellen, um genauer abschätzen zu können, was sie wirklich 'dem Menschen' an Freiheit bringt"[21]. Eine genuin marxsche Fragestellung bildet in diesem Zusammenhang auch das Problem der Scheidung von Kopf- und Handarbeit und der möglichen Aufhebung dieser Trennung mit Blick auf die Rolle, die der Technik hierbei zukommt. –

Ich komme nun auf neuere Ansätze der Wissenschaftsgeschichtsschreibung, nämlich den konstruktivistischen, den vom kritisch-rationalistischen Standpunkt abgelösten und den gesellschaftskritischen Ansatz zu sprechen.

3. Zunächst sei die **konstruktivistische Darstellung der Wissenschaftsgeschichte** behandelt. Ich beschränke mich hierbei auf die von F. Kambartel, J. Mittelstraß und P. Janich vertretene Position. Diese Wissenschaftstheoretiker kritisieren sowohl den szientistischen Charakter des sogenannten logischen Empirismus als auch des kritischen Rationalismus und beabsichtigen eine sprachkritisch orientierte Begründung der exakten Wissenschaften im Verein mit ihrer historischen Rekonstruktion. Ihr besonderes Interesse richtet sich dabei auf die Analyse der Genese protophysikalischer Meßnormen bzw. Maßstäbe geometrischer, chronometrischer und hylometrischer Art[22]. Auf diesem Wege soll die Basis der Naturwissenschaften in der "lebensweltlichen Praxis" aufgesucht werden, und zwar insbesondere bei den "Herstellungsanweisungen für ... Meßinstrumente"[23]. "Kurz: der naturwissenschaftlichen Empirie im engeren auf physikalische Praxis bezogenen Sinne geht im Fundierungszusammenhang ein lebensweltliches und ein darauf gegründetes prototheoretisches Apriori voraus."[24]. Dies ist die Hauptthese der Konstruktiven Wissenschaftstheorie bezüglich des Fundierungsproblems von Naturwissenschaft.

Die geschichtstheoretische Konzeption der Konstruktivismus ist gegen das historistische Geschichtsverständnis gerichtet und sozialwissenschaftlich orientiert. Als "allgemeiner Begründungskontext ... einer sozialwissenschaftlich orientierten Geschichtswissenschaft" wird "der Umstand, daß jede Handlung, also nicht nur die unter institutionellen Bedingungen stehenden Handlungsweisen, als eine *Folgehandlung* verstanden werden muß", bezeichnet[25]. Mit den Sozialwissenschaften teile die konstruktive Geschichtswissenschaft das Interesse an gegenwärtiger Praxis, das sie lediglich auf eigene Weise verfolge, ohne aber einen prinzipiell anderen Gegenstand zu haben[26]. Sie richte sich nämlich "vor allem auf den Zusammenhang einer gesellschaftlichen Praxis mit ihrer historischen Genese im Rahmen der dieser Genese zugrunde liegenden Handlungsorientierungen"[27]. Dieses Vorgehen bedeute nicht, "daß Geschichte als historische Praxis damit durch eine normativ sich begreifende Geschichtswissenschaft in bloße Lehrstücke zerlegt würde"[28].

Die normative Konstitution der konstruktivistischen Geschichtstheorie setzt sie in einen scharfen Gegensatz zum Historismus und seiner hermeneutischen Methodologie. Kambartel et al. wollen den Zirkel des hermeneutischen Sinnverstehens als einen in Wahrheit sprachlichen Zirkel verstanden wissen[29] und stellen die Eignung des Historismus zur historischen Erkenntnis in Abrede[30]. Nach den Regeln der Konstruktiven Wissenschaftstheorie seien indessen im geschichtlichen Kontext ebenso Erkenntnisleistungen möglich wie in den Bereichen der Naturwissenschaften und Mathematik sowie des "umgangssprachlichen Redens"[31]. Historische Bedingungen des Erkennens seien nicht nur auf diese Weise erkennbar, sondern es sei "darüber hinaus auch möglich, sie über die Ausarbeitung begründeter Orientierungen mit den Mitteln einer methodisch aufgebauten Begrifflichkeit zumindest partiell außer Kraft zu setzen"[32].

J. Mittelstraß hat die Wissenschaftsgeschichtsschreibung von der Philosophiegeschichtsschreibung dadurch abgesetzt, daß er den Wissenschaftshistoriker von Urteilen über Wahrheit und Falschheit wissenschaftlicher Aussagen entlastete und seinem Gegenstandsbereich einen höheren Grad an Kontrollierbarkeit im Vergleich mit philosophischen Entwicklungen zuwies[33]. Indessen werde die Wissenschaftsgeschichtsschreibung dadurch nicht eigentlich überflüssig – es sei denn, man wollte sich darauf beschränken, "alle *wahren* wissenschaftlichen Sätze in historischer Reihenfolge aufzuführen"[34] –, vielmehr bestehe ihre Aufgabe in erster Linie in der Aufhellung wissenschaftlicher *"Mißverständnisse"*[35]. Mittelstraß meint, daß "uns nichts zu der Hoffnung berechtigt, daß die 'wissenschaftliche' Vernunft in Zukunft fehlerlos voranschreiten werde", und so lasse "sich aus der Geschichte ihrer Mißverständnisse sogar besser lernen, als aus der Geschichte ihrer wahren Sätze. Wissenschaftsgeschichtsschreibung wäre demnach ein Stück Anthropologie, in dem zum Ausdruck käme, was der Mensch, seinen theoretischen Interessen folgend, gelernt hat, wie er gelernt hat, und damit schließlich: was er kann." "In historischer Betrachtung" ließen "gerade jene falschen Sätze, Unklarheiten und Mißverständnisse, mit denen es die Wissenschaftsgeschichtsschreibung nach den hier getroffenen Unterscheidungen in erster Linie zu tun hat, Motivationen erkennen ..., die gelegentlich in eine ganz andere Richtung weisen können, als sie die betreffende Wissenschaft, gestützt auf wahre Sätze, schließlich einschlagen sollte."[36]. Für Mittelstraß ist "ein interesseloses und dadurch vermeintlich schon 'objektives' Nachzeichnen der Geschichte des Denkens ... nicht nur (und das gilt eigentlich für jede Form ernstzunehmender Geschichtsschreibung) eine blanke Illusion, es mißversteht auch seine eigentliche Aufgabe und sein eigenes Können."[37].

In der Geschichte des Verhältnisses zwischen Natur und protophysikalischer Meßtheorie unterscheidet Mittelstraß drei Phasen. "Die erste Phase ist gekennzeichnet durch die Aristotelische Physik, in deren Rahmen über den Zusammenhang von teleologischen und kausalen Erklärungsformen Natur gewissermaßen als ein 'natürlicher' Agent aufgefaßt wurde, auf den bezogen eine rationale Physik die Aufgabe einer Stabilisierung erfahrungsbestimmter Orientierungen hatte. Das ändert sich radikal in der Galileischen Physik, in deren Rahmen die Intelligibilität einer ihre Agentenrolle verlierenden Natur allein von den Bedingungen eines theoretisch bestimmten experimentellen Verfahrens abhängig wird. Erfahrung wird zur *Konstruktion,* Natur zu einem physischen Zusammenhang, dessen allgemeine Bestimmungen sich über konstruktive Akte *erzwingen* lassen ... Als dritte Phase vollzieht sich schließlich im Übergang zur Industrialisierung die Depravation der Natur zum bloßen Objekt technischer Produktionsprozesse. Der Begriff einer instrumentalen Naturbeherrschung, der auf die Aristotelische Physik nicht anwendbar ist und auf die Galileische Physik in der transzendentalen Erläuterung Kants nicht zutrifft, gewinnt hier seine volle neuzeitliche Bedeutung."[38].

4.   Die im Rahmen der sogenannten **New Philosophy of Science** angestellten Bemühungen um eine Revision des kritischen Rationalismus bzw. Überwindung des jüngeren Neopositivismus sollen nun unsere Aufmerksamkeit finden.

Der massivste Schlag gegen die bis dahin zumindest den englisch-amerikanischen Sprachraum weithin beherrschende neopositivistische Wissenschaftsphilosophie wurde 1962 von dem "Insider" Th.S. Kuhn mit seiner Arbeit über die 'Struktur wissenschaftlicher Revolutionen' geführt, wie auch W. Stegmüller, der führende Exponent 'analytischer Philosophie' in Deutschland, bestätigt, nicht ohne hierbei seiner Überzeugung Ausdruck zu verleihen,

"daß Kuhn in den wesentlichen Punkten im Recht ist"[39]. Kuhns Hauptthesen besagen, daß in der Geschichte der Wissenschaften — und er bezieht sich speziell auf die Naturwissenschaften — revolutionäre Paradigmenwechsel vonstatten gehen, die auf logisch inkonsistente, aber sozialpsychologisch erklärbare Weise durch Verdrängung etablierter "normalwissenschaftlicher" Theorien und ihre Ersetzung durch neue wissenschaftliche Erklärungskonzepte ausgezeichnet sind. "Paradigma" heißt bei Kuhn soviel wie "anerkanntes Modell oder Schema", und als Beispiele hierfür führt er etwa "Aristoteles' Analyse der Bewegung, Ptolemäus' Berechnung von Planetenstellungen, Lavoisiers Anwendung der Waage oder Maxwells Mathematisierung des elektromagnetischen Feldes" an[40]. Die Ablösung eines geltenden Paradigmas zeigt sich nach Kuhn durch das Auftreten von "Anomalien" und "Krisen" an und vollzieht sich dann in der Regel gegen den Widerstand der das bisher geltende Paradigma verteidigenden etablierten Wissenschaftler. Die Durchsetzung neuer Paradigmen ist demnach aufs engste mit persönlichen Ambitionen zumeist jüngerer Wissenschaftler verknüpft, deren Karrieren von der Anerkennung ihrer innovativen Konzeptionen abhängig sind.
Mit diesem wissenschaftsgeschichtlichen Interpretationsansatz destruierte Kuhn freilich ein verbreitetes, auf Wertneutralität und Objektivität erpichtes, analytisches Wissenschaftsverständnis, demzufolge sich der naturwissenschaftliche Fortschritt durch wachsende Faktenakkumulation und zunehmende Logizität vollziehen sollte, kurz die genaueren Beobachtungen und besseren Erklärungen sich unter allgemeiner Anerkennung aller Wissenschaftler permanent durchsetzten. Für Kuhn hingegen "gibt es auch bei der Wahl eines Paradigmas keine höhere Norm als die Billigung durch die maßgebliche Gemeinschaft"[41], und d.h. einzelne rivalisierende und sich bekämpfende Wissenschaftlergruppen. "Im Zentrum des revolutionären Prozesses" eines Paradigmenwechsels steht die sogenannte "Konversion" von Wissenschaftlern, worunter Kuhn so etwas wie eine durch wissenschaftlich externe Erfahrungen hervorgerufene, bekehrungsartige Umorientierung versteht[42]. Individualpsychische Konversionen gelten ihm also quasi als Auslöser wissenschaftlicher Revolutionen, die mit Paradigmenwechsel einhergehen. Die sogenannte "normale Wissenschaft", die unter der Herrschaft jeweils bestimmter Paradigmata durchgeführt wird, ist nach Kuhn dazu außerstande, ein Paradigma zu "korrigieren", sondern führt "letztlich nur zum Erkennen von Anomalien und zu Krisen", also zu ihrer revolutionären Aufhebung durch ein neues Paradigma[43].
Kuhns Thesen sind von neopositivistischen Wissenschaftstheoretikern z.T. scharf angegriffen worden; auch der Kritische Rationalismus, dem sich Kuhn immerhin insofern verbunden sieht, als seine "Betrachtungsart ... derjenigen von Sir Karl [sc. Popper, M.E.] sehr ähnlich" sei[44], hat Kuhns Theorie entschieden zurückgewiesen. Popper selbst hat Kuhn des "Relativismus" bezich-

tigt und ihm ein falsches Logik-Verständnis vorgehalten: Kuhns Logik sei "die Logik des historischen Relativismus" und seine Behauptung, daß wissenschaftliche Rationalität von sprachlichen Konventionen und außerwissenschaftlichen Rahmenbedingungen abhängig sei, sei mythologisch und irrationalistisch[45]. Popper insistiert darauf, "daß die 'wissenschaftliche Erkenntnis' als subjektlos gelten darf", und bezeichnet den Gedanken, "wir sollten uns, was die Ziele der Wissenschaft und ihren möglichen Fortschritt betrifft, an die Soziologie oder an die Psychologie (oder wie Pearce Williams empfahl: an die Geschichte der Wissenschaft) wenden", als "überraschend und enttäuschend", denn Soziologie und Psychologie seien, "im Vergleich zur Physik, voll von Moden und nicht-kontrollierten Dogmen"[46].

Die Kontroversen zwischen Kuhn und Popper sowie ihren Anhängern bezeichnet 1977 W. Detel in einem Aufsatz zum Verhältnis von Wissenschaftstheorie und Wissenschaftsgeschichte als 'deprimierend fruchtlos'[47]. Und zwar stützten sich beide Seiten je nach Bedarf "sowohl auf die Relevanz als auch die Irrelevanz wissenschaftshistorischer Feststellungen für methodologische Vorschriften" und benutzten hierbei abwechselnd deskriptive und normative Argumente in der gegenseitigen Kritik. Unter "normativer Methodologie" versteht Detel in diesem Zusammenhang das — vor allem von Popper beanspruchte — Interesse, "durch Festlegung von Verhaltensregeln in Gestalt von Rationalitätskriterien zum Fortschritt der Wissenschaft beitragen [zu] wollen", während die "deskriptive Methodologie" "durch eine Beschreibung des faktischen Wissenschaftsbetriebes erst einmal das Wissenschaftsverständnis vertiefen" wolle, — also Kuhns Hauptinteresse[48]. Das opportunistische Lavieren zwischen beiden Interessen betrachtet Detel als inkonsistent und daher fruchtlos. Dieser Kalamität gegenüber stellt er explizit die Frage, "wie oder unter welchen Bedingungen wissenschaftshistorische Feststellungen methodologische Vorschriften bestätigen oder entkräften können"; diese Fragestellung sei insofern "metamethodologischer" Art, als "sie sich auf die Methode der Begründung methodologischer Thesen bezieht"[49]. Auf Detels Beantwortung dieser Frage möchte ich jetzt allerdings nicht eingehen.

Im folgenden werde ich noch einige Kritikpunkte zu Kuhn erörtern und auf die Weiterentwicklungen seines Ansatzes bei I. Lakatos und P.K. Feyerabend zu sprechen kommen. Kuhn modifiziert zwar ausdrücklich den Begriff wissenschaftlicher Rationalität und liefert damit selbst die Munition für die Angriffe der Popperianer, — aber er hält daran fest, daß "wissenschaftliches Verhalten, als Ganzes genommen, ... das beste Beispiel für Rationalität (ist), was wir haben"[50]. Nur komme es darauf an, den Zusammenhang zwischen unserem Begriff von "wissenschaftlicher Rationalität" und dem, "was wir als die wesentlichen Aspekte wissenschaftlichen Verhaltens betrachten", also unseren historisch-normativen Wahrnehmungsselektionen, herzustellen. So gesehen, ist es für Kuhn konsequent, wenn "unser Begriff von Rationalität hier und dort korrigiert werden muß"[51]. Diese Auffassung vom Charakter des Rationalitätsbegriffes wird u.a. von I. Lakatos kritisiert. Lakatos wirft Kuhn vor, "Poppers raffinierten Falsifikationismus" zu 'übersehen' und seine Leistung, "das Zentralproblem der klassischen Rationalität, das alte Problem der Begründung, durch das neue Problem des fehlbar-kritischen Wachstums ersetzt" zu haben, zu verkennen[52]. Kuhns Forschungsprogramm löse die Rationalität in unterschiedliche, miteinander inkommensurable Paradigmata auf und ersetze die Forschungslogik durch Forschungspsychologie[53]. Demgegenüber glaubt Lakatos, Poppers nicht-induktive und rationale Auffassung vom Fortschritt der Wissenschaft selbst "einen Schritt weiterzuentwickeln" und Kuns 'Irrationalismus' zu überwinden, indem er den wissenschaftlichen Fortschritt als "Proliferation von konkurrierenden Forschungsprogrammen und progressiven und degenerativen Problemverschiebungen" rekonstruiert[54]. Lakatos' Abgrenzung von Kuhn wird von ihm folgendermaßen formuliert: "Kuhn hat die dogmatische Einstellung in der Wissenschaft — die ihre stabilen Perioden erklären könnte — als ein Hauptmerkmal der 'Normalwissenschaft' hingestellt. Aber Kuhns begrifflicher Rahmen für die Behandlung wissenschaftlicher Kontinuität ist sozialpsychologisch; meiner ist normativ. Ich sehe die Kontinuität in der Wissenschaft durch eine 'Poppersche Brille'. Wo Kuhn 'Paradigmen' sieht, sehe ich *auch* rationale 'Forschungsprogramme'."[55].

Für Lakatos ist "die Geschichte der Wissenschaft ... eine Geschichte von Ereignissen, die in normativer Weise ausgewählt und interpretiert werden"[56]. "Geschichte ohne theoretisches 'Vorurteil' " sei "unmöglich"[57], Wissenschaftshistoriographie "eine wertgeladene Rekonstruktion der Geschichte"[58]. Mit Hilfe seines "Typs einer historiographischen Kritik" glaubt Lakatos "den Induktivismus, den Falsifikationismus und den Konventionalismus ... als rationale Rekonstruktionen der Geschichte widerlegen" zu können[59]. Seine Methodologie hält Lakatos indessen für ebenfalls falsifizierbar, "und das aus dem einfachen Grund, daß keine Klasse menschlicher Urteile je völlig rational ist und daher keine rationale Rekonstruktion mit der wirklichen Geschichte jemals ganz übereinstimmen kann"[60]. Letztere Einlassung dürfte allerdings im wesentlichen auf die an Lakatos' "Methodologie historiographischer Forschungsprogramme" von Kuhn einerseits und P.K. Feyerabend andererseits alsbald geäußerte Kritik zurückzuführen sein.

Feyerabend verschärfte seine Kritik an Lakatos später noch und erklärte, Lakatos habe "nicht gezeigt, daß seine Maßstäbe die der Wissenschaft sind, daß sie zu gewichtigen Ergebnissen führen", und er mache "willkürlich die Wissenschaft zum Maßstab der Methode und Erkenntnis, ohne die Vorzüge anderer Berufsideologien untersucht zu haben. Diese Ideologien gibt es für ihn überhaupt nicht. Er beachtet sie nicht, und so liefert er nichts als eine Karikatur der großen gesellschaftlichen und geistigen Umwälzungen, er vernachlässigt die 'äußeren' Einflüsse, und so verfälscht er die Geschichte der Wissenschaften"[61]. Durch Feyerabend wird der Auflösungsprozeß der neopositivistischen Wissenschaftstheorie vollendet; an die Stelle kritischen Rationalismus' tritt methodischer Skeptizismus bzw. — wie Feyerabend sagt — erkenntnistheoretischer "Anarchismus". Für Feyerabend steht "die Wissenschaft ... dem Mythos viel näher, als eine wissenschafliche Philosophie zugeben möchte"[62], ja, Wissenschaft sei gar nichts anderes als Ideologie oder ein "Märchen"[63]. Da "kein Gedanke ... so alt oder absurd (ist), daß er nicht unser Wissen verbessern könnte", soll "die gesamte Geistesgeschichte ... in die Wissenschaft einbezogen und zur Verbesserung jeder einzelnen Theorie verwendet" werden. "Den Alternativen muß es erlaubt sein, sich zu vollständigen Subkulturen auszubilden, die nicht mehr auf Wissenschaft und Rationalismus beruhen."[64]. Damit scheint sich Feyerabend also offen für den Irrationalismus auszusprechen. Dem ist jedoch nicht so: Feyerabend hält vielmehr den "Anarchismus", worunter er "Toleranz gegenüber Werten, Kosmologien, Methoden" versteht, für "viel vernünftiger" als den " 'Rationalismus' gewisser Philosophen"; er kennzeichnet seinen "Anarchismus" als "sowohl rational, als auch irrational, als auch humanitär"[65].

5.   Die vom Neopositivismus gesetzten Denkverbote sind bei Feyerabend also im großen und ganzen in die Brüche gegangen. Dieses Resultat muß umso nachdenklicher stimmen, als es von einem "Insider" angerichtet wurde, — wenn auch unter kräftiger Hilfestellung einer Reihe anderer abgefallener Schüler des Kritischen Rationalismus. In Anbetracht dieses Debakels fällt der Triumph allerdings schwerlich an die "Relativisten" Kuhnscher Prägung und den selbsternannten "Anarchisten", sondern Grund zum Triumphieren hat die **gesellschaftskritische Wissenschaftstheorie und -historiographie der 'Frankfurter Schule'**, als deren Vertreter J. Habermas den "positivistisch halbierten Rationalismus" des deutschen Popper-Adepten H. Albert seinerzeit eindrucksvoll nachgewiesen hat[66].
Die nach der Inversion der New Philosophy of Science bei ihren führenden Vertretern anzutreffende Desorientierung ist vor allem auf das Fehlen einer kritischen Theorie gesellschaftlicher Entwicklung zurückzuführen. Dagegen ist es der Starnberger Gruppe um J. Habermas gelungen, Wissenschaftshistoriographie mit Sozialgeschichte und Gesellschaftstheorie zu vermitteln. Feyerabends verstohlen angedeutetes Plädoyer für mehr Humanität und Herrschaftslosigkeit wurde im übrigen von der Frankfurter Schule bereits zu Zeiten des Stalinismus und des Faschismus historisch und systematisch ausgeführt, als noch kaum ein Positivist von "metaphysischen" Berührungsängsten befreit war. So gesehen, stellen die wissenschaftstheoretischen Revisionen von Kuhn bis Feyerabend lediglich den Anschluß an eine vormals als 'unsinnig' apostrophierte sozialphilosophische Entwicklung her.

Die gesellschaftskritische Wissenschaftstheorie konkretisiert sich z.Zt. in den wissenschaftshistoriographischen Arbeiten von W. Krohn, G. Böhme, W. v.d. Daele, W. Schaefer, R. Hohlfeld u.a.[67]. Die Starnberger wissenschaftshistoriographische Arbeitsgruppe betrachtet die Genese naturwissenschaftlicher Erkenntnis in Abhängigkeit von den sozialgeschichtlich zu bestimmenden "ökonomischen, politischen, sozialen, kulturellen und religiösen Verhältnissen"[68]. Die "empirische Erkenntnis" wird nicht nur als "Auseinandersetzung mit einer unabhängigen Natur" begriffen, sondern auch als "praktisches Handeln in einem historischen sozialen Kontext" gefaßt. "Die [sozialen] Umfelder bilden die Modelle für die Klassifikationen der Naturphänomene und deren Erklärung."[69].

Die These von der Entstehung der Wissenssysteme "im Rahmen sozialer Handlungszusammenhänge" wird für die gesamte Wissenschaftsgeschichte behauptet, also auf archaische Kulturen ebenso bezogen wie auf die soziokulturellen Formationen, innerhalb derer z.B. die aristotelische Naturphilosophie oder die scholastische Naturphilosophie ausgebildet wurden[70]. Böhme et al. sehen sogar die neuzeitliche Wissenschaft seit dem 17. Jahrhundert mit ihrer "Interpretation der Natur als eines geordneten Systems von Gesetzen" in "Analogie zum absolutistischen Staat und zur Rechtlichkeit der bürgerlichen Gesellschaft"[71]. Besonders hingewiesen wird einmal auf Darwin, dem nach eigenen Angaben "die Bevölkerungstheorie von Malthus ... als Modell der biologischen Evolution gedient" habe, und zum andern auf Liebig, der "bei der Aufstellung der Prinzipien der Agrikulturchemie das Kreislaufprinzip der kapitalistischen Ökonomie zugrundegelegt" habe. Diese Beispiele für an "externen" Einflüssen orientierte Wissenschaftsgeschichtsschreibung sind indessen nicht generalisierbar, vielmehr ist "davon auszugehen, daß für verschiedene Epochen der Wissenschaft, für verschiedene Disziplinen wie auch unter wechselnden gesellschaftlichen Erwartungen an die Wissenschaft die Antwort unterschiedlich ausfallen kann"[72], in welchem Maße externale und internale Interpretationsweisen zu assoziieren sind.

In bezug auf die derzeitige Grundlagenforschung wird die These vertreten, "daß es einen gesellschaftlichen und sogar einen politisch-strategischen Einfluß auf die *theoretischen* Entwicklungen der Wissenschaften geben kann und in der Gegenwart in erheblichem Umfang tatsächlich gibt", womit behauptet wird, daß in den "Wissenschaften eine soziale Formung kognitiver Prozesse stattfindet"[73]. Als solche "externe Einflüsse auf die *kognitive* Struktur der Wissenschaft" benennen Böhme et al.

1. "die Auswahl von Forschungsproblemen" z.B. nach militärischen oder gesundheitspolitischen Interessen,
2. "die Definition von Problemen, z.B. die Festlegung von Krankheitsbegriffen und von Zielvorstellungen für die Krankheitsbekämpfung",
3. "die Bestimmung der Erklärungsideale, die für einen Objektbereich

für angemessen gehalten werden",

4. "Abbruchbedingungen der Forschung, also Grenzen der Forschung, jenseits derer die weitere Analyse des Objektbereichs als uninteressant gilt"[74].

Unter Verarbeitung des Kuhnschen Paradigmenmodells wird eine historiographische Analyse insbesondere der "traditionellen naturwissenschaftlichen Disziplinen" intendiert, deren Entwicklungsdynamik zunächst in drei Phasen unterschieden wird, nämlich "die explorative Phase", welche "die disziplinäre Entwicklung vor dem Auftreten von Theorien, durch die ein Fachgebiet organisiert wird", charakterisiert; die "paradigmatische Phase", die mit dem Auftreten eines organisierenden theoretischen Ansatzes beginnt und in der die "Zielsetzung für die theoretische Entwicklung, ... die Aufstellung eines Paradigmas", bewerkstelligt wird, dessen Verwirklichung zu "reifen Theorien" führen kann[74a]; schließlich folgt die "post-paradigmatische Phase", in welcher "wissenschaftsinterne Regulative der Entwicklung mit externen Regulativen kompatibel (werden)"[75]. Im "Stadium postparadigmatischer Forschung ... kommt es zu einer Konvergenz von Wissenschafts- und Technikentwicklung auf der Ebene der Theoriebildung"[76]. Als "politische Konsequenz" erfolgt in dieser gegenwärtigen Phase "die Auflösung des traditionellen Autonomieanspruchs der Wissenschaft"[76a].

Im postparadigmatischen Stadium theoretisch ausgereifter Wissenschaft wird es nach Auffassung der Starnberger Wissenschaftshistoriker möglich und notwendig, ihre Weiterentwicklung "an soziale Zwecke zu binden"[77], d.h. die Wissenschaft normativ zu "finalisieren". Mit der Kategorie " 'Finalisierung der Wissenschaft' " sollen diejenigen wissenschaftlichen Prozeßstrukturen aufgeschlüsselt werden, "die durch einen engen Bezug der Forschung auf soziale, militärische und ökonomische Zwecke gekennzeichnet sind, ohne doch mit der überkommenen Kategorie der 'angewandten Forschung' adäquat beschreibbar zu sein"[78]. Böhme et al. verweisen darauf, daß unter ähnlichem Aspekt diese Wissenschaftsentwicklung im Finalisierungsprozeß mit dem Ausdruck " 'Wissenschaft als Produktivkraft' " belegt werde[79]. Die Tendenz zur Finalisierung gehe mit einer "Anthropozentrierung" des naturwissenschaftlichen Theorieprogramms einher, ein Prozeß, der vor allem mit den gegenwärtigen Fortschritten der Biowissenschaften verbunden ist, wobei insbesondere der Ökologie eine Schrittmacherfunktion bei der Umformung "objektiver" Naturwissenschaftlichkeit klassischen Zuschnitts zu einer "Wissenschaft mit normativen, strategischen Elementen, zu einem Entwicklungskonzept für die Natur"[80], zukommt. Dabei wird gesehen, daß Disziplinen wie Verhaltensbiologie, Embryologie oder Neurophysiologie sich noch im Anfangsstadium ihrer Entwicklung befinden[81], also in der "vorparadigmatischen Phase", und insofern noch nicht im eigentlichen Sinne finalisierbar sind. W. Schäfer sieht indessen mit den Konzepten von Humanökologie und

Umweltforschung sowie dem Entwurf eines "ökologischen Sozialismus" die Zielperspektive einer "soziozentrischen Rekonstruktion des Naturbegriffs" sich abzeichnen[82]. Als übergreifendes gesellschaftspolitisches Ziel, dem "das Novum der Sozialen Naturwissenschaft" entsprechen soll, bezeichnet er "die *bewußte,* die *gewollte,* die *rationale* Geschichte der Menschen"[83].

II. Bedeutung von Wissenschaftsgeschichte für Wissenschaftsdidaktik

Nach diesen Darstellungen unterschiedlicher wissenschaftshistoriographischer Konzeptionen wollen wir ihre didaktischen Konsequenzen bzw. Umsetzungs- und Verwertungsmöglichkeiten erörtern. Damit kommen wir auch zu einer Beurteilung der Potenzen heterogener Wissenschaftshistoriographien nicht allein auf der wissenschaftstheoretischen Ebene, sondern unter Ausrichtung an praktischen Bedürfnissen.

Wenn ich vorliegende Abhandlung mit dem Ausdruck "wissenschaftsgeschichtliche Didaktik" betitelt habe, so allerdings nicht deshalb, um nach bildungstheoretischen, lerntheoretischen, kybernetischen und kommunikativen Didaktiken nunmehr einen neuen Slogan zu kreieren, sondern um damit das Desiderat einer Einbeziehung wissenschaftsgeschichtlicher Problemstellungen in *jede* Didaktik zum Ausdruck zu bringen, und das heißt: vor allem in die einzelnen Fachdidaktiken. Indem wir uns in diesem Band auf die Bereichsdidaktik der naturwissenschaftlichen Disziplinen beschränken, verkürzen wir keineswegs die generelle Gültigkeit des Desiderats. Hervorgehoben sei indessen, daß die Vernachlässigung wissenschafts- und sozialgeschichtlicher Fragestellungen bislang nirgendwo krasser hervorgetreten ist als gerade in den naturwissenschaftlichen Fächern, so daß eben in diesem Bereich Exempel zu statuieren als dringend geboten erscheint.

Im folgenden sollen die wissenschaftshistoriographischen Positionen des Historismus, des Marxismus, des Konstruktivismus, der New Philosopy of Science und der Kritischen Theorie auf ihre didaktische Relevanz hin geprüft werden.

1. Das historistische Geschichtsverständnis scheint im westdeutschen Geschichtsunterricht immer noch zu dominieren. Da in den naturwissenschaftlichen Fächern weithin keinerlei wissenschaftshistorisches Rüstzeug vermittelt zu werden pflegt und im übrigen auch die Ausbildung von Naturwissenschaftslehrern von wissenschaftshistorischen Qualifikationen unberührt bleibt, nimmt es nicht wunder, daß zur Thematik der Naturwissenschaftsgeschichte im Unterricht kaum westdeutsche Publikationen vorliegen. Die lange Zeit als Standardwerke geltenden, von E. Hunger edierten und kommentierten Quellentexte, wenden sich lediglich an gymnasiale Abschlußklassen und dokumentieren überdies die historistische Auffassung des Herausgebers[84].

Letzterer Gesichtspunkt läßt es als nützlich erscheinen, das Hungersche Werk
zu analysieren.

Hunger möchte als Gegengewicht zur Förderung des "Nur-Spezialistentums"
durch den naturwissenschaftlichen Unterricht "(einen Zugang) zu den philosophischen und geistesgeschichtlichen Problemen dieser Fächer ... eröff-
nen"[85]. Denn aus dem sich auf die bloße Vermittlung von naturwissenschaftlichen Wissensstoffen beschränkenden "Betrieb der naturwissenschaftlichen
Fächer erwächst" seiner Ansicht nach "für den Schüler die Gefahr, daß er
den Sinn und die Bedeutung der Naturwissenschaften nur vom 'Fortschritt'
her erfassen zu können glaubt und damit – unbewußt oder bewußt – der
Ideologie eines platten Fortschrittsglaubens verfällt, von dem wir, durch
eindrucksvolle Beispiele belehrt, wissen, wohin er führt: in die Unterordnung
des Menschen unter die Fortschrittsmaschinerie und in die Unfreiheit"[86].
Hungers gegen eine bestimmte Fortschrittgläubigkeit gerichtete Kritik glaubt
sich selbst indessen ideologiefrei und von einer höheren Warte aus imstande,
jene "Verirrungen", "Verwirrungen", "Spekulationen", "kurzum Grenz-
überschreitungen aller Art", die "in Ideologien hineingeführt (haben) ... und
zu weittragenden Auswirkungen führten"[87], zu durchschauen und zu überwinden.

Als maßgeblich für das wissenschaftsgeschichtliche Verständnis von Naturwissenschaft erachtet Hunger jene "Verdeutlichung ihres Begriffes, wie sie
sich in der Entwicklungsgeschichte der Naturwissenschaft vollzogen hat und
wie sie in der Darstellungsweise großer Naturwissenschaftler erstrebt wird,
die uns nicht nur zu naturwissenschaftlichen Ergebnissen hinführen wollen,
sondern es als ebenso wichtige Aufgabe betrachten, den Begriff und die
Methode der naturwissenschaftlichen Erkenntnis herauszuarbeiten. Zum
Schluß sei noch darauf hingewiesen, daß die Naturwissenschaft des Abend-
landes in einer bestimmten Gläubigkeit wurzelt, wie sie in ganz besonderem
Maße etwa bei Kepler ihren Ausdruck fand."[88]. In diesen Ausführungen
kommt das historistische Verständnis von der naturwissenschaftlichen Entwicklung deutlich zum Ausdruck: Es sind "die großen Naturwissenschaftler" die treibenden Kräfte der naturwissenschaftlichen Erkenntnis, den reinen
Begriffen hingegeben und überdies religiös verwurzelt, frei von schnöden
ökonomischen und politischen Interessen und Gesellschaftsverhältnissen.
Dieses idealistische Bild von der Geschichte der Naturwissenschaft ist zutiefst
ideologisch. Eine Klärung der sozialen Ursprünge der Naturwissenschaft[89]
unterbleibt gänzlich; nach Hunger nämlich "(verdankt) die heutige Naturwissenschaft ... ihre Entstehung der abendländischen Kultur und dem abendländischen Menschen"[90].

Hungers Anliegen ist es, den Gymnasiasten der Abschlußklassen außer einem
auf bloßen Wissenserwerb angelegten naturwissenschaftlichen Unterricht
auch ethische Haltungen und philosophische Reflexionen zu vermitteln. Zu

diesem Zwecke bedient er sich wissenschaftsgeschichtlicher Rekurse auf "die großen Naturwissenschaftler" und Denker und stellt deren sittliche Haltung besonders heraus. In dieser prototypisch-biographischen Darstellungsweise taucht als Leitmotiv immer wieder "die ethische Einstellung des abendländischen Menschen" und insbesondere Naturforschers auf[91]. Die Ethik von Naturforschern wie Kepler, Newton oder Planck wird den Schülern als vorbildlich hingestellt und soll sie gefeit machen im Kampf gegen "materialistische" und "kommunistische" Weltanschauungen[92]. Die vom Konstruktivismus hergestellte Verbindung von Lebenswelt und Wissenschaft, die marxistische Dialektik von Produktionsverhältnissen und Produktivkräften, die von Kuhn et al. beschriebenen sozialpsychologischen Prozesse in Wissenschaftlergruppen und die im Interesse der Kritischen Theorie analysierten ideologischen Momente von Wissenschaft und Technik bleiben der historistischen Wissenschaftsgeschichtsdidaktik Hungers fremd. Für ihn steht fest — und das soll gelernt werden! —, daß "in der Wissenschaft ... die Sache allein Gewicht (hat)" und daß sie nur "der Wahrheit (dient)"[93].

2. In krassem Gegensatz hierzu wird der **marxistischen Wissenschaftsgeschichte** im naturwissenschaftlichen Unterricht die Aufgabe zugewiesen, Ideologie, Wissenschaft und Praxis miteinander zu verbinden und die Parteilichkeit von Wissenschaft sowie das Erfordernis der Parteinahme im ideologischen Klassenkampf zu verdeutlichen[94]. Wissenschaftsgeschichte wird als Bestandteil der Sozialgeschichte verstanden, und damit werden die gegenwärtigen Entwicklungstendenzen der Produktivkraft Wissenschaft in bezug auf ihre Umsetzung in der industriellen und landwirtschaftlichen Produktion im Rahmen insbesondere der sozialistischen Gesellschaften thematisiert. Für den Bereich der DDR wird eine enge Verflechtung der Naturwissenschaften mit den Gesellschaftswissenschaften auch auf unterrichtlicher Ebene postuliert[95]. Ley/Wessel et al. sprechen sich für eine "problemgeschichtliche" Behandlung der Naturwissenschaftsgeschichte in ihrem Verhältnis zu Ideologie und Philosophie aus und heben folgende Aspekte hervor: "Wege und Methoden des Überschreitens von historischen Erkenntnisschranken; das Verhältnis von Produktion und Wissenschaft oder, noch allgemeiner, das Verhältnis von wissenschaftlicher Entwicklung und der jeweiligen Gesellschaftsformation; Erkennen notwendiger und richtiger Denkhaltungen; der Kampf weltanschaulicher Richtungen und ihr Einfluß auf die Naturwissenschaften; die Rolle und Bedeutung von Persönlichkeiten in der Geschichte der Naturwissenschaften; die Herausbildung von Grundhaltungen des Menschen zur Wirklichkeit; die Wirkung naturwissenschaftlicher Entdeckungen auf die Herausbildung der materialistischen Philosophie"[96]. "Bei entsprechender Sicht und richtiger Behandlung" trügen solche Problemstellungen "ganz wesentlich zum Verständnis sowohl naturwissenschaftlicher wie auch

einzelwissenschaftlicher Probleme bei"[97].
Zum "Verhältnis von Gesellschaft und Wissenschaftsentwicklung" wird ferner
eine Reihe didaktischer Zielsetzungen formuliert, die ich in abgekürzter Form
wiedergebe: Sozialistische Verhältnisse als Voraussetzung für eine humane und
umweltfreundliche Verwertung von Naturwissenschaft; Sozialismus als Voraussetzung für die Erkenntnis des gesellschaftlichen Charakters der Naturwissenschaft in der Gesamtbevölkerung; Sozialismus als Bedingung optimaler
Entwicklung und Anwendung naturwissenschaftlicher Erkenntnisse; den
Zusammenhang zwischen naturwissenschaftlicher Entwicklung und ökonomischen Verhältnissen erkennen; Förderung der Einsicht, daß der verstärkte
Aufbau der materiell-technischen Basis für die weitere Verwirklichung des
Sozialismus konstitutiv ist; Widerlegung des neopositivistischen Programms
'Einheit der Wissenschaft' und der These von der Ideologiefreiheit der Wissen-
schaft[98]. Als für die "klassenmäßige Erziehung" besonders wichtig werden
folgende weltanschaulich-philosophische Fragestellungen angesehen: Die
Rolle des Weltbildes im Leben der Menschen; "Perspektive und Berufsbild"
der Schüler; Problem der "Erkennbarkeit der Welt" und das Theorie-Praxis-
Verhältnis; Abwehr idealistischer Interpretationen naturwissenschaftlicher
Entwicklungen[99]. Besondere Beachtung soll stets der philosophischen Einheit von dialektischem und historischem Materialismus zuteil werden. Damit
wird also generell die historisch-materialistische Methodologie als unverzicht-
bare Säule des naturwissenschaftlichen Unterrichts bewertet. Die Wissenschaftsgeschichte stellt hier einen integralen Bestandteil der Wissenschaftsdidaktik dar.
In Westdeutschland wird u.a. von F. Rieß die materialistische Geschichtsschreibung des m.n.U. als ideologiekritische Methode zur Analyse der naturwissenschaftlichen Didaktik betrieben. Rieß warf den Didaktikern naturwissenschaftlicher Fächer 1973 "mangelndes historisches Bewußtsein und
mangelnde gesellschaftskritische Distanz" vor und forderte als Konsequenz,
"daß mathematisch-naturwissenschaftliche Fachdidaktik als Wissenschaft
sich den gesellschaftlichen Interessen und den darin manifest werdenden
Widersprüchen des spätkapitalistischen Staatswesens, denen sie unterworfen
ist, bewußt wird"[100].
In der marxistisch orientierten Naturwissenschaftsdidaktik wird der historischen Analyse also erhebliche Bedeutung beigemessen, wobei politökono-
mische und ideologische Parameter im Vordergrund stehen.

3. Für die **'Konstruktive Wissenschaftstheorie'** liefert die lebensweltliche
Praxis die Maßstäbe wissenschaftlichen Arbeitens. Das genetische Prinzip
wird sowohl für die historische Rekonstruktion der Naturwissenschaften als
auch für die Methodik ihrer lernenden Aneignung beansprucht. Kambartel
empfiehlt ein exemplarisches Vorgehen im naturwissenschaftlichen Unter-

richt, das sich nicht an die Abgrenzung nach klassischen Disziplinen hält, sondern "auf ein an lebensweltliche Orientierungsprobleme gebundenes Wissen von der Natur" abstellt[101]. Die elementaren Problemstellungen werden aus der "Lebenswelt" abgeleitet und auf die ebenfalls "lebensweltlich" legitimierten Zielsetzungen einer allgemeinen Kenntnis natürlicher und technischer Zustände und Prozesse sowie eines kritischen Verständnisses der "naturwissenschaftlichen Wissenschaftspraxis und Theorienbildung" bezogen[102].

Interdisziplinarität und Schülerbedürfnisse werden demnach berücksichtigt. Über den gesamtgesellschaftlichen Nutzen der "lebensweltlichen Orientierung" läßt sich hingegen nicht viel ausmachen, da keine Kriterien zur Unterscheidung dessen, was der gesellschaftlichen Totalität und was lediglich Partikularinteressen dient, entwickelt werden. – Ob sich eine historisch-genetische Rekonstruktion der Naturwissenschaften im Prinzip auf die individuelle Genese des Wissens übertragen läßt, bleibt unklar, auch wenn P. Janich am Beispiel der klassischen Mechanik Vorteile einer Kombination der wissenschaftshistorischen Orientierung und eines "genetischen Aufbaus" naturwissenschaftlicher Unterrichtsstoffe für die Lernmotivation behauptet[103].

Für Janich fungiert die Naturwissenschaft im Unterricht als ein "Mittel", "Zwecke zu erreichen, die außerhalb der Naturwissenschaft diskutiert werden. Sie erscheint damit als ein Teil der Weltbemächtigung, die jeder Heranwachsende für sich und die Menschheit insgesamt zu leisten hat. Damit untersteht sie aber kulturellen und speziell ökonomischen Bedingungen. Der Gefahr, bei gelingender Effektivierung des naturwissenschaftlichen Unterrichts nur die Ausbildung von Technokraten zu fördern, aus Mangel an Einsicht in die Aufgaben und die Abhängigkeit der Naturwissenschaft, Wissenschaftsgläubigkeit zu verbreiten und damit u.a. das unkritische Übertragen naturwissenschaftlicher Methoden auf Kulturwissenschaften zu erleichtern, könnte entschieden begegnet werden."[104].

Die Wissenschaftsgeschichte soll im genetischen Unterricht des Konstruktivismus zwar berücksichtigt, nicht aber zum tragenden Aufbauprinzip gemacht werden. Als Gründe für diese Distanzierung führt Janich folgendes an: Erstens sei es stoffmäßig unmöglich, im Unterricht "das gegenwärtige naturwissenschaftliche Wissen als Ergebnis eines Stücks Wissenschaftsgeschichte darzustellen"; zweitens seien entscheidende Schritte in den Naturwissenschaften nicht historisch, sondern methodologisch oder empirisch begründet; drittens sei es (zumindest für Kuhn und Epigonen) "umstritten, ob sich die Naturwissenschaften wirklich historisch kontinuierlich entwickeln"; insofern verliere "ein Nachzeichnen der historischen Entwicklung" die "erklärende Funktion"[105].

Die didaktische Relevanz der Wissenschaftsgeschichte ist für den Konstanzer

Konstruktivismus also beschränkt, obschon zweifellos aus didaktischer Sicht bedeutende Parallelen zwischen einem genetischen Unterrichten und dem historischen Rekonstruktionsverfahren eines Mittelstraß herstellbar wären.

4. Dagegen haben sich Vertreter der **New Philosophy of Science** durchaus mit den sozialisations- und kognitionstheoretischen Bedingungen, unter denen wissenschaftshistorisch aufzunehmende Positionen zustandekommen, befaßt, sowie auch Gedanken über die pädagogisch-didaktischen Folgerungen aus der Wissenschaftsgeschichtsschreibung geäußert. So spricht sich vor allem P.K. Feyerabend dafür aus, mit der Entlarvung wissenschaftlicher Ideologien "in den Schulen" zu beginnen[106]. Der Reproduktion "wissenschaftlich" vermittelter Halbbildung durch " 'berufsmäßige Erzieher' ", die aufgrund ihrer eigenen Ausbildung bereits geistig und emotional verdorben seien, glaubt er nur mit einer Reprivatisierung des Bildungswesens begegnen zu können[107]. Der Sozialisationszirkel zwischen hochschulischen und schulischen Karrieren wird also erkannt und mit einem Lösungsvorschlag versehen. Ferner problematisiert Feyerabend die kognitionspsychologische Entwicklung der Wahrnehmungsstrukturen in bezug auf die "Belehrung kleiner Kinder"[108] und stellt somit die Kraft seiner wissenschaftstheoretischen Auffassung unter Beweis.

Jedoch gibt Feyerabend zu verstehen, daß seiner Ansicht nach eine "Belehrung ... *nicht* auf Grund einer neuen wissenschaftskritischen *Theorie* stattfinden (soll), die ja sehr bald wieder zu einem neuen, und diesmal wissenschaftskritischen Spezialistentum führen wird". Vielmehr solle "die Belehrung ... die Fähigkeit des Einzelnen ausbilden, *in konkreten Situationen Entscheidungen zu treffen,* und zwar *ohne* Theorie"[109].

Das Verhältnis von moderner Wissenschaft und schulischer Ausbildung möchte Feyerabend entkoppeln, da er die Wissenschaftler geistig und institutionell versklavt und die Gefahr sieht, daß "die Phantasiegebilde der Wissenschaft" gelehrt werden, "als wären sie die einzigen Tatsachenaussagen, die es gibt"[110]. Die von den "Sklaven in Universitäten und Laboratorien" gelieferte "Ideologie" dürfe nicht länger "unseren Kindern im Gewande 'fortschrittlicher' Erziehungstheorien" aufoktroyiert werden. Deshalb müßten Wissenschaft und Bildungswesen voneinander getrennt sowie entstaatlicht werden[111]. Für ihn, Feyerabend, sei es "das erste und dringendste Problem, das Bildungswesen den 'berufsmäßigen Erziehern' aus der Hand zu nehmen. Die Zwänge der Zensuren, der Konkurrenz, der ständigen Prüfungen müssen beseitigt werden, und man muß auch das Lernen von der Vorbereitung auf einen bestimmten Beruf trennen."[112]. "Die besonderen Grundsätze, die Spezialgebiete und Spezielberufe definieren, dürfen nicht in die allgemeine Erziehung eindringen und zum Kriterium des 'gebildeten Menschen' gemacht werden."[113].

Seiner liberalistisch-anarchistischen Grundauffassung entspricht Feyerabends Befürwortung einer stärkeren Betonung wissenschaftsgeschichtlicher Problematisierungen auch in der Ausbildung. Und zwar erweise die Wissenschaftsgeschichte die große Bedeutung des aktiven Versuch-Irrtum-Verhaltens für die Genese der wissenschaftlichen Erkenntnisse, insbesondere die wichtige Rolle von Fehlern, Irrtümern, sich widerstreitenden Tatsachen und Deutungen[114]. Die Verhaltensweisen von Kindern, die sich in der Sprache zu orientieren lernen und "das sinnverleihende Prinzip" erst nach längerer Zeit entdecken, bildeten eine Parallele zum Erfinden neuer Weltauffassungen, deren "Erfinder" wie Kinder die Fähigkeit und Möglichkeit haben müßten, "Unsinn zu reden, bis der Unsinn ... groß genug ist, seinen eigenen Bestandteilen Sinn zu verleihen"[115]. In der heute üblicherweise praktizierten wissenschaftlichen Ausbildung hingegen würden die realen wissenschaftsgeschichtlichen Wege und Irrwege ideologisch gesäubert (— Feyerabend spricht von "Gehirnwäsche" —), mit dem Ziel, die Wissenschaft zu simplifizieren und zu objektivieren[116]. Die Wissenschaft werde letztlich von der Wissenschaftsgeschichte abgetrennt und mit einer ahistorischen "'Logik'" ausgestattet. Diesem "Dogmatismus", den er vor allem dem Kritischen Rationalismus Poppers vorwirft[117], möchte Feyerabend durch 'Entwissenschaftlichung' und 'Entstaatlichung' des Ausbildungswesens destruieren. Eine wichtige Funktion im diesem Kampf erfüllt für ihn die Wissenschaftsgeschichte, und zwar eben nicht zuletzt als Spiegelung der individuellen Lerngeschichte.

5. Die didaktische Relevanz der **gesellschaftskritischen Wissenschaftshistoriographie** kam sehr schön in einem am 2. März 1978 im Deutschen Museum von Wolfgang Krohn gehaltenen Vortrag über 'Probleme des wissenschaftlichen Fortschritts — eine historische Perspektive' zum Ausdruck. Krohn sagte, man könne aus der Wissenschaftsgeschichte nicht lernen, welche Form der Institutionalisierung von Wissenschaft in der Gesellschaft die beste sei. Die beste Erkenntnis jedoch, die man aus der Geschichte der Wissenschaft ableiten könne, sei, daß wir nur durch quasi-experimentelle Bereitschaft zur Erprobung alternativer Modelle für eine demokratische Legitimation des wissenschaftlich-technischen Fortschritts lernen können.
Diese antidogmatische Haltung zeichnet sich gegenüber dem chaotischen Skeptizismus Feyerabends durch ein reflektiertes Insistieren auf der aufklärerischen Funktion von Wissenschaft aus. Das emanzipative Potential wissenschaftlicher Vernunft soll gesamtgesellschaftlich nutzbar gemacht und nicht etwa privatistischen Bedürfnissen antiwissenschaftlicher Subkulturen geopfert werden. Während die von Feyerabend geforderte Entkoppelung von Wissenschaft und Bildungswesen eine Bewußtseinsregression in vorwissenschaftlich-mythologische Gefilde herbeiführen dürfte, intendiert die wissenschaftshistoriographisch arbeitende kritische Sozialphilosophie umge-

kehrt gerade Verwissenschaftlichung des Ausbildungssektors und Sozialisie-
rung der Wissenschaft im Interesse der Gesamtgesellschaft. Während Feyerabend die Wissenschaftsgeschichte zur Rehabilitierung der Mythologie und
Destruktion wissenschaftlicher Rationalität benutzt, ist die kritische Wissen-
schaftshistorie an vollständiger Entmythologisierung und Aufklärung durch
wissenschaftliche Vernunft interessiert. Im Bildungsprozeß bedeutet dies eine
verstärkte Verwendung ideologiekritischer Methoden und gezielte Förderung
kommunikativer Kompetenzen. Durch kontextbezogene Rekonstruktion
naturwissenschaftlicher Erkenntnisse können die verdinglichten Fakten historisch rekonstruiert und damit kommunikabel gemacht werden[118].
P. Bulthaup hat das dialektische Verhältnis zwischen systematischen Kategorien und historischer Rekonstruktion naturwissenschaftlicher Entwicklungen
am Beispiel der Chemie erhellt und pädagogisch fruchtbar gemacht[119]. Um
den unmittelbaren Schein der "objektivierten empirischen Sachverhalte ...
in den Naturwissenschaften" zu durchbrechen, fordert Bulthaup von der
Wissenschaftstheorie, daß sie "die historischen und, qua Produktion, gesellschaftlichen Implikationen auch noch des objektivierten empirischen Sach-
verhalts begreifbar machen" müsse[120]. Hierzu bedürfe es der Einbeziehung
von auch "weit in die Vorgeschichte" von Wissenschaft, i.e. Metaphysik,
zurückgreifenden Analysen[121]. Bildung durch Naturwissenschaft kann insofern nicht auf positive Wissensakkumulation reduziert werden, sondern
verlangt die Einbeziehung wissenschaftsphilosophischer, begriffs- und sozialgeschichtlicher Studien. Entgegen dem Anschein, daß "die naturwissenschaftliche Bildung heute doppelt unmöglich geworden zu sein (scheint), sowohl
vom dem her, was Inhalt dieser Bildung sein könnte, als auch durch die Verhältnisse, die keine Bildung mehr dulden"[122], vermag sich die Wissenschaftsgeschichte als didaktisches Korrektiv zu bewähren, das den rigiden mnemo-
technischen Akkumulationsprozeß von Wissensbeständen zu unterbrechen
und dimensional zu verlagern geeignet ist.

Anmerkungen

1) K.E. Rothschuh, Wer ist groß und was ist bedeutend in der Geschichte der Wissenschaft? In: Ders., Physiologie im Werden. Stuttgart 1969. S. 1.
2) ebd.
3) ebd.
4) ebd. 4.
5) vgl. Rothschuh, Dynamische Momente in der Entfaltung der Wissenschaft, gezeigt
   an der Geschichte der Physiologie. In: Ders., op. cit. S. 35.
6) ebd.
7) St. F. Mason, Geschichte der Naturwissenschaft in der Entwicklung ihrer Denkweisen. Stuttgart 1974. S. 692.
8) H.J. Sandkühler, Praxis und Geschichtsbewußtsein, Studien zur materialistischen
   Dialektik, Erkenntnistheorie und Hermeneutik. Frankfurt 1973. S. 34.

9) ebd.
10) vgl. ebd. 32.
11) s. ebd. 43.
12) s. ebd. 39f.
13) MEW, Bd. 3. Berlin 1969. S. 18.
14) ebd.
15) K. Marx, Pariser Manuskripte 1844 (Ed. Hillmann). Reinbek 1968. S. 83.
16) ebd.
17) K. Marx, Grundrisse der Kritik der Politischen Ökonomie. (Rohentwurf) 1857—1858. Berlin 1953. S. 599f.
18) J.D. Bernal, Wissenschaft, Science in History. 4 Bde. Reinbek 1970.
19) A. Leisewitz, Die Auswirkungen der Verwissenschaftlichung der Produktion auf die Monopolbildung und auf das Verhältnis von Ökonomie und Politik, dargestellt am Beispiel der chemischen Industrie. In: Das Argument, 14/1972, Nr. 73.
20) O. Ullrich, Technik und Herrschaft. Frankfurt 1977.
21) ebd. 142f.
22) s. F. Kambartel, Die Integration der Naturwissenschaften auf der Grundlage ihrer theoriebildenden Methoden I: Der methodische Aufbau der Naturwissenschaft und sein Zusammenhang mit der lebensweltlichen Praxis. In: K. Frey/P. Häußler (Eds.), Integriertes Curriculum Naturwissenschaft, Theoretische Grundlagen und Ansätze. Weinheim 1973. S.107f.
23) s. P. Janich/F. Kambartel/J. Mittelstraß, Wissenschaftstheorie als Wissenschaftskritik. Frankfurt 1974. S. 99.
24) Kambartel, Die Integration ... A.a.O. S. 108.
25) Janich et al., op. cit. S. 125.
26) s. ebd. 124.
27) ebd.
28) ebd. 126.
29) s. ebd. 129.
30) s. ebd. 127.
31) s. ebd. 129f.
32) ebd. 130.
33) s. J. Mittelstraß, Neuzeit und Aufklärung, Studien zur Entstehung der neuzeitlichen Wissenschaft und Philosophie. Berlin/New York 1970. S. 265.
34) ebd.
35) ebd. 266.
36) ebd. 266f.
37) ebd. 6.
38) J. Mittelstraß, Metaphysik der Natur in der Methodologie der Naturwissenschaften. In: K. Hübner, A. Menne (Eds.), Natur und Geschichte. Hamburg 1973. S. 84f.
39) W. Stegmüller, Der sogenannte Zirkel des Verstehens. In: Hübner/Menne (Eds.), Natur und Geschichte. A.a.O. S. 32.
40) T.S. Kuhn, Die Struktur wissenschaftlicher Revolutionen. Frankfurt 1973. S. 44f.
41) ebd. 131.
42) s. T.S. Kuhn, Postskript — 1969 zur Analyse der Struktur wissenschaftlicher Revolutionen. In: P. Weingart (Ed.), Wissenschaftssoziologie I, Wissenschaftliche Entwicklung als sozialer Prozeß. Frankfurt 1972. S. 312.
43) s. Kuhn, Struktur ... A.a.O. 165.
44) T.S. Kuhn, Logik der Forschung oder Psychologie der wissenschaftlichen Arbeit? In: I. Lakatos/A. Musgrave (Eds.), Kritik und Erkenntnisfortschritt. Braunschweig 1974. S. 14.

45) s. K. Popper, Die Normalwissenschaft und ihre Gefahren. In: Lakatos/Musgrave (Eds.), op. cit. S. 55f.
46) ebd. 57.
47) W. Detel, Methode und Erkenntnisfortschritt, Kritische Bemerkungen zum Verhältnis von Wissenschaftstheorie und Wissenschaftsgeschichte. In: Z. f. allg. Wissenschaftstheorie, 8/1977, Heft 2, S. 239.
48) s. ebd.
49) ebd. 240.
50) T.S. Kuhn, Bemerkungen zu Lakatos. In: Lakatos/Musgrave (Eds.), op. cit. S. 319.
51) ebd.
52) I. Lakatos, Falsifikation und die Methodologie wissenschaftlicher Forschungsprogramme. In: Lakatos/Musgrave (Eds.), op. cit. S. 172.
53) s. ebd. 171f.
54) s. ebd. 173.
55) ebd. 171.
56) I. Lakatos, Die Geschichte der Wissenschaft und ihre rationalen Rekonstruktionen. In: W. Diederich (Ed.), Theorien der Wissenschaftsgeschichte, Beiträge zur diachronen Wissenschaftstheorie. Frankfurt 1974. S. 86f.
57) ebd. 85f.
58) ebd. S. 87, Anm. 69.
59) ebd. 101.
60) ebd. 103.
61) P.K. Feyerabend, Wider den Methodenzwang, Skizze einer anarchistischen Erkenntnistheorie. Frankfurt 1976. S. 300.
62) ebd. 9.
63) s. P.K. Feyerabend, Die Wissenschaften in einer freien Gesellschaft. In: W.C. Zimmerli (Ed.), Wissenschaftskrise und Wissenschaftskritik. Basel—Stuttgart 1974. S. 107ff.
64) ebd. 69.
65) s. P. Feyerabend, die Wissenschaftstheorie — eine bisher unbekannte Form des Irrsinns? In: Hübner/Menne (Eds.), Natur und Geschichte. A.a.O. S. 123f.
66) J. Habermas, Gegen einen positivistisch halbierten Rationalismus. In: Kölner Z. f. Soziologie und Sozialpsychologie, 16/1964.
67) W. Krohn, Zur soziologischen Interpretation der neuzeitlichen Wissenschaft. In: Ders. (Ed.): E. Zilse, Die sozialen Ursprünge der neuzeitlichen Wissenschaft. Frankfurt 1976. — G. Böhme/W. van den Daele/W. Krohn, Die Finalisierung der Wissenschaft. In: Diederich (Ed.), op. cit. — G. Böhme/W. van den Daele/W. Krohn, Experimentelle Philosophie, Ursprünge autonomer Wissenschaftsentwicklung. Frankfurt 1977. — Starnberger Studien I (G. Böhme, W. van den Daele, R. Hohlfeld, W. Krohn, W. Schaefer, T. Spengler), Die gesellschaftliche Orientierung des wissenschaftlichen Fortschritts. Frankfurt 1978.
68) Starnberger Studien I, Einleitung S. 7.
69) ebd.
70) s. ebd.
71) ebd. 7f.
72) ebd. 8f.
73) ebd. 10.
74) ebd. 10f.
74a) s. ebd. 12ff.
75) G. Böhme/W. van den Daele/R. Hohlfeld, Finalisierung revisited. In: Starnberger Studien 1. A.a.O., S. 243.

Einführung in die wissenschaftsgeschichtliche Didaktik 25

76) Böhme et al., Einleitung A.a.O. S. 16.
76a) ebd. 16f.
77) s. W. Schäfer, Normative Finalisierung. Eine Perspektive. In: Starnberger Studien 1, A.a.O., S. 381.
78) G. Böhme/W. v.d. Daele/W. Krohn, Die Finalisierung der Wissenschaft. In: Diederich (Ed.), op. cit., S. 278f.
79) s. ebd. 279.
80) ebd. 307.
81) s. G. Böhme/W. v.d. Daele, Erfahrung als Programm — Über Strukturen vorparadigmatischer Wissenschaft. In: Böhme et al., Experimentelle Philosophie. A.a.O. S. 224.
82) s. Schäfer, A.a.O. S. 411.
83) ebd. 413.
84) E. Hunger (Ed.), Die naturwissenschaftliche Erkenntnis, Einführung und Quellensammlung, 3 Bde. 1. Bd.: Begriff und Methode, Braunschweig 1966[4]. 2. Bd.: Der Mensch und die Naturwissenschaft. Ebd. 1965[4]. 3. Bd.: Prinzipienfragen der naturwissenschaftlichen Erkenntnis. Ebd. 1964[4].
85) Hunger (Ed.), op. cit. Bd. 1, Einleitung. S. 1.
86) ebd. 1f.
87) ebd. 2.
88) Hunger, op. cit., Bd. 1. S. 7.
89) vgl. E. Zilsel, Die sozialen Ursprünge der neuzeitlichen Wissenschaft. (Ed. von W. Krohn). Frankfurt 1976.
90) ebd. 22.
91) s. Hunger, op. cit., Bd. 2. S. 23.
92) s. ebd. 2; 22f.
93) ebd. 89.
94) s. H. Ley/K.-F. Wessel et al., Weltanschaulich-philosophische Bildung und Erziehung im mathematischen und naturwissenschaftlichen Unterricht. Berlin 1972. S. 10ff.
95) s. ebd. 23.
96) ebd. 134.
97) ebd.
98) s. ebd. 176.
99) s. ebd. 177.
100) F. Rieß, Materialistische Geschichtsschreibung des mathematisch-naturwissenschaftlichen Unterrichts — eine Methode zur ideologiekritischen Analyse der Fachdidaktik der Naturwissenschaften. In: H. Dahncke (Ed.), Zur Didaktik der Physik und Chemie, Probleme und Perspektiven. Vorträge auf der Tagung für Didaktik der Physik/Chemie in Göttingen, September 1973, Teil 1. Hannover 1974. S. 47.
101) F. Kambartel, Die Integration der Naturwissenschaften auf der Grundlage ihrer theorienbildenden Methoden I: Der methodische Aufbau der Naturwissenschaft und sein Zusammenhang mit der lebensweltlichen Praxis. In: K. Frey/P. Häussler (Eds.), Integriertes Curriculum Naturwissenschaft: Theoretische Grundlagen und Ansätze. Weinheim—Basel 1973. S. 115.
102) s. ebd. 114f.
103) P. Janich, Die Integration der Naturwissenschaften auf der Grundlage ihrer theorienbildenden Methoden II: Die genetische Organisation naturwissenschaftlichen Lehrstoffs. In: Frey/Häussler op. cit. S. 119ff.
104) ebd. 126f.

105) ebd. 122.
106) P.K. Feyerabend, Diskussionsbeitrag in: Zimmerli (Ed.), op. cit. S. 137.
107) s. ders., Wider den Methodenzwang. A.a.O. S. 304f.
108) s. ebd. 36f.
109) Feyerabend, Diskussionsbeitrag in Zimmerli (Ed.), a.a.O. S. 137.
110) Feyerabend, Wider den Methodenzwang. A.a.O. S. 398.
111) s. ebd. 410.
112) ebd. 305.
113) ebd. 305f.
114) s. ebd. 30.
115) ebd. 352.
116) s. ebd. 30f.
117) s. ebd. 353f.
118) vgl. M. Lang, Kommunikabilität durch kontextabhängige Betrachtung naturwissenschaftlicher Erkenntnisbestände. In: M. Ewers (Hg.), Naturwissenschaftliche Didaktik zwischen Kritik und Konstruktion. Weinheim—Basel 1975.
119) P. Bulthaup, Systematische Kategorien und historische Entwicklung einer Naturwissenschaft — dargestellt an der Chemie als Modell. In: ders., Zur gesellschaftlichen Funktion der Naturwissenschaften. Frankfurt 1973.
120) ebd. 83.
121) s. ebd. 65.
122) P. Bulthaup, Naturwissenschaftliche Bildung. In: ders., op. cit. S. 24.

Literaturverzeichnis

J.D. BERNAL, Wissenschaft, Science in History. 4 Bde. Reinbeck 1970.

G. BÖHME/W. v.d. DAELE, Erfahrung als Programm — Über Strukturen vorparadigmatischer Wissenschaft. In: G. Böhme et al., Experimentelle Philosophie. Frankfurt 1977.

G. BÖHME/W. v.d. DAELE/ W. KROHN, Die Finalisierung der Wissenschaft. In: W. Diederich (Ed.), Theorien der Wissenschaftsgeschichte. Frankfurt 1974.

G. BÖHME/W. van den DAELE/W. KROHN, Experimentelle Philosophie, Ursprünge autonomer Wissenschaftsentwicklung. Frankfurt 1977.

G. BÖHME/W. van den DAELE/R. HOHLFELD, Finalisierung revisited. In: Starnberger Studien 1. Frankfurt 1978.

P. BULTHAUP, Naturwissenschaftliche Bildung. In: Ders., Zur gesellschaftlichen Funktion der Naturwissenschaften. Frankfurt 1973.

P. BULTHAUP, Systematische Kategorien und historische Entwicklung einer Naturwissenschaft — dargestellt an der Chemie als Modell. In: ders., Zur gesellschaftlichen Funktion der Naturwissenschaften. Frankfurt 1973.

W. DETEL, Methode und Erkenntnisfortschritt, Kritische Bemerkungen zum Verhältnis von Wissenschaftstheorie und Wissenschaftsgeschichte. In: Z.f. allg. Wissenschaftstheorie, 8/1977, Heft 2.

P.K. FEYERABEND, Diskussionsbeitrag in: W.C. Zimmerli (Ed.), Wissenschaftskrise und Wissenschaftskritik. Basel—Stuttgart 1974.

P.K. FEYERABEND, Die Wissenschaften in einer freien Gesellschaft. In: W.C. Zimmerli (Ed.), Wissenschaftskrise und Wissenschaftskritik. Basel—Stuttgart 1974.

P. FEYERABEND, Die Wissenschaftstheorie — eine bisher unbekannte Form des Irrsinns? In: K. Hübner/A. Menne (Eds.), Natur und Geschichte. Hamburg 1973.

P.K. FEYERABEND, Wider den Methodenzwang, Skizze einer anarchistischen Erkennt-
nistheorie. Frankfurt 1976.
J. HABERMAS, Gegen einen positivistisch halbierten Rationalismus. In: Kölner Z. f.
Soziologie und Sozialpsychologie, 16/1964.
E. HUNGER (Ed.), Die naturwissenschaftliche Erkenntnis, Einführung und Quellen-
sammlung, 3 Bde. 1. Bd.: Begriff und Methode, Braunschweig 1966[4.] 2. Bd.: Der
Mensch und die Naturwissenschaft. Ebd. 1965[4]. 3. Bd. Prinzipienfragen der natur-
wissenschaftlichen Erkenntnis. Ebd. 1964[4].
P. JANICH, Die Integration der Naturwissenschaften auf der Grundlage ihrer theorien-
bildenden Methoden II: Die genetische Organisation naturwissenschaftlichen
Lehrstoffs. In: K. Frey/P. Häussler (Eds.), Integriertes Curriculum Naturwissenschaft, Theoretische Grundlagen und Ansätze. Weinheim 1973.
P. JANICH/F. KAMBARTEL/J. MITTELSTRASS, Wissenschaftstheorie als Wissen-
schaftskritik. Frankfurt 1974.
F. KAMBARTEL, Die Integration der Naturwissenschaften auf der Grundlage ihrer theo-
rienbildenden Methoden I: Der methodische Aufbau der Naturwissenschaft und
sein Zusammenhang mit der lebensweltlichen Praxis. In: K. Frey/P. Häussler
(Eds.), Integriertes Curriculum Naturwissenschaft: Theoretische Grundlagen und
Ansätze. Weinheim—Basel 1973.
W. KROHN, Zur soziologischen Interpretation der neuzeitlichen Wissenschaft. In: Ders.
(Ed.): E. Zilsel, Die sozialen Ursprünge der neuzeitlichen Wissenschaft. Frankfurt
1976.
T.S. KUHN, Bemerkungen zu Lakatos. In: I. Lakatos/A. Musgrave (Eds.), Kritik und
Erkenntnisfortschritt. Braunschweig 1974.
T.S. KUHN, Die Struktur wissenschaftlicher Revolutionen. Frankfurt 1973.
T.S. KUHN, Logik der Forschung oder Psychologie der wissenschaftlichen Arbeit? In:
I. Lakatos/A. Musgrave (Eds.), Kritik und Erkenntnisfortschritt. Braunschweig
1974.
T.S. KUHN, Postskript — 1969 zur Analyse der Struktur wissenschaftlicher Revolutio-
nen. In: P. Weingart (Ed.), Wissenschaftssoziologie I, Wissenschaftliche Entwick-
lung als sozialer Prozeß. Frankfurt 1972.
I. LAKATOS, Die Geschichte der Wissenschaft und ihre rationalen Rekonstruktionen.
In: W. Diederich (Ed.), Theorien der Wissenschaftsgeschichte, Beiträge zur dia-
chronen Wissenschaftstheorie. Frankfurt 1974.
I. LAKATOS, Falsifikation und die Methodologie wissenschaftlicher Forschungspro-
gramme. In: I. Lakatos/A. Musgrave (Eds.), Kritik und Erkenntnisfortschritt.
Braunschweig 1974.
M. LANG, Kommunikabilität durch kontextabhängige Betrachtung naturwissenschaft-
licher Erkenntnisbestände. In: M. Ewers (Hg.), Naturwissenschaftliche Didaktik
zwischen Kritik und Konstruktion. Weinheim—Basel 1975.
A. LEISEWITZ, Die Auswirkungen der Verwissenschaftlichung der Produktion auf die
Monopolbildung und auf das Verhältnis von Ökonomie und Politik, dargestellt am
Beispiel der chemischen Industrie. In: Das Argument, 14/1972, Nr. 73.
H. LEY/K.-F. WESSEL et al., Weltanschaulich-philosophische Bildung und Erziehung im
mathematischen und naturwissenschaftlichen Unterricht. Berlin 1972.
K. MARX, Grundrisse der Kritik der Politischen Ökonomie. (Rohentwurf) 1857—1858.
Berlin 1953.
K. MARX, Pariser Manuskripte 1844 (Ed. Hillmann), Reinbek 1968.
St. F. MASON, Geschichte der Naturwissenschaft in der Entwicklung ihrer Denkweisen.
Stuttgart 1974.
J. MITTELSTRASS, Metaphysik der Natur in der Methodologie der Naturwissenschaf-

28

ten. In: K. Hübner/A. Menne (Eds.), Natur und Geschichte. Hamburg 1973.

J. MITTELSTRASS, Neuzeit und Aufklärung, Studien zur Entstehung der neuzeitlichen Wissenschaft und Philosophie. Berlin/New York 1970.

K. POPPER, Die Normalwissenschaft und ihre Gefahren. In: I. Lakatos/A. Musgrave (Eds.), Kritik und Erkenntnisfortschritt. Braunschweig 1974.

F. RIESS, Materialistische Geschichtsschreibung des mathematisch-naturwissenschaftlichen Unterrichts — eine Methode zur ideologiekritischen Analyse der Fachdidaktik der Naturwissenschaften. In: H. Dahncke (Ed.), Zur Didaktik der Physik und Chemie, Probleme und Perspektiven. Vorträge auf der Tagung für Didaktik der Physik/Chemie in Göttingen, September 1973, Teil 1. Hannover 1974.

K.E. ROTHSCHUH, Dynamische Momente in der Entfaltung der Wissenschaft, gezeigt an der Geschichte der Physiologie. In: Ders., Physiologie im Werden. Stuttgart 1969.

K.E. ROTHSCHUH, Wer ist groß und was ist bedeutend in der Geschichte der Wissenschaft? In: Ders., Physiologie im Werden. Stuttgart 1969.

H.J. SANDKÜHLER, Praxis und Geschichtsbewußtsein, Studien zur materialistischen Dialektik, Erkenntnistheorie und Hermeneutik. Frankfurt 1973.

W. SCHÄFER, Normative Finalisierung. Eine Perspektive. In: Starnberger Studien 1. Frankfurt 1978.

STARNBERGER STUDIEN 1 (G. Böhme, W. van den Daele, R. Hohlfeld. W. Krohn, W. Schaefer, T. Spengler), Die gesellschaftliche Orientierung des wissenschaftlichen Fortschritts. Frankfurt 1978.

W. STEGMÜLLER, Der sogenannte Zirkel des Verstehens. In: K. Hübner/A. Menne (Eds.), Natur und Geschichte. Hamburg 1973.

O. ULLRICH, Technik und Herrschaft. Frankfurt 1977.

E. ZILSEL, Die sozialen Ursprünge der neuzeitlichen Wissenschaft. (Ed. von W. Krohn). Frankfurt 1976.

Geschichte der Naturwissenschaften im naturwissenschaftlichen Unterricht – Pro und Contra.

Versuch einer fachdidaktischen Summe *

von

Walter Jung

1. Vorbemerkung

Gern sähe ich es vermieden, daß das Thema in die Reihe miteinander konkurrierender oder einander ablösender pädagogisch-didaktischer Panazeen gerät. Wenn etwas Dauerhaftes bewirkt werden soll, dann ist eine abwägende Analyse am Platze und eine Berücksichtigung der realen Gegebenheiten: "However much time we devote to the subject the average pupil will not come very far"[1].

Aus diesem Grund habe ich meine Betrachtung dialektisch angelegt. Ich will nicht nur die Gründe *für* historische Fermentierung des naturwissenschaftlichen Unterrichts erörtern, sondern auch Gründe, die entschieden dagegenstehen.

Die gegensätzlichen Tendenzen, die in der Sache selbst, dem naturwissenschaftlichen Unterricht, liegen, lassen sich recht gut an zwei Äußerungen belegen, die sich auf den Physikunterricht beziehen. Auf der einen Seite stehen z.b. Äußerungen jüngeren Datums von K. Hecht. Er führt etwa aus, gerade in den sogenannten Grundkursen, die ja für zukünftige Nicht-Naturwissenschaftler bestimmt sind, oder doch hauptsächlich für diese, sei es "dringend geboten", daß der Unterricht "so wissenschaftlich wie nur irgend möglich" sei. In diesen Kursen, und für diese Schülerkategorie, dürften nur "Stoffe nach dem neuesten wissenschaftlichen Stand" behandelt werden[2].

Ein solches radikales Modernitätsprinzip ist gerade für den naturwissenschaftlichen Unterricht nicht willkürlich, wie noch zu zeigen sein wird. Und es ist klar, daß ein Unterricht, der diesem Prinzip folgt, unter den realen Bedingungen des Unterrichts, wie z.b. Vorkenntnisse, verfügbare Zeit und Komplexität von Stoffen auf dem neuesten wissenschaftlichen Stand, der Integration der Historie nicht günstig ist. Auf der anderen Seite stehen Äußerungen von R. Sexl, der definitiv sagt: "Understanding Physics is not the aim of teaching

---

* Überarbeitete Fassung eines Vortrages auf dem 15. IPN-Seminar am 2.3.1978 in München.

physics to the non-scientist, ..." Was ist dieses Ziel? "To show how physics
is one of the major building blocks in the cultural heritage of mankind to me
is the main purpose of teaching physics to non-scientists." Er schließt sich
weitgehend den Auffassungen von Conant an, die in seinem Konzept der
Case Histories in Experimental Science dargestellt sind und die Conant im
Vorwort von Th.S. Kuhns bekanntesten Buch[4] aufgreift. Danach soll der
Unterricht eine starke historische Komponente haben.
Ich beabsichtige nicht, zwischen beiden Auffassungen einen formellen Widerspruch zu konstruieren. Es gibt ihn nicht. Aber daß beide Positionen nach
entgegengesetzten Richtungen treiben, scheint mir deutlich zu sein. Gestatten Sie mir noch eine Anmerkung zu beiden Äußerungen: Sie sind beide
relativ dogmatisch. Sie gehen nicht auf tieferliegende Fragen ein, die wissenschaftstheoretischen Charakter haben, etwa die Frage, welches Element an
Geschichtlichkeit in der Physik selbst enthalten ist. Sie nehmen beide die
Physik als etwas Vorfindliches zum pädagogischen Gebrauch. Es ist z.b.
überhaupt keine Frage, daß man Physik im *Geschichts*unterricht behandeln
kann, ihre Rolle in der Entwicklung der Wissenschaften, der wissenschaftlichen Institutionen, in politischen und gesellschaftlichen Zusammenhängen.
Sexl baut hier vorsorglich die Versicherung ein: "In order to prevent a pos-
sible misinterpretation let me stress that well founded knowledge of the
laws of physics is indispensable − the huge structure of natural science can
only be constructed from solid and exact building blocks."[3]
Es bleibt eben recht unklar, und weithin unanalysiert, wie weit Kenntnisse
in Physik, und analoges für die anderen naturwissenschaftlichen Fächer,
gehen müssen, damit man ein solches Verständnis für die Rolle der Physik als
einer kulturellen Errungenschaft gewinnen kann. Sexls "solid and exact
building blocks" sind vielleicht nicht so weit entfernt von Hechts "Stoffen
auf dem neuesten wissenschaftlichen Stand", wie man zuerst meinen könnte.
Es könnte leicht sein, daß die konkrete Durchführung solcher Konzeptionen,
die den intellektuellen Ansprüchen der bildungsbürgerlichen Innovatoren
genügte, sich als kolossale reductio ad absurdum erweist: "However much
time we devote to the subject the average pupil will not come very far."[1]

2. Contra

2.1. Objektivitätsargument

Physikalische Erkenntnisse sind objektiv, vor allem in dem Sinne, daß sie
frei sind von dem, was man "hermeneutische Zirkel" genannt hat. Mit Objektivität meine ich nicht nur, daß die *Gültigkeit* dieser Erkenntnisse nicht von
persönlichen Stimmungen und Meinungen abhängt. Gegen diese Art der
Objektivität spricht nicht, daß es z.T. heftige ideologisch motivierte Ausein-

andersetzungen auch in unserem Jahrhundert gegeben hat, z.B. über die Relativitätstheorie vor allem in der Sowjetunion[5], oder über die Quantentheorie, vor allem die Kopenhagener Deutung[6]. Dabei ging und geht es aber um Fragen der Interpretation, und zwar von Sachverhalten, über die es selbst *keine* Diskussionen gibt. Es gibt keine marxistische, maoistische oder katholische Invarianz der Lichtgeschwindigkeit, oder Unschärferelation, etc. Selbstverständlich gibt es auch über diese objektiven Tatbestände wissenschaftliche Diskussionen. Es gibt einige Physiker, die heute die Gültigkeit von $\Delta x \cdot \Delta p \geqslant \hbar/2$ bezweifeln und Experimente auszudenken suchen, wie Ende der zwanziger Jahre Einstein, die die allgemeine Gültigkeit dieser Formel widerlegen sollen. Es gab Replikationen des Michelson-Versuchs, die dessen Ergebnisse nicht reproduzierten. Es hat lange gedauert, bis diese Experimente von Shankland aufgeklärt werden konnten[7]. Aber heute gibt es darüber keinen Streit mehr. Früher oder später werden stabile Ergebnisse erreicht. Man kann geradezu sagen, daß der ideologische Streit um Interpretationen nur dadurch möglich ist, daß es eine objektive, von beiden Seiten akzeptierte Basis gibt, und man könnte diese Basis als die physikalischen Erkenntnisse und Ergebnisse im präzisesten Sinn bezeichnen. Und auch der wissenschaftliche Streit um die Ergebnisse ist überhaupt nur sinnvoll als ein Streit über *objektive* Ergebnisse.

Mit Objektivität meine ich aber noch mehr. Wissenschaftlicher Streit führt zu objektiven Ergebnissen. Aber wenn sie erreicht sind, können nicht nur die Ergebnisse vom historischen Prozeß ihrer Sicherung gelöst werden. Vielmehr wird der Prozeß der Ergebnisgewinnung und -sicherung selbst vom historischen, gleichsam "ersten", gelöst. Das Ergebnis rationalisiert seine eigene Darstellung[8]. Wenn wir z.B. den Zusammenhang zwischen Brechungsindex und Lichtgeschwindigkeit überprüfen wollen, kann es uns herzlich gleichgültig sein, wie Huygens zu seiner Beziehung kam; ob er wirklich eine Wellentheorie des Lichts hatte oder etwas anderes; welche Ideen die Männer bewegten, die zuerst Instrumente zur Messung der Lichtgeschwindigkeit gebaut haben. (Was wir freilich wissen müssen, ist, daß diese Vorrichtungen i.a. chopper sind, so daß wir direkt nicht die Phasengeschwindigkeit messen, sondern die Gruppengeschwindigkeit!)[9] Man könnte viele weitere Beispiele geben.

Der wesentliche Punkt ist, daß der historische Prozeß für die Wissensproduktion unwesentlich ist, eine Leiter, die man verbrennen kann, wenn man oben ist. Mit Physik hat es nichts zu tun, daß man weiß, welche Absichten Thomas Young mit seinem Doppelspaltversuch verband, oder was Fresnel bewog, seine Spiegelanordnung zu erfinden. Natürlich ist es schön, Zeichen von "Bildung", wenn man das alles auch weiß. Der Physik ist es nützlicher zu zeigen, was beim Doppelspalt-Versuch geschieht, wenn man mit sehr stark verdünntem Licht arbeitet — fast niemand weiß übrigens, wer solche Versuche zuerst gemacht hat.

Man muß ja davon ausgehen, daß im Unterricht immer nur eine begrenzte Zeit zur Verfügung steht. Jede Einfügung historischer Details hat das Weglassen anderer Inhalte zur Folge. Nehmen wir noch einige aktuelle Beispiele, etwa die Umstellung der Einheiten. Die alten Einheiten wie cal oder ^{o}Cel, um zwei zu nennen, mußten durch Bezugnahme auf irgendwelche historischen Zufälligkeiten gerechtfertigt werden. Um die neuen zu verstehen, braucht man eine Serie tatsächlich durchführbarer Experimente bzw. herstellbarer und reproduzierbarer Instrumente, z.B. ein Interferometer, das sich ohne Bezugnahme auf historische Entdeckungsprozesse verstehen läßt, oder eine Wärmepumpe, die in jedem Haushalt steht. Historisch sind noch einige Zahlen, wie etwa die Anzahl der Wellenlängen, die 1 m ausmachen. Man will ohne größere Brüche zu früheren Verfahren auskommen. Aber es ist klar, daß diese Relikte nichts mit der substantiellen Physik zu tun haben. Insgesamt entsteht ein rationaleres, von historischen Zufälligkeiten viel freieres System, und die Aufgabe im Unterricht kann nicht sein, den Ramifikationen der Entwicklung dieser Einheiten nachzugehen, sondern sie – cum grano salis – "aus sich selbst" verständlich zu machen und zu veranschaulichen.

Überall können wir diese fortschreitende Befreiung der Physik von historischen Entstehungsprozessen beobachten. So wird z.B. das Bohrsche Atommodell oft schon gar nicht mehr behandelt. Es ist eine heute überflüssige Durchgangsstation geworden. Heute gibt es bessere Wege in Atomphysik und Quantentheorie. Oder denken wir an die in alten Physikbüchern noch auffindbare Unterscheidung zwischen "tierischer" und "galvanischer" Elektrizität. Die späteren, fortgeschritteneren Stadien der Entwicklung können eben auf sich selbst stehen. Die jeweils gültige Physik kann aus ihr selbst heraus verstanden werden. Ist es, unter der Voraussetzung, daß diese These richtig ist, didaktisch nicht sinnvoller, alle Anstrengungen darauf zu richten, die Erfahrung für den Lerner so vorzustrukturieren, daß er in die Lage versetzt wird, Physik ohne Umwege über ihre Historie zu lernen? "Learning modern Physics from scratch!" würde in leichter Abwandlung von Ausführungen Feyerabends[10] als didaktisches Fazit resultieren.

Kann man es, immer unter der Voraussetzung der Richtigkeit dieser Thesen, wirklich nur als einen Zufall ansehen, daß die Geschichte der Physik in den Lehrbüchern der Physik in aller Regel nur als Anhang erscheint, als Zusatzinformation?

2.2. Spezialistenargument

Man kann aber noch einen Schritt weiter gehen und fragen, ob diese historischen Exkurse denn überhaupt verständlich seien, ob sie nicht oft für den Schüler schwerer verständlich seien als der physikalische Lehrbuchtext. Die These wäre, daß dies umso mehr der Fall sein muß (in der Regel), je genauer

die historische Darstellung ist und je weiter sie in die Vergangenheit zurück-
schreitet[11]. Didaktisch heißt das, daß der Schüler entweder etwas sehr Ober-
flächliches lernt oder daß er eine zusätzliche erhebliche Lernleistung erbrin-
gen muß über die hinaus, die ihm das Lernen der Physik abverlangt. Geschichte der Physik, um es anders zu sagen, ist eine Spezialdisziplin, die
zugleich ganz andere Fähigkeiten verlangt als etwa die Physik selbst.

2.2.1. Schulbezogene Betrachtung

Ich will mich hier mit wenigen Beispielen begnügen. Ich habe z.b. gefunden,
daß es oft schwierig ist, Schülern und Studenten zu vermitteln, worum es bei
der Ätherhypothese eigentlich geht. Eine Einführung in die Spezielle Relativitätstheorie kann heute leichter verständlich ohne Rekurs auf ältere Vorstellungen erfolgen. Welcher Schüler wäre in der Lage, Robert Mayers schwierige Gedanken über die Energie zu verstehen, oder die Nuancen von Franklins
Ladungsbegriffen, der verschiedenen Kraftbegriffe von Newton? Nicht einmal
für den, der Newtons Optik studiert, ist ganz leicht zu verstehen, welche Rolle
für Newton z.B. Korpuskelvorstellungen des Lichts spielen, oder was Hypothese in "hypotheses non fingo" bedeutet, welche Vorstellungen ihn bei
seinem experimentum crucis leiteten. B.I. Cohen widmet dem Hypothesen-
begriff bei Newton einen gesonderten Exkurs von 14 Seiten und eruiert
9 verschiedene Bedeutungen[12]. Ich brauche diese Bemerkungen nicht fort-
zusetzen, um die These glaubhaft zu machen, daß der Physikunterricht in
sehr vielen Fällen von historischer Betrachtung nichts zu gewinnen hat.

2.2.2. Lehrerbezogene Betrachtung

Die Situation in der Lehrerausbildung wird man etwas anders beurteilen
müssen. Der Physiklehrer kann aus historischen Studien Nutzen ziehen für
die Beurteilung von Lernschwierigkeiten seiner Schüler. Auch sollte er in die
Lage versetzt werden, über Physik nachzudenken und nicht nur über Physika-
lisches. Er ist ja in aller Regel kein working scientist. Ich komme darauf
zurück.
Aber selbst im Fall des Lehrers wird man Hoffnungen dämpfen müssen. Ich
will das an zwei Beispielen plausibel zu machen suchen.

(a) Vor einiger Zeit wurde von Böhme[13] in einer Diskussion der Vorschlag
gemacht, man könne die Nicht-Selbstverständlichkeit grundlegender Voraussetzungen der Physik durch historischen Vergleich einsichtig machen. Gemeint ist die Annahme, daß alle Naturvorgänge nach exakten mathematischen
Gesetzen ablaufen, deren Zusammenwirken in der experimentellen Praxis zu
einer Marge unberechenbarer Schwankungen führt. Man kann dieser Annahme
eine ganz andere gegenüberstellen, nämlich die platonische, daß alle Wirklichkeit in der unvollkommenen Widerspiegelung von Ideen bestehe, in der

"Teilnahme an Ideen". Beide Annahmen lassen sich nicht schlüssig begründen, und das läßt sich gerade durch die Gegenüberstellung einsichtig machen. Aber es scheint klar, daß es eines recht tiefgehenden Studiums der platonischen Vorstellungswelt bedürfte, um diesen hier nur vage formulierten Ansatz präzisieren und verstehen zu können. Es gibt jahrhundertealte Kontroversen über die Deutung der platonischen Ideenlehre, Bibliotheken von Büchern, die sich mit diesem Problem befassen[14]. Es werden immer nur wenige Physiklehrer sein, die einen solchen Weg gehen können. Auch ist ein historischer Exkurs eigentlich ganz unnötig, wenn man das Ziel erreichen will, das Böhme vorschwebt. Es gibt auch heute Denker, die alternative Grundvorstellungen entwickeln. Hier wäre etwa an Peirce zu erinnern, dessen Denken leichter zugänglich ist, weil es im Zusammenhang mit der modernen Physik und in Auseinandersetzung mit ihr entstanden ist.

Ein weiterer Gesichtspunkt ist dabei zu bedenken, nämlich Kants Unterscheidung zwischen konstitutiven und regulativen Prinzipien, hinter die Denken heute nicht mehr zurückfallen sollte. Die erwähnte Annahme ist sicher ein Beispiel für ein regulatives Prinzip, das daher unmittelbar auch gar nicht als Voraussetzung physikalischer Erkenntnisse anzusehen ist, sondern nur als Prinzip der Leitung des Fortschreitens solcher Erkenntnis. Unterschiedliche Prinzipien können aber solchen Fortschritt verbürgen[15]. Mit anderen Worten, erkenntnistheoretische Reflexion wäre hier wichtiger als historische.

(b) Ein anderes sehr faszinierendes Beispiel stellen einige historische Überlegungen von F. Bopp dar[16]. Er versucht eine Korrespondenz zwischen dem griechischen Substanz-Denken und der klassischen Partikelphysik einerseits und dem Prozeß-Denken etwa Heraklits und bestimmten Formen der Quantenphysik, die von Erzeugungs- und Vernichtungsprozessen als den grundlegenden ontologischen Kategorien ausgehen, auf der anderen Seite. Die Bezugnahme auf latinisierte Fassungen dieser gegensätzlichen ontologischen Vorstellungen, forma fluens und fluxus formae, in Verbindung mit Anknüpfungen an griechische Philosophen, Demokrit und Heraklit etwa, wirft selbst schon schwerwiegende philosophisch-historische Fragen auf, nämlich nach dem ursprünglichen Sinn etwa der Heraklitischen Philosophie, nach der Transformation im Laufe der durch christlichen Aristotelismus bestimmten Überlieferung. In all diese, seit Jahrhunderten vorgenommenen Deutungsversuche gehen hermeneutische Zirkel ein, d.h. man muß das zu Deutende schon verstehen, um es deuten zu können. Bedeutende Denker des 20. Jahrhunderts haben versucht, sich durch Rekurs auf antike Philosophie verständlich zu machen, Heisenberg etwa, oder Whitehead. Sie haben eigentlich nie mehr produziert als Kontroversen über die Korrektheit bzw. Naivität ihres Verständnisses antiker Philosophie, gemessen am außerordentlichen corpus philosophiehistorischer und philologischer Arbeit mehrerer Gelehrtengenerationen. Und bei genauerem Zusehen erweist es sich als unnötig, sich solcher Kritik auszusetzen. Denn die Positionen, die dieser oder jener antiken Quelle zugeschrieben werden, lassen sich auch ohne solche Zuschreibung verständlich machen. Das muß so sein, denn dies vorgängige Verständnis ist ja die Voraussetzung einer Deutungsbemühung, ganz gleich, wie weit sie sich im Verlauf der historischen Arbeit davon entfernen mag. Natürlich soll es keinem gebildeten, kenntnisreichen Gelehrten verwehrt sein, seiner Überzeugung Ausdruck zu verleihen, daß es gewisse konstante Typen des Weltverständnisses gibt. Nur spielt das für ein Verständnis der Bedeutung solcher Typen für das moderne physikalische Denken keine Rolle. Es lenkt eher ab und führt zu Kontroversen, die dem Zweck nicht förderlich sind. Es bleibt daher zu bedenken, ob für den angehenden Lehrer wie auch für viele Schüler eine Beschäftigung mit dem philosophischen Denken unserer Epoche, das sich in enger Beziehung mit oder gegen die modernen Naturwissenschaften entwickelt hat, nicht dringlicher wäre als die mit historischen Studien im engeren Sinn. Daß es gleichwohl auch Gesichtspunkte geben könnte, die für historische Studien sprechen, wird im Pro-Abschnitt noch zur Sprache kommen. Ich will es für den Augenblick bei diesen Beispielen belassen und mich einem weiteren Argumentationsstrang zuwenden. Bisher wurde wissenschaftstheoretisch (2.1) und wissenschaftssystematisch (2.2) argumentiert. Es bleiben aber genuin didaktische Argumente.

2.3. Didaktische Argumente

2.3.1. *Schulbezogene Betrachtung:* Scientific Literacy

Gresswell hat in einem Artikel die traditionelle Aufgabe des naturwissenschaftlichen Unterrichts so umrissen: "The expressed function of science education is to pass on a body of knowledge and skills to develop understanding of concepts and principles and to give insight into the ... applications of science."[17] Zwar fährt er fort: " ... the aims and values of science ... are highly dependent upon the philosophies and values current in society"[17]. Aber solche Einsichten sind schwer zu vermitteln. Was die Frucht von vielfältigen Studien reifer Erwachsener ist, kann nicht so einfach auf der Schule weitergegeben werden. Schule als Ort kollektiver Offenbarung oder Dissemination revolutionärer Ideen − nach einer Periode pädagogisch-didaktischer Heilserwartungen beginnt man wieder damit, die traditionelle nüchternbegrenzte Aufgabenstellung schulischen Unterrichts zu würdigen: Weniger wäre mehr. Vor rund zwanzig Jahren schrieb Jacques Barzun seine vehemente Attacke gegen die neue Didaktik in Amerika. Er gab dieser beißenden Analyse und besorgten Prognose den Titel The House of Intellect[18]. Er versuchte, darin den Nachweis zu führen, daß die neue Didaktik die elementaren Kulturtechniken zerstöre, die als mühsam Erworbenes kulturell tradiert werden müßten. Daß der kleine Fritz die Buchstaben nicht mehr als etwas Gegebenes lernt, sondern selbst "erfindet", daß er die Elemente des Rechnens und seiner Gesetze "entdecken" müsse statt sie als eine seit langem gesicherte Errungenschaft der Kulturvölker sich schnell und sicher anzueignen, erschien ihm als der Aberwitz einer untradierten Tradition, geeignet, statt kommunikationsfähiger und manchmal kreativer Bürger kommunikationsunfähige Analphabeten zu erzeugen und das Haus des Intellekts abzureißen. Wir brauchen hier der Richtigkeit von Barzuns Prognose nicht weiter nachzugehen. Mich hat seine Argumentation beim ersten Studium beeindruckt und nachhaltig beeinflußt. Und ich sehe eines der dominanten Ziele in der neueren Curriculum-Entwicklung vor diesem Hintergrund, nämlich das mit dem Kürzel Scientific Literacy bezeichnete. Dieser "naturwissenschaftliche Alphabetismus" bedeutet die Möglichkeit, in einer von wissenschaftsartigem Diskurs durchsetzten Welt überhaupt eine Chance zu haben, einen relevanten selbständigen Gedanken fassen zu können. Es ist die Chance des Aufbaus einer stabilen naturwissenschaftlichen Kulturtradition. Ohne sie ist auch kritisches Denken hilflos. Linke Analytiker wie Ullrich[19] oder Bulthaup[20] haben darauf aufmerksam gemacht. Naturwissenschaftlicher Analphabetismus macht selbst eine Diskussion über die Selbstbeschränkung der Naturwissenschaften unmöglich, vielmehr sie macht sie zu einer Montage von Versatzstücken progressistischer Ideologie[21]. Wenn das so ist, sollte uns die Zeit für naturwissenschaftlichen Unterricht zu schade sein zur Nachahmung von Techniken philologischer Fächer, in denen Schüler über Brechts episches Theater referieren und diskutieren, die magere 10 Seiten Brecht gelesen haben. Wir können es uns nicht leisten, daß Schüler über die Entwicklung des Kraft- oder Energiebegriffs referieren, die nicht einmal 10 Seiten aus einer Originalarbeit gelesen haben, sondern allenfalls Sekundär- oder Tertiärliteratur. Die Aufgabe, die Grundbegriffe, im weiten Sinn verstanden, zu vermitteln, einschließlich einer überzeugenden Demonstration ihrer Relevanz, ist eine Aufgabe, die Schüler wie Lehrer fordert und der das Schwergewicht ihrer Anstrengung gewidmet sein sollte. Dies schließt aber nicht aus, daß historische Elemente eine notwendige bzw. sinnvolle Ergänzung darstellen (s. 3.). Aber die primäre Aufgabe der Didaktik muß es sein, den Zugang zu diesen Grundbegriffen aus der Welt heraus, in der die Schüler leben, zugänglich zu machen. Das ist ein Gebot didaktischer Ökonomie.

2.3.2.   Bedeutung für die Lehrerausbildung

Werfen wir unter diesem Gesichtspunkt noch einen Blick auf die Ausbildung der Lehrer. Das Ziel der Scientific Literacy als Bestandteil des House of Intellect erfordert eine strikte Auswahl aus der Fülle möglicher Angebote. Die ausgewählten Inhalte müssen grundlegend, einfach, zusammenhängend, zugänglich, relevant und konstant sein. Insbesondere die letzten zwei Merkmale verlangen beträchtliche Fachkompetenz, und vor allem das letzte möglicherweise auch umfänglichere historische Verlaufskenntnisse. Es bleibt aber zu bedenken, daß diese Kompetenz im wesentlichen beim Fachdidaktiker, nicht beim praktizierenden Lehrer anzusiedeln ist, der ja nicht selbst über den Lehrplan entscheidet. Es ist sehr wahrscheinlich, daß der Fachdidaktiker hinsichtlich des Merkmals Zugänglichkeit ebenfalls von historischer Kenntnis Gewinn haben kann, und das gilt auch für Lehrer. Mir sind Fälle bekannt, in denen historische Darstellungen der Elektrizitätslehre in einer eher anekdotischen, nicht eigentlich wissenschaftlichen, Darstellung[22] Lehrer zu didaktischen Aha-Erlebnissen verholfen haben. So weit ich das beurteilen kann, beruhte diese Wirkung vor allem auf zwei Umständen: (a) Sie lernten überhaupt alternative Konzeptualisierungen der Phänomene kennen, (b) und da diese alternativen Denkweisen als historische eine gewisse Autorität des Faktischen besaßen, begannen sie sie *ernstzunehmen* und dementsprechend auch die Denkweisen der Schüler. Die Autorität des Historischen kam den Schülern zugute.

An dieser Stelle beginne ich mich aber auch zu fragen, ob das nicht ein perverser Mechanismus ist. Ich selbst habe mich früher viel mit historischen Studien beschäftigt. Ich will den anregenden didaktischen Impuls nicht abstreiten, der davon ausgeht. In den letzten Jahren habe ich mich mit einigen Mitarbeitern sehr viel stärker auf die Erforschung physikalischer Vorstellungen von Schülern eingelassen, vor allem durch Interviews und schriftliche Befragungen im Bereich von Mechanik und Elektrizitätslehre. Wir haben jeden Versuch aufgegeben, für diese Denkweisen historische Entsprechungen zu suchen. Es ist der didaktischen Verwertung des Materials nicht förderlich. Uns ist es wesentlich, diese Vorstellungen zu kennen, Bedingungen ihres Entstehens herauszufinden, mögliche Avenuen zu einem konstruktiven Dialog mit diesen Vorstellungen zu finden und die angehenden Lehrer davon zu überzeugen, daß diese Vorstellungen als Gegebenheiten ernstgenommen werden müssen und daß ihre Veränderung kein trivialer Prozeß der Speicherung von Dargebotenem oder Demonstriertem ist. Im Prinzip ist dies eine alte Position, über die Konsens besteht. Man kann aber nicht sagen, daß sie bislang in ein konkretes didaktisches Programm umgesetzt wurde.

Es gibt natürlich noch eine andere Richtung, in die man diese Untersuchungen wenden kann, nämlich die Prophylaxe. Man kann sich fragen, ob es denn nicht möglich sei, die Entwicklung solcher Vorstellungen sehr frühzeitig zu beeinflussen und im Sinne modern-physikalischer Denkweisen aufzubauen, ohne Umwege, die mühsam zu modernen sachgerechten Vorstellungen hingebogen werden müssen; oft gelingt das überhaupt nicht mehr. Ein solcher Prophylaxe-Ansatz, den etwa Karplus in Berkeley[23] entwickelt hatte und zu

dem ich selbst auch gekommen bin, hat als nächsten Partner nicht die Wissenschaftsgeschichte, sondern die Entwicklungspsychologie.
Ich gehe hier etwas ins Detail meiner persönlichen Position, um den Hintergrund der These verständlich zu machen, daß der Lehrer in seiner Ausbildung eine Priorität in der Teilnahme an lernpsychologischer Forschung haben muß, nicht an historischer. Historische Kenntnisse können sehr fruchtbar sein. Aber für die tägliche Arbeit ist das Studium konkreter Lernprozesse bei Schülern, das Gewinnen der rechten Einstellung ihnen gegenüber, entschieden bedeutungsvoller.

3. Pro

3.1. "Ziele"

3.1.1. Schulbezogene Betrachtung

Die didaktische Diskussion, d.h. die über Sinn und Zweck des naturwissenschaftlichen Unterrichts, ein Jahrzehnt unter dem Einfluß technologischer Konzeptionen zu einer Frage über "Ziele" verkürzt, ist der Ausgangspunkt der Argumente *für* die Einbeziehung historischer Elemente in den naturwissenschaftlichen Unterricht.
Grundsätzlich gäbe es ja zwei Fragen, deren Beantwortung eine solche Einbeziehung begründen könnte. Die erste heißt: Wie weit ist physikalische *Erkenntnis* in sich selbst historisch vermittelt? Die zweite: Wie weit ist physikalische *Forschung* in sich historisch vermittelt? Man könnte weitere Fragen dieser Art zufügen, wenn man sich z.B. an einer Aufzählung von *Bernal* orientiert, die auch didaktisch einen Anhaltspunkt darstellt: "Science may be taken (1.1) as an instititution; (1.2) as a method; (1.3) as a cumulative tradition of knowledge; (1.4) as a major factor in the maintenance and development of production; and (1.5) as one of the most powerful influences moulding beliefs and attitudes to the universe and man."[24]
Ich habe versucht, im Contra-Teil eine positive Antwort auf die erste Frage zumindest schwer zu machen. Naturwissenschaftliche Erkenntnisse sind weit-

gehend unabhängig von der *historischen* Genese. Ich möchte nicht sagen, sie wären unabhängig von *jeder* Genese. Ich meine schon, daß ein Verständnis der experimentellen Prozesse und der theoretischen Überlegungen, auf denen die Begriffsbildungen und Erkenntnisse beruhen, ein unabdingbarer Bestandteil eben dieser Erkenntnisse sind. Das bedeutet auch, daß es einen Entwicklungsprozeß hinsichtlich von "meaning and significances"[25] gibt. Impulserhaltung bedeutet heute in der Physik konkret etwas anderes als im 18. Jahrhundert. Aber das allein begründet noch keine Historizität. Man kann sehr wohl die heutige Bedeutung verstehen, ohne zu wissen, was Impulserhaltung für Wren oder Huygens bedeutete.

Anders, so scheint mir, liegen die Dinge hinsichtlich der zweiten Frage. Physik, um diese wieder als Beispiel zu nehmen, als Institution und als Prozeß der Forschung, hat eine historische Dimension, die nicht wegrationalisiert werden kann wie bei den Ergebnissen. Der einzelne Forscher erbt seine Fragestellungen aus einer Forschungstradition, und nur aus dieser kann die Begründung für die konkrete Form, in der geforscht wird, kommen. Die Tatsache, daß man heute völlig unhistorische, rationalisierte Zugänge zum Erlernen z.B. von Mechanik, Relativitätstheorie, ja auch schon der Quantenmechanik zur Verfügung hat, läßt ja sofort fragen: Weshalb hat es so lange gedauert, bis dieser Erkenntnisstand erreicht wurde, wenn es eigentlich so einfache und natürliche Zugänge gibt? Dies zeigt an, daß physikalische *Forschung* nur historisch und in einem historischen Zusammenhang verstanden werden kann. Eine andere Antwort ist nicht abzusehen. Der Hinweis auf den kumulativen und hierarchischen Charakter physikalischer Theoriebildung liefert zwar eine Teilantwort, aber sicher keine vollständige. Im Prinzip hätte z.B. Maxwell selbst die spezielle Relativitätstheorie erfinden können. Das Michelson-Morely-Experiment hat substantiell damit nichts zu tun. Einstein stand vor einer Frage, die sich schon Maxwell hätte stellen können. Er tat es nicht. Das war eben keine Frage interner Rationalität, sondern historischer Bedingungen. Und man könnte viele derartige Beispiele anführen. Es ist auch richtig, daß die modernen Naturwissenschaften einen Prozeß zunehmender Autonomisierung durchlaufen haben und im Maße fortschreitender Etablierung interner Gütekriterien ihre Problementwicklung weitgehend aus der übrigen gesellschaftlichen Entwicklung herauslösten. Aber dieser Prozeß ist selbst nur historisch zu verstehen und keineswegs als Notwendigkeit anzusehen, wie ein Vergleich mit Entwicklungen in anderen Gesellschaften, etwa der in der alten chinesischen, zumindest wahrscheinlich macht. Und manche Vorgänge in der westlichen Zivilisation lassen sich als Zeichen dafür lesen, daß die Autonomisierung als dysfunktional empfunden wird.

Wenn also diese Analyse richtig ist, hängt es von den Zielsetzungen ab, wie weit historische Elemente in den Unterricht einbezogen werden müssen. Ich habe oben für scientific literacy als zentralem Ziel des Unterrichts argumen-

tiert im Sinne des, durchaus sinnvollen, Erlernens eines "Alphabets". Man erlernt auch das Alphabet des Schreibens, ohne Kenntnis der verschlungenen Pfade der Entwicklung der Zeichen seit den Anfängen bei den Phöniziern oder Sumerern.
Aber wenn wir scientific literacy auch nur wenig weiter ausdeuten im Sinne einer Fähigkeit, *neue* "Texte" "lesen" zu können, Informationen selbst zu gewinnen, aus eigener Untersuchung weniger als aus Vermittlung, kommt man ohne historische Elemente nicht aus. Das liegt einfach daran, daß wissenschaftliche Mitteilungen von Wissenschaftlern geschrieben sind, die in dieser oder jener Form bezug nehmen auf Forschungstraditionen. Auch in populärwissenschaftlichen Darstellungen werden diese Spuren selten getilgt, ja anekdotisch-historisierende Darstellung ist eine bevorzugte Form populärwissenschaftlicher Bücher[26]. Der Grund dürfte in folgendem, didaktisch bedeutungsvollen Gesichtspunkt zu suchen sein: Der Leser soll den Ursprung der Problemstellung und -entwicklung verstehen; er soll verstehen, "wie man auf so etwas kommen" konnte. Die historische Antwort kann didaktisch in doppelter Hinsicht vorteilhaft sein:
(i) die Fragestellung ist am Anfang *einfach* — dies muß allerdings nicht so sein, wie ich oben argumentiert habe; man muß solche Fälle *suchen.* Das war der Ausgangspunkt von Conants Programm der Case Histories[27]. (ii) Die Kenntnisnahme von den oft verschlungenen Wegen der Problementwicklung und -lösung läßt Identifikation mit der Wissenschaft als Prozeß zu, als Unternehmung mit menschlichen Zügen. Das war der Ausgangspunkt des Harvard Project Physics (jetzt PP)[28].
Über eine minimale historische Komponente hinaus, wie sie sich aus der scientific literacy ergibt, kommen stärkere in den Unterricht hinein, wenn wir den Zielkatalog ergänzen. Zu den Zielen des Physikunterricht gehört ein Verständnis für das, was wissenschaftliche *Forschung* ausmacht, für die Tätigkeit der Forscher und die Auswirkungen der Forschung. Über solche Ziele besteht weithin Konsens. Zur Begründung können übergeordnete Zwecke angeführt werden, die in einem geordneten Staatswesen einer öffentlichen Institution wie der Schule zuzuweisen sind. Ich möchte hier nicht weiter in eine solche didaktisch-politische Diskussion eintreten, vielmehr nur darauf hinweisen, daß eine breite Bildung dieser Art für die Wissenschaft selbst lebensnotwendig ist. Es zählt zu den eindrucksvollen Beispielen für dialektische Prozesse, daß die moderne Wissenschaft, die sich nach dem Prinzip der *public* knowledge[29] (Ziman) zu entwickeln begann, nach einem autoritätsfreien Konsensprinzip, im Zuge der Spezialisierung und Autonomisierung genau die Funktionsfähigkeit dieser Mechanismen zu beeinträchtigen begann. Nicht nur, daß die moderne Naturwissenschaft es dahin gebracht hat, daß sie durch totale Vernichtung das Prinzip der Wiederholbarkeit aufheben kann, das doch zu ihren wesentlichen Kriterien gehört (Böhme et al.[30]). Das Pro-

blem beginnt bereits viel früher: Es gibt realiter keine beliebige Wiederholbarkeit und Prüfbarkeit durch "Jedermann" bei Experimenten, die den Charakter der großindustriellen Produktion angenommen haben. Es scheint mir eine der wichtigsten Aufgaben der Fachdidaktiker zu sein, der Abkapselung wissenschaftlich-technischer Eliten entgegenzuwirken. Obwohl im Augenblick keine Lösungen vorliegen, die einen durchschlagenden Erfolg versprechen, scheint doch zumindest eine Möglichkeit in der Verbreitung genauerer Kenntnisse über den Forschungsprozeß zu bestehen. Wir dürfen dabei nur nicht vom individuellen Schüler her argumentieren, sondern vom System her, in dem nur ein breiter Fluß an wissenschaftlicher, wissenschaftstheoretischer und wissenschaftssoziologischer Information, wenn auch mit möglicherweise großem Gefälle, eine breite Kompetenz zum Dialog zwischen Elite und Gesellschaft gewährleistet. Eine solche Verbreitung genauerer Kenntnisse über den Prozeß der Forschung setzt die Einbeziehung von historischem Material in den Unterricht voraus. Die Probleme einer Realisierung solcher Einbeziehung sind methodisch ungelöst, obgleich verschiedene Vorschläge da und dort erprobt worden sind.

(a) Der radikalste ist die Case-History-Methode, die aber in ihrer ursprünglichen Konzeption sicher nicht zur Organisation des Unterrichts ausreicht, vor allem deshalb, weil expressis verbis moderne Physik etc. ausgeschlossen wird.

(b) Die von Brandwein, Klopfer u.a. ausgearbeitete Methode, Phasen des Unterrichts anhand von Texten aus Originalarbeiten zu gestalten, um eine realistische Vorstellung des Forschungsprozesses zu vermitteln[31], stößt einmal auf Schwierigkeiten mit der modernen Physik; zum anderen stößt man auf das Zeitökonomie-Problem. Es wäre sicher nicht abzulehnen, bei derartigen Themen auf Sekundärliteratur auszuweichen bzw. auf Fallstudien von Wissenschaftshistorikern. Ich denke etwa an Stuewers Studie, die sich mit der Kontroverse über Einsteins Deutung des Foto-Effekts beschäftigt[32]. In anderen Fällen gibt es eher populärwissenschaftliche Darstellungen bedeutender Forschungen, etwa R.L. Millikans Buch über das Elektron[33]. Es gibt einige andere Beispiele, deren Brauchbarkeit bisher nicht erprobt wurde.

(c) Die Herausgabe eines Readers mit historischen Dokumenten als Ergänzung des mehr fachlich orientierten Unterrichts könnte eine Lösung auch des Zeitproblems sein, insbesondere dann, wenn es gelänge, solche Texte sowohl im naturwissenschaftlichen Unterricht wie im z.B. Deutschunterricht und Geschichtsunterricht zu behandeln und damit verstärkt zu eigener Lektüre anzuregen. Normale Schulbücher scheinen diese Qualität nur selten zu besitzen, nämlich zum Lesen einzuladen. Ich habe nie verstanden, weshalb z.B. im Deutschunterricht Texte von Goethe über Brecht oder Fried bis zur Plakat-Prosa behandelt werden, aber selten naturwissenschaftliche Texte. Vermutlich fürchten sich Deutschlehrer vor diesen Inhalten bzw. der Demonstration ihrer Inkompetenz.

(d) Problematischer erscheint mir schon der Ausweg einer historisierenden Gesamtanlage des Unterrichts, wie er nach Ideen Holtons vor allem im (Harvard) Project Physics realisiert ist[28]. Vielleicht ist diese Methode im Augenblick ein guter Kompromiß. Meine Bedenken beziehen sich darauf, daß in der essaistischen Verkürzung des tatsächlichen Erkenntnisverlaufs sehr leicht eine Pseudo-Historie entsteht, die in Wahrheit nur der Versuch einer psychologisch ansprechenden Problementwicklung ist, die de facto nach sachstrukturellen Gesichtspunkten rekonstruiert ist.

(e) Es gibt Versuche mit ausgesprochen historisch orientierten Themen, wie z.B. der Entstehung des Kopernikanischen Weltsystems, die in einem Kurs in der Oberstufe behandelt werden. Mir liegen die Erfahrungen mit einem solchen Kurs als Examensarbeit vor[34]. Man kann darin deutlich die Grenzen solcher Verfahren feststellen, gerade weil hier doch sowohl von der Altersstufe, vom Interesse und auch von der verfügbaren Zeit her gesehen ausnahmsweise günstige Bedingungen gegeben waren. Die Dokumente liegen selten in einer unmittelbar verwendbaren Form vor, und die Schüler müssen eben ein Doppeltes leisten: sich in die Mentalität von Genies des 17. Jahrhunderts einarbeiten *und* noch die vertrackte mathematische Argumentation eines Kepler oder Newton verstehen lernen. Obwohl man in vieler Hinsicht Keplers Entdeckung der nach ihm benannten Gesetze als exemplum exaktwissenschaftlicher Arbeit ansehen kann, mit allen Schwächen dieser Methode auch, der Abhängigkeit von genauen Daten, der Ausarbeitung neuer Berechnungsmethoden, der Befangenheit in inadäquaten Vorstellungen, habe ich bisher noch kein Lehrbuch gefunden, das auch nur den Weg andeuten würde, historisch korrekt meine ich, auf dem Kepler seine Ergebnisse erreicht hat[35].

(f) Ich möchte abschließend zu diesem Abschnitt meine Überzeugung zum Ausdruck bringen, daß ohne die Konzeption von fächerübergreifenden Kursen, Geschichte, Sozialkunde, Physik etwa verbindend, das Problem nicht überzeugend gelöst werden kann. Ich kenne die Schwierigkeiten nur zu gut, die solchen Projekten entgegenstehen. Ein dauerhafter Erfolg wird allen diesen Bemühungen nur beschieden sein, wenn solche Unternehmungen organisatorisch abgesichert, ja gleichsam notwendig erscheinen, wenn Materialien zur Verfügung stehen, die solche Projekte für den Normallehrer zumutbar, ja attraktiv machen, und last but not least wenn die Ziele realistisch sind. Alle diejenigen, die auf die Schule mit Forderungen ständig einwirken, müssen sich endlich von dem Wahn befreien, sie könnten Menschen nach *ihrem* Bilde machen. Man muß immer wieder an Sir Livingstons Bemerkung erinnern, daß man den guten Pädagogen an der Menge wertvoller Themen erkenne, die er sich zu lehren *versagt*[36].

(g) Ich habe eine gewisse Hoffnung, daß Projekte, wie sie im Deutschen Museum entwickelt werden, zumindest Materialien liefern, die solche Kurse ermöglichen. Ich glaube aber nicht, daß sie im Rahmen von z.B. Physikunterricht bewältigt werden können. Es müssen Formen fächerübergreifender Kurse gefunden werden. Die Reformbewegung nach dem Zweiten Weltkrieg, etwa in der Odenwaldschule oder in den aufgelockerten Oberstufen in Hessen, hatte hier gute Ansätze, die leider verloren gegangen sind[37].

(h) Solange es solche Kurse noch nicht gibt, ist der Unterricht auf den fachdidaktisch und fachhistorisch gut unterrichteten Lehrer angewiesen, der in der Lage ist, an geeigneten Stellen im Unterricht historische Aperçus einzuflechten, und zwar nicht einfach als anekdotische Auflockerung, sondern als Signal, das dem fachlichen Thema eine andere Art von Aufmerksamkeit zuzuwenden zwingt, ein Aufmerken auf wissenschaftstheoretische Bezüge oder auf Bezüge zu einem "weiteren menschlichen Hintergrund" (wie es im PP heißt). Ich will versuchen, das an ein, zwei Beispielen zu illustrieren, so problematisch das in der hier gebotenen Verkürzung sein mag:

(i) In der Mittelstufen-Optik seien etwa die klassischen Versuche Newtons zur Dispersion behandelt. Dann kann der Lehrer schon einmal mitteilen, daß Newton diese Versuchsanordnung erfunden hat, er kann anekdotisch etwas über Newton berichten. Aber entscheidend wäre, daß er etwa fragt: Wozu, glaubt ihr, hat Newton diese Versuche ersonnen? Nach einiger Diskussion müßte der Lehrer einige Passagen aus Newtons Neuer Theorie der Farben und des Lichts vorlesen[38]. Dies könnte zu mannigfachen Diskussionen führen, z.B. über die Frage: Hat Newton sein Ziel erreicht, ist seine Argumentation schlüssig? Ist seine Fragestellung eigentlich dieselbe wie unsere? Denken einige von uns vielleicht ähnlich wie diejenigen, deren Auffassungen über Farben und Licht Newton experimentell widerlegen will? Der Lehrer, welcher (hoffentlich) den Unterschied zwischen Mischung von Ensembles und Superposition von Zuständen kennt, könnte *andere Modelle* zur Deutung von Newtons Experimenten vorbringen, um zu zeigen, daß Schlüssigkeit "experimenteller Demonstrationen"[39] (Galilei) eben immer an weiteren Voraussetzungen hängt. Eine solche Diskussion braucht nicht lange zu dauern, ich meine sogar, sie sollte es auch nicht. Aber sie könnte katalytische Wirkungen haben, setzte den Unterrichtsgegenstand in neue Bezüge, kann erhellen, wie sich im Laufe der Zeit Fragestellungen transformieren, triumphierende Gewißheit in neue Zweifel mündet, etc.

(ii) Ein anderes Beispiel stammt auch aus Newtons Optik. Bei der Dispersion kann man erwähnen, daß Newton die Farbkorrektur von Linsen für unmöglich hielt und daher Spiegelteleskope konstruierte. Solche Hinweise findet man gelegentlich in Lehrbüchern. Aber lehrreich in dem hier gemeinten Sinn wird eine solche Mitteilung erst, wenn man mehr historische Details parat hat. Es gab z.B. Kontroversen mit Experimentatoren auf dem Kontinent. Newton hielt verbohrt und hartnäckig an einer experimentell unhaltbaren These über den Zusammenhang zwischen Refraktion und Dispersionskraft fest, ein merkwürdiges Verhalten für einen, der dem Programm des "klassischen Empirismus"[40] (Feyerabend) die prägenden exempla geliefert hat. Hier käme es nicht darauf an, beckmesserhaft "hier irrte Newton" zu sagen, sondern die biographische Bedingtheit von Forschung zu zeigen[41], das, was Schwab-Brandwein[42] "idiosyncracy in mode and method of investigation" genannt haben.

3.1.2. Bedeutung für die Lehrerausbildung

Die Bemerkungen des letzten Abschnitts sollten die Bedeutung historischer Studien für den Lehrer bereits deutlich gemacht haben. Will er dem Ziel gerecht werden können, Schülern ein realistisches Verständnis naturwissenschaftlicher Forschung zu vermitteln, muß er selbst entschieden mehr wissen als nur Physik (z.B.), wie sie heute an den Universitäten vermittelt wird, nämlich als ein nach dem Stand der Forschung rationalisiertes Gebäude von Erkenntnissen, Methoden und offenen Problemstellungen. Es ist bedauerlich genug, daß der Diplomphysiker heute den Hintergrund der kanonischen Systematisierungen und Problemstellungen nicht mehr lernt. Als Physiker, der an der Front der Forschung eingesetzt werden soll, mag für ihn, so denken wohl viele, die Geschichte des Konflikts — um im Front-Bild zu bleiben — eher hinderlich sein. Ich persönlich glaube, daß selbst das falsch ist. Aber ich will mich im Augenblick auf die Lehrerausbildung beschränken. Und da ist klar: Einsichten über den Prozeß der Forschung kann man nicht aus dem infinitesimalen Intervall gewinnen, das als "Front" verstanden wird. Solche Prozesse lassen sich vielleicht als solche rationalisieren, die allein der inneren Logik der Wissenschaft entspringen. *Tatsächlich* ist das nicht so. Aber selbst wenn man sich auf Motive beschränkt, die allein der Wissenschaft selbst entspringen, benötigt man zum Verständnis der Problemauswahl, der Problemformulierung, der Suchrichtungen, die für die "Front" typisch sind, eine Kenntnis der tatsächlichen Problementwicklung, d.h. historische Kenntnis. Insbesondere in Zeiten größerer Veränderungen im Begriffssystem sind Reflexionen auf den tatsächlichen Gang nützlich, Rückgriffe auf ältere, verschüttete Ansätze etc. Da dieser Punkt hinreichend klar sein dürfte, will ich diese Linie nicht weiterführen.
Ich möchte aber auf einen Gesichtspunkt eingehen, der mir grundsätzliche Bedeutung zu haben scheint. Die These mag befremdlich klingen: Was Physik ist, kann nur historisch definiert werden. Die Versuche, Physik — ich exemplifiziere meine These wieder an diesem Beispiel — z.B. durch einen Methodenkanon zu definieren, oder durch einen Gegenstand o.ä.m., gehen alle ins Leere, wenn nicht gezeigt werden kann, daß und wie diese Definitionen das historisch definierte Gebilde Physik treffen. Abstrakte Definitionen kann man sich viele ausdenken, unter die aber keine gelebte Realität fällt. Der belustigte Spruch "Physik ist, was Physiker tun", verliert seinen Anschein des Tautologi-

schen, wenn man ihn im Sinn einer historischen Definition versteht, nämlich Physik ist, was sich selbst als der physikalischen Tradition zugehörig versteht und was von dieser Tradition als zugehörig akzeptiert wird. Der Physiker hat als Physiker, genau wie der Mathematiker oder der Philosoph, eine *historisch definierte Identität.* Solche Identität, und darauf beruht ihre Stärke, ist abstrakt und konkret zugleich. Sie begründet Zugehörigkeit zu einer konkreten Gruppe. Aber sie kann vom Individuum ganz verschieden ausgelegt werden, z.b. als Identität einer Problemstellung, als die eines Forschungsprogramms, als die eines Methodenkanons. Solche Auslegungen können wechseln, sogar bei Individuen in verschiedenen Phasen ihres Lebens. Die Identität bleibt davon unberührt. Sie ist von ähnlicher Art wie die einer Nation oder einer Religion. Sie kann sich wandeln, sogar sehr gründlich. Die Identität besteht in Identifikation. Nun scheint mir manches dafür zu sprechen, daß diese Identität verloren zu gehen droht. Sie wird sicher verlorengehen, wenn der junge Physiker verlernt, sich mit einer physikalischen Tradition zu identifizieren. Das würde aber bedeuten, daß die Physik das Schicksal der bildenden Kunst teilt, in der nur noch kaum nachvollziehbare subjektiv als dringlich empfundene Formprobleme auf willkürliche Weise gelöst werden. Kraftvolle Persönlichkeiten können natürlich unter günstigen Bedingungen neue Traditionen gründen. Die neuzeitliche Physik verdankt sich solchen günstigen Umständen und dem Zufall, daß in kurzer Zeit eine Gruppe genialer Männer erschien, die eine neue Tradition begründete. Wie wichtig auch immer die von der historischen Forschung ausgemachten "Vorläufer" waren: Ohne diese Gründergeneration hätte es schwerlich eine neuzeitliche Naturwissenschaft gegeben. Als Zeichen eines Zerfalls der Physik in neue Traditionen, die sich nicht mehr miteinander identifizieren können, läßt sich z.B. folgende kritische Bemerkung von L. Brillouin lesen: "Two reports of the Bristol meeting (Feyerabend und Süssmann) deal with the theory of measurement and seem to be more interested in logical formalism than in actual experiments. It is curious that experimental errors are practically ignored in these reports; ... Many of the remarks ... seem rather artificial because they omit experimental errors, background noise in the observations, noise in the amplifiers, etc. ... "[43]

Einstweilen sehe ich keine innere Logik, die zu einem solchen Auseinanderfallen führte. Aber der völlige Mangel an Kenntnis historischer Problementwicklung bei jungen Physikern, der ihre artistischen Kenntnisse dem älteren, um historische Identität bemühten Physiker so flach und mager erscheinen läßt, kann einen solchen Zerfall rasch herbeiführen. Es wird nicht der Untergang der Wissenschaft sein. Aber in einer Epoche, in der ohnehin genügend Traditionen gewaltsam und in einer nach-uns-die-Sintflut-Mentalität zerschlagen werden, sehe ich keinen Grund, solche Entwicklungen zu fördern.

3.2. Zukunftsperspektiven

Die Betrachtung im letzten Abschnitt leitet über zu einer abschließenden didaktischen Überlegung. Es kann natürlich nicht allein der Zweck der Schule sein, die kulturelle Fortpflanzung zu bewirken. Auch Zielbeschreibungen wie "mündiger Mensch" oder "Emanzipation" enthalten eine bedenkliche Verkürzung des sehr konkreten Problems, die jungen Menschen für eine Zukunft lebensfähig zu machen; und was das bedeutet, wo hier die Schwerpunkte zu setzen sind, das hängt natürlich von der Einschätzung der Entwicklung ab. Ein gut Teil linker Bildungspolitik des letzten Jahrzehnts scheint mir von jungen Leuten gemacht, auf die Whiteheads dictum von "those clear-headed men that are so clearly wrong" zutrifft. Sie scheinen zu denken, die Notwendigkeiten der Zukunft bestünden darin, für ein oder zwei Gewerkschaftsvertreter mehr im Aufsichtsrat zu kämpfen (= "Mitbestimmung" = "Emanzipation") oder für die Einführung des Nulltarifs fürs Nacktbaden. Ich sehe das anders. Auch die linken Emanzipations-Pädagogen müssen begreifen lernen, daß im weltpolitischen Maßstab der europäische "Proletarier", wenn er sich so nennen mag, allemal ein "Ausbeuter" ist. Als ich vor Jahrzehnten zum ersten Mal in Alfred Webers Kulturgeschichte als Kultursoziologie[44] im letzten Kapitel las, die geschichtlichen Bewegungen der Zukunft würden durch das Gefälle zwischen Industrienationen und unterentwickelten Regionen der Welt bestimmt, fand ich das weit hergeholt und nicht überzeugend. Inzwischen verstehe ich besser, daß er eine gewichtige Prognose gestellt hat, die sich zu erfüllen beginnt. In den Schulen ist praktisch nichts getan worden, um ein Bewußtsein für die auf uns zukommenden Notwendigkeiten zu erzeugen. Die Frage ist: Welchen Beitrag können die Naturwissenschaften im Unterricht, welchen Beitrag können insbesondere historische Elemente in solchem Unterricht leisten? Das ist natürlich eine Frage, deren Antwort nicht in einigen Sätzen, noch überhaupt von einem Einzelnen gegeben werden kann. Ich will aber versuchen, wenigstens zwei Stichworte festzuhalten.

(i) Wenn ich nicht irre, hat der naturwissenschaftliche Unterricht, insonderheit der Physikunterricht, als meta-lesson[45] die Vorstellung von grenzenloser Machbarkeit vermittelt. Es wird nun gewißt nicht darum gehen können, in einer glatten Kehrtwendung die Vorstellung grenzenloser Ohnmacht zu vermitteln. Noch ist ganz offen, ob die Recht haben, die sich die Lösung der hier angesprochenen Fragen von noch *mehr* Wissenschaft und naturwissenschaftlicher Technologie versprechen, oder von einer Neuorientierung unseres durch die naturwissenschaftliche Tradition geprägten Verhältnisses zur Natur. Was unter diesen Umständen gefordert werden muß, ist eine Anleitung zur *Reflexion* über diese Frage. In welcher Form das geschehen kann, ist weithin offen. Ruchlis[46] etwa hat den Vorschlag gemacht, die traditionellen Fächer den letzten Schuljahren zu reservieren und den Unterricht vorher in "totally new courses" zu organisieren, die Themen behandeln wie "Man and his Environment", "Science and History", und man könnte viele andere zufügen, etwa "Geschichte und Energiequellen", oder "Energie und Information". Man könnte über Essais diskutieren, etwa über Lynn T. White's Vortrag "Historical Roots of Our Ecologic Crisis" auf dem 1966 AAAS-Meeting[47]. Und sicher gibt es noch viele andere Möglichkeiten.

Dazu gehört auch eine Akzentverschiebung im Verständnis der Naturgesetzlichkeit, die ausdrücklich und konkret als *Grenzen* des Möglichen und Machbaren herausgestellt werden müssen. Die Sicherheitsingenieure der Autoindustrie können eine Menge machen. Aber es gibt naturgesetzliche Grenzen des Machbaren. Aus vielen kleinen in dieser Richtung genutzten Anlässen läßt sich so vielleicht eine andere Einstellung erzielen. Die Möglichkeiten historischer Studien liegen auf der Hand; die Dampfmaschine ist ein viel herangezogenes Beispiel. Weniger bekannt sind Studien über die Geschichte des Fahrrads, die nicht nur viel Physik abwerfen, sondern über ergonomische Betrachtungen auch Probleme der "mittleren Technologie" in Entwicklungsländern aufwerfen. Ich kann das hier nicht weiter ausführen. Ich bin persönlich davon überzeugt, daß die Übertragung unserer traditionellen naturwissenschaftlich-technischen Mentalität auf die dritte und vierte Welt eine Verwüstung des Planeten für Jahrhunderte zur Folge haben wird. Ich bin aber ebenso überzeugt davon, daß wir diesen Export nicht ersetzen können durch den einer auf Beschränkung gestimmten "mittleren Technologie", wenn wir selbst zu erkennen geben, daß wir einfach so weiterleben wollen wie bisher.

(ii) Das bringt mich zu einem zweiten Stichwort. Der bisherige naturwissenschaftliche Unterricht vermittelt die Vorstellung, als seien wir im Besitz eines rasch und sicher wirkenden *Lösungsalgorithmus* für Probleme. Dieser Eindruck wird noch verstärkt durch die von vielen als sehr fortschrittlich angesehene, im Grunde fragwürdige Problem-Methode im naturwissenschaftlichen Unterricht. Vor Jahren schon haben sich Schwab-Brandwein über die Praxis dieser Unterrichtsmethode lustig gemacht: "In the school classroom and laboratory this inevitably successful method takes precisely 40 to 50 minutes."[48] Für Menschen, die nicht selbst in der Wissenschaft arbeiten, ist eine realistische Vorstellung von wissenschaftlicher Arbeit *nur* durch historische Fallstudien erreichbar. Das wurde bereits hervorgehoben. In dem jetzt wichtigen Zusammenhang ist ein weiterer Gesichtspunkt zu beachten: Naturwissenschaftlicher Unterricht muß seinen Beitrag leisten zur Herausbildung der Fähigkeit, *Unsicherheit* zu ertragen. Zu diesem wichtigen Thema hatte die Fachdidaktik bisher nichts zu sagen. Sie hat vor allem versucht, neue und komplizierte Themenbereiche aus der neuesten Wissenschaftsentwicklung für den Schulunterricht zugänglich zu machen, z.B. Quantenmechanik, Festkörperphysik, Molekularbiologie. Aber immer betreibt sie diese Transforma-

tionsunternehmungen im Geiste des "heute wissen wir", verbreitet sie jene
beruhigende Klarheit und Sicherheit, die für naturwissenschaftliche Fernseh-
sendungen charakteristisch ist. Ich habe an anderer Stelle argumentiert, daß
gerade die Quantenmechanik ein Beispiel für historische Studien sein sollte,
Studien konzeptuellen Konflikts, der weiterschwelt[49]. Ich möchte nicht so
weit gehen zu verlangen, man solle die Geschichte der naturwissenschaftlichen
Erkenntnisse als die Geschichte erfolgreicher Irrtümer unterrichten. Aber wo
immer möglich, sollten wir den Charakter der Vorläufigkeit an Hand von
historischen Fallstudien aufweisen und *offene Probleme* behandeln, damit
der Schüler lernt, Unsicherheit zu ertragen. Das ist eine schwierige Erziehungs-
aufgabe. Shrigley berichtet in Teaching Science in Africa folgende eindrucksvolle Episode: "Students were inclined to view science principles as final and
fixed. Some of the most uneasy moments developed when dealing with
problems having only tentative answers. In desperation, one keenly-inster-
ested science student stood beside his desk and in typically African polite-
ness asked: 'Why don't you teach only what scientists are sure of?' "[50]
Ich denke, das ist keine typisch afrikanische Reaktion. Die Lehrer sehen sich
hier derselben Erwartung gegenüber. Und auch die offizielle Selbstdarstellung
der Wissenschaft ist wenig geeignet, dem Lehrer zu helfen.
Weshalb mir gerade diese Erziehung zum Aushalten von Unsicherheit — "wir
haben gelernt, auf unsicherem Boden zu gehen", hat Feyman einmal formuliert — wichtig ist, möchte ich mit einem Zitat aus einer Rede vor College-
Abgängern, also etwa Abiturienten, erläutern, die mir eines der seltenen
klarsichtigen und ehrlichen pädagogischen Dokumente zu sein scheint[51].
Es heißt darin unter dem Zwischentitel Decades of Crisis: " ... during the rest
of our active lives, the world is bound to become an increasingly turbulent
place in which to live. Specifically, we in the Western world are going to find
it increasingly difficult to maintain our way of life in the face of outside
pressures. ... As the outside pressures on our way of life begin to mount, so
will the pressure from within ... The radical Right and the radical Left will
both have their tawdry panaceas to peddle ... And I fear that more and more
people, as reality becomes too much for them, are going to be seduced by
one or the other. ... It is going to be a world where, seemingly, a man can't
step into the same river even once, and where are no certitudes." Über seine
Schlußfolgerung mag man streiten: "Under those circumstances, I can only
urge you to cultivate the most useful social grace in such a world: the ability
to live with permanent crisis without panic." Ich bin aber überzeugt, daß
der naturwissenschaftliche Unterricht, insbesondere auch historische Elemente in diesem Unterricht, unter dem Aspekt beurteilt werden müssen, welchen Beitrag sie dazu leisten, die jungen Menschen zu befähigen, in dieser
Welt zu leben, und lebenswert zu leben.

Anmerkungen:

1) vgl. Whitehead, A.N., The Aims of Education and other Essays. Mentor Book Edition, 1949. S. 83.

2) Hecht, K., Wie "wissenschaftlich" kann, soll oder darf der naturwissenschaftliche Unterricht sein? Vortrag auf der Gießener Tagung der Sektion Fachdidaktik der DPG, 1977. Veröffentlichung in MNU angekündigt.

3) Sexl, R.U., Teaching Physics — What and Why? In: G. Marx, Ed., Atoms In The School: Proceedings of the first and second Danube Seminar. Budepast 1975, S. 10.

4) Kuhn, Th.S., Die Struktur wissenschaftlicher Revolutionen. Suhrkamp: Frankfurt/M., 1967. — Conant, J.B., On Understanding Science. Princeton 1947.

5) vgl. Graham, L.R., Dialektischer Materialismus und Naturwissenschaften in der UdSSR. S. Fischer: Frankfurt/M., 1971.

6) vgl. Jammer, M., The Philosophy of Quantum Mechanics. New York: John Wiley 1975. — Das Problem der Objektivität ist viel und kontrovers diskutiert worden, vgl. z.B. Margenau, H., J.L. Pork, Objectivity in Quantum Mechanics. In Bunge, M., Ed., Delaware Seminar in the Foundations of Physics. Berlin et al.: Springer 1967.

7) vgl. Feyerabend, P.K., Consolations for the Specialist. In: Lakatos, I., A. Musgrave, Editors, Criticism and the Growth of Knowledge. Cambridge: UP 1970, S. 204.

8) Th.S. Kuhn hat sehr kritisch auf die historischen Verfälschungen in der Ausbildung der Physiker hingewiesen. Tatsächlich spricht das *für* die hier vorgetragene These: Man braucht eben die Historie nicht wirklich! — Kuhn, T.S., o.c. S. 183 und S. 216f.

9) vgl. Strong, J., Concepts of Classical Optics. San Francisco and London: Freeman 1958, S. 93ff.

10) vgl. Feyerabend, P.K., Discussion S. 233. In: Maxwell, G., R.M. Anderson JR., Editors, Minnesota Studies in the Philosophy of Science. Vol. VI, Minneapolis: UP 1975.

11) Diese These lehnt sich an Argumente von Petersen in seinem kenntnisreichen Essai an: Petersen, G., Wissenschaftsgeschichte und Didaktik. In: Ewers, M., Hrsg., Naturwissenschaftliche Didaktik zwischen Kritik und Konstruktion. Weinheim—Basel: Beltz 1975.

12) vgl. Cohen, I.B., Franklin und Newton. An Inquiry into Speculative Newtonian Experimental Science and Franklin's Work in Electricity as an Example Thereof. Cambridge: Harvard UP 1966. — Aufschlußreich auch Hanson, N.R., Hypotheses Fingo. In: Butts, R.E., J.W. Davis, Editors, The Methodological Heritage of Newton. Oxford: Basil Blackwell 1970.

13) Diskussion in einem Workshop im IPN Kiel.

14) vgl. z.B. Taylor, A.E., Plato, The Man and his Work. Meridian Books: New York, 1956. (Diskussion des Parmenides, bes. S. 354ff.).

15) vgl. die sehr interessante Kontroverse, die der Genetiker Darlington mit den Quantenphysikern ausfocht: Darlington, C.D., Die Gesetze des Lebens. F.A. Brockhaus: Wiesbaden 1959; bes. S. 358ff. und 382ff. u.a.

16) Bopp, F., Die forma-fluens- und die fluxus-formae-Lehre im Lichte der Quantenmechanik. Ein Aperçu mit offenen Fragen an die Geschichte der Naturwissenschaften und an die Philosophie. Vortrag vor dem Institut für Geschichte der Naturwissenschaften. München.

17) Gresswell, B., The changing function of science education. In: The School Science Review. Vol. 54 (1973). No. 188, S. 584-587;

18) J. Barzun, The House of Intellect. 1959. Deutsch: Pathologie des Intellekts. Die

mißachtete Bildung in der westlichen Welt. Düsseldorf: Econ 1961.
19) Ullrich, O., Technik und Herrschaft. Frankfurt/Main: Suhrkamp 1977. S. 247.
20) Bulthaup, P., Zur gesellschaftlichen Funktion der Naturwissenschaften, Frankfurt/Main: Suhrkamp 1973. S. 26.
21) Beispiele finden sich in Ullrichs Auseinandersetzung mit einer Berliner Autorengruppe: Ullrich o.c. S. 145 u.a.
22) vgl. z.B. Fraunberger, F., Elektrizitätslehre im Barock. Köln: Aulis Verlag, o.J. — Fraunberger, F., Vom Frosch zum Dynamo. Köln: Aulis Verlag, o.J.
23) vgl. Atkin, J.M., R. Karplus, Discovery or Invention? In: The Science Teacher, Vol. 29, No. 5, Sept. 1962.
24) Bernal, J.D., Science in History. Vol. 1, London: C.A. Watts 1969. S. 31.
25) vgl. Schwab, J.J., Structure of the Disciplines: Meanings and Significances. In: Ford, G.W., L. Pugno, Eds., The Structure of Knowledge and the Curriculum. Chicago 1964.
26) Neben den schon erwähnten Büchern sei etwa an die z.T. sehr guten Darstellungen von Gamow erinnert, z.B. Gamow, G., The Birth and Death of the Sun, Mentor Book 1952.
27) vgl. die allgemeine Einleitung des Herausgebers Conant in den Heften (Foreword) der Case Histories, z.B. in: Case 1, Robert Boyle's Experiments in Pneumatics. Edited by James Bryant Conant. Cambridge: Harvard UP 1965.
28) Im Laufe des Seminars berichtete darüber Merzyn, Göttingen.
29) Ziman, J., Public Knowledge. Cambridge: UP 1968.
30) vgl. die Diskussion bei Ullrich o.c. S. 464f.
31) Brandwein, F.P., Elements of a Strategy for Teaching Science in the Elementary School. In: Schwab, J.J., F.P. Brandwein, The Teaching of Science. Cambridge: Harvard UP 1966.
32) Stuewer, R.H., Non-Einsteinian Interpretations of the Photo-Electric-Effect. In: Stuewer, R.H., Edit., Minnesota Studies in the Philosophy of Science. Vol. 5. Minneapolis 1970. — Eine andere Fallstudie von Stuewer sei erwähnt: Stuewer, R.H., The Compton Effect: Turning Point in Physics. New York: Science History Publications 1975. Dazu auch: Stuewer, R.H., Compton's Research Program. In: Cohen, R.S., P.K. Feyerabend, M.W. Wartofsky, Editors, Essays in Memory of Imre Lakatos. Boston Studies in the Philosophy of Science. Vol. XXXIV. Dorderecht: D. Reidel 1976.
33) Millikan, R.L., Das Elektron. Braunschweig 1922.
34) Planetenbewegung und Massenanziehung. Eine Einführung mit ideengeschichtlichem Schwerpunkt in Klasse 11. Päd. Prüfungsarbeit vorgelegt von Peter Engelhardt, Studienreferendar am Studienseminar III, Frankfurt/Main, Okt. 1976.
35) Ein instruktives Beispiel liefert wieder eine populärwissenschaftliche Darstellung: Milankovitch, M., Durch ferne Welten und Zeiten, Leipzig: Koehler und Amelang 1936.
36) Die genaue Quelle für dieses dictum kann ich nicht finden.
37) Hier ist vor allem an die Semestralthemen der Odenwaldschule mit einem institutionalisierten Kolloquium aller Fächer über dieses Thema zu erinnern.
38) Kommentiert und übersetzt in: Lohne, J.A., B. Sticker, Newtons Theorie der Prismenfarben. Mit Übersetzung und Erläuterung der Abhandlung von 1672. München: Fritsch 1969.
39) vgl. Geymonat, L., Galileo Galilei. A biography and inquiry into his philosophy of science. New York at al.: McGraw-Hill 1965. S. 51f, bes. S. 54: "neither demonstrated nor demonstrable."
40) Feyerabend, P.K., Classical Empiricism. In: Butts, D., J.W. Davis, Editors. The

Methodical Heritage of Newton. Oxford 1970.
41) vgl. dazu die kritische Diskussion der Neuauflage von R. Mertons Buch: I.B. Cohen, A Classic reexamnied: Robert Merton's study of science in the 17th century. In: Scientific American. Feb. 1973. S. 117ff.
42) Schwab-Brandwein, o.c., S. 112.
43) Brillouin, L., Science and Information Theory.   New York: Academic Press 1971. S. 319f.
44) Weber, A., Kulturgeschichte als Kultursoziologie. München 1950.
45) Im Sinne von Schwab-Brandwein, o.c., S. 45.
46) Ruchlis, Hy, The Challenge of Anti-Science. Sc. Ed. Vol. 55 (1971), No. 2, S. 215-220.
47) Einen Bericht darüber gibt: Lettenberg, M., How Man Has Changed The Planet: Report On The 1966 AAAS Meeting. Sc. Ed. Vol. 51 (1967), No. 5, S. 454-460.
48) Schwab-Brandwein, o.c., S. 115.
49) Jung, W., Anmerkungen zur Rolle der Quantenphysik in der Schule. Vortrag auf der Frühjahrstagung der Sektion Didaktik der DPG, Gießen 1977.
50) Shrigley, R.L., Teaching Science in Africa. Sc. Ed., Vol. 55 (1971), No. 2, S. 209-213.
51) Neil, R.E., The Mushroom Crowd. Oberlin Alumni Magazine, Nov. 1965, Vol. 61, No. 7. Abgedruckt in: Karplus, R., Ed., Physics and Man, New York 1970.

Literaturverzeichnis

ATKIN, J.M., R. KARPLUS, Discovery or Invention? In: The Science Teacher, Vol. 29, No. 5, Sept. 1962.
BARZUN, Pathologie des Intellekts. Die mißachtete Bildung in der westlichen Welt. Düsseldorf: Econ 1961.
BERNAL, J.D., Science in History. Vol. 1. London: C.A. Watts 1969.
BOPP, F., Die forma-fluens- und die fluxus-formae-Lehre im Lichte der Quantenmechanik. Ein Aperçu mit offenen Fragen an die Geschichte der Naturwissenschaften und an die Philosophie. Vortrag vor dem Institut für Geschichte der Naturwissenschaften. München. o.J.
BRANDWEIN, F.P., Elements of a Strategy for Teaching Science in the Elementary School. In: Schwab-Brandwein 1966.
BRILLOUIN, L., Science and Information Theory. New York: Academic Press 1971.
BRUSH, St.G., A.L. KING, Editors, History in the Teaching of Physics. Proceedings of the International Working Seminar on the Role of the History of Physics in Physics Education. Hannover, New Hampshire: University Press of New England, 1972.
BULTHAUP, P., Zur gesellschaftlichen Funktion der Naturwissenschaften. Frankfurt a.M.: Suhrkamp 1973.
BUNGE, M., Edit., Delaware Seminar in the Foundations of Physics. Berlin et al.: Springer 1967.
BUTTS, R.E., J.W. DAVIS, Editors, The Methodological Heritage of Newton. Oxford: Basil Blackwell 1970.
COHEN, I.B., Franklin and Newton. An Inquiry into Speculative Newtonian Experimental Science and Franklin's Work in Electricity as an Example Thereof. Cambridge: Harvard University Press 1966.
COHEN, I.B., A Classic reexamined: Robert Merton's study of science in the 17th century. In: Scientific American, Feb. 1973.
CONANT, J.B., On Understanding Science. Princeton: Princeton University Press 1947.

CONANT, J.B., Harvard Case Histories in Experimental Science. Case 1: Robert Boyle's Experiments in Pneumatics, Edited by James Bryant Conant. Cambridge: Harvard University Press 1965.

DARLINGTON, C.D., Die Gesetze des Lebens. Wiesbaden: F.A. Brockhaus 1959.

EWERS, M., Herausgeber, Naturwissenschaftliche Didaktik zwischen Kritik und Konstruktion. Weinheim—Basel: Beltz 1975.

ENGELHARDT, P., Planetenbewegung und Massenanziehung. Eine Einführung mit ideengeschichtlichem Schwerpunkt in Klasse 11. Pädagogische Prüfungsarbeit vorgelegt von Peter Engelhardt, Studienreferendar am Studienseminar III, Frankfurt a.M., Oktober 1976.

FEYERABEND, P.K., Consolations for the Specialist. In Lakatos-Musgrave 1970.

FEYERABEND, P.K., Classical Empiricism. In: Butts-Davis 1970.

FORD, G.W., L. PUGNO, Editors, The Structure of Knowledge and the Curriculum. Chicago: Rand McNally 1964.

FRAUNBERGER, F., Elektrizitätslehre im Barock. Köln: Aulis Verlag o.J.

FRAUNBERGER, F., Vom Frosch zum Dynamo. Köln: Aulis Verlag o.J.

GAMOW, G., The Birth and Death of the Sun. Mentor Book 1952.

GEYMONAT, L., Galileo Galilei. A biography and inquiry into his philosophy of science. New York et al.: Mc-Graw-Hill 1965.

GRAHAM, L.R., Dialektischer Materialismus und Naturwissenschaften in der UdSSR. Frankfurt a.M.: S. Fischer 1971.

GRESSWELL, B., The changing function of science education. In: The School Science Review. Vol. 54 (1973). No. 188.

HANSON, N.R., Hypotheses Fingo. In: Butts-Davis 1970.

HECHT, K., Wie "wissenschaftlich" kann, soll oder darf der naturwissenschaftliche Unterricht sein? Vortrag auf der Gießener Tagung der Sektion Fachdidaktik der Deutschen Physikalischen Gesellschaft 1977.

JAMMER, M., The Philosophy of Quantum Mechanics. New York et al.: John Wiley 1975.

JUNG, W., Anmerkungen zur Rolle der Quantenphysik in der Schule. Vortrag auf der Gießener Tagung der Sektion Fachdidaktik der Deutschen Physikalischen Gesellschaft 1977.

KARPLUS, R., Edit., Physics and Man. New York: W.A. Benjamin 1970.

KUHN, T.S., Die Struktur wissenschaftlicher Revolutionen. Frankfurt a.M.: Suhrkamp 1967.

LAKATOS, I., A. MUSGRAVE, Editors, Criticism and the Growth of Knowledge. Cambridge: Cambridge University Press 1970.

LETTENBERG, M., How Man Has Changed The Planet: Report On The 1966 AAAS Meeting. In: Science Education. Vol. 51 (1967). No. 5.

LOHNE, J.A., B. STICKER, Newtons Theorie der Prismenfarben. Mit Übersetzung und Erläuterung der Abhandlung von 1672. München: Fritsch 1969.

MARGENAU, H., J.L. PORK, Objectivity in Quantum Mechanics. In: Bunge 1967.

MARX, G., Edit., Atoms in the School. Proceedings of the first and second Danube Seminar. Budapest 1975.

MAXWELL, G., R.M. ANDERSON jr., Editors. Minnesota Studies in the Philosophy of Science. Vol. VI. Minneapolis: University of Minnesota Press 1975.

MILANKOVITCH, M., Durch ferne Welten und Zeiten. Leipzig: Koehler und Amelang 1936.

MILLIKAN, R.L., Das Elektron. Braunschweig: Vieweg 1922.

NEIL, R.E., The Mushroom Crowd. In: Oberlin Alumni Magazine, Nov. 1965. Vol. 61, No. 7. Abgedruckt in: Karplus 1970.

PETERSEN, G., Wissenschaftsgeschichte und Didaktik. In: Ewers 1975.

RUCHLIS, Hy, The Challenge of Anti-Science. In: Science Education. Vol. 55 (1971), No. 2.

SCHWAB, J.J., Structure of the Disciplines: Meanings and Significances. In: Ford-Pugno 1964.

SCHWAB, J.J., F.P. BRANDWEIN, The Teaching of Science. Cambridge: Harvard University Press 1966.

SEXL, R.U., Teaching Physics — What and Why? In: Marx 1975.

SHRIGLEY, R.L., Teaching Science in Africa. In: Science Education. Vol. 55 (1971), No. 2.

STRONG, J., Concepts of Classical Optics. San Francisco—London: Freeman 1958.

STUEWER, R.H., Non-Einsteinian Interpretation of the Photo-Electric-Effect. In: Stuewer 1970.

STUEWER, R.H., Edit., Minnesota Studies in the Philosophy of Science. Vol. V. Minneapolis: Minnesota University Press 1970.

STUEWER, R.H., The Compton Effect: Turning Point in Physics. New York: Science History Publications 1975.

TAYLOR, A.E., Plato. The Man and His Work. New York: Meridian Books 1956.

ULLRICH, O., Technik und Herrschaft. Frankfurt a.M.: Suhrkamp 1977.

WEBER, A., Kulturgeschichte als Kultursoziologie. München: R. Piper 1950.

WHITEHEAD, A.N., The Aims of Education and other Essays. Mentor Books 1949.

ZIMAN, J., Public Knowledge. The Social Dimension of Science. Cambridge: Cambridge University Press 1968.

Zum Stellenwert der Wissenschaftsgeschichte in Schulunterricht und Lehrerausbildung

von

Karl Otto Henseling und Wilhelm Quitzow

1. Vorbemerkung

Der Naturwissenschaftliche Unterricht (NU), vor allem an Gymnasien und an Gesamtschulen, hat in den vergangenen 10 Jahren mannigfache Reformen bzw. Neuansätze erfahren, die unter so verschiedenartigen Prämissen wie "Wissenschaftsorientierung", "Praxisrelevanz" oder "Gesellschaftsbezug" standen und alle die traditionelle Form des NU überwinden wollten, die sich vornehmlich dadurch kennzeichnen läßt, daß sie Naturwissenschaften als isoliertes fachliches System, losgelöst von allen sie konstituierenden internen wie externen Bedingungen betrachtet. Verschiedene Reformansätze oder -experimente haben, sofern sie nicht nur eine gewisse Modernisierung der Unterrichtsinhalte anstrebten, versucht, diese Selbstisolierung zu durchstoßen, und mit den unterschiedlichsten Begründungen die Einbeziehung wissenschaftstheoretischer, historischer, sozialer, kultureller, ökonomischer, politischer, philosophischer Aspekte in den Unterricht gefordert.

Seit die Oberstufenreform den Schülern größere Wahlmöglichkeiten zwischen einzelnen Kursen läßt und der Numerus Clausus die Zehntelnote zum Entscheidungsfaktor für den späteren Studien- bzw. Berufsweg der Schüler gemacht hat, ist eine zunehmende Abwahl naturwissenschaftlicher Fächer (insbesondere Physik und Chemie) erfolgt[1], die erstmals auch das bis dahin ungebrochene Selbstverständnis der Vertreter des Gymnasialunterrichts getroffen hat. Mittlerweile werden von diesen selbst Forderungen wie die nach "Beschäftigung mit der historischen und wissenschaftstheoretischen Diskussion der Physik" in der Lehrerausbildung[2] laut. Die Hoffnung, die sich mit solchen Forderungen verbindet, besteht darin, den Gymnasialunterricht interessanter gestalten zu können, die Motivation und das Interesse der Schüler, ihr Verständnis für Naturwissenschaften zu erhöhen, d.h. die im wesentlichen durch externe (schulpolitische, bildungsorganisatorische) Bedingungen zu Tage gebrachte Krise des Gymnasialunterrichts durch interne (curriculare, methodische) Maßnahmen zu beheben[3]. Solange derartige Vorschläge nur auf eine Anreicherung des Unterrichts mit dem Ziel, Schülermotivation zu schaffen bzw. zu erhöhen, hinauslaufen, ohne systematisch begründet zu sein, mögen sie punktuell einiges verändern. Sie sind letztlich aber zum

Scheitern verurteilt, weil sie aus der Konzeptionslosigkeit einer Didaktik des
NU nicht herauszuführen vermögen.
Die Krise, welche der NU an Gymnasien gegenwärtig erlebt, hat an der Hauptschule schon ca. zwei Jahrzehnte früher eingesetzt, weil sich dort die Frage
der Schülermotivation aufgrund der ganz anderen Lernbedingungen, der
Sozialisation und Lebensperspektive der Hauptschüler wesentlich schärfer
stellt. Sie hat zu einer Reform des naturwissenschaftlichen bzw. naturkundlichen Unterrichts geführt, in der man sich wenigstens partiell bemühte, eine
Synthese zwischen Wissenschaftlichkeit und "Lebensbezug" der Unterrichtsinhalte, z.T. unter Einbezug benachbarter Fächer (wie Arbeitslehre, Technik,
Werken) zu erreichen und neue didaktische Methoden zu entwickeln. Die
folgenden Ausführungen stellen, verbunden mit einer Kritik am traditionellen
NU und an bestimmten Reformkonzepten, den Versuch dar, Überlegungen
zu einer systematischen Begründung für die Einbeziehung von Wissenschaftsgeschichte in den NU zu entwickeln; dabei ist natürlich nur ein, wenn auch
ein wichtiger Aspekt der notwendigen Reform des NU (wie der Lehrerausbildung) angesprochen. Sie beziehen sich zunächst auf Probleme und Modelle
zum Schulunterricht und gehen danach auf die Lehrerausbildung ein, in
deren Rahmen auch ein konkretes Beispiel für die Behandlung einer Thematik
in wissenschaftshistorischer Sicht gegeben wird.

2. "Wissenschaftsgeschichte" im traditionellen NU

Naturwissenschaftliche Erkenntnisse werden in der Lehre an Schule und
Hochschule als weitgehend feststehender Faktenbestand vermittelt, zu dem
ein geradliniger, logisch-rationaler Forschungsprozeß geführt hat, ähnlich dem
im Klassenzimmer oder Hörsaal geführten "Beweisgang". Die Naturwissenschaftsdidaktik hat seit jeher ein stark idealisiertes, ja naives Verhältnis zur
Geschichte ihrer Wissenschaft gehabt und diese als isolierte, d.h. aller gesellschaftlichen Bedingungszusammenhänge entkleidete Entwicklung interpretiert, die dann folgerichtig nur von der Gemeinschaft der Wissenschaftler
und in dieser Gemeinschaft vor allem von den großen Forscherpersönlichkeiten getragen wurde. Fachdidaktik war und ist "ganz vom Selbstverständnis ihrer Wissenschaft bestimmt"; sie "monumentalisiert (...) die Wissenschaftsentwicklung, wenn sie überhaupt Geschichte berücksichtigt, als einen
rationalen, durch keine Vorurteile getrübten Entwicklungsprozeß, wobei die
Großen der Disziplin zu Heroen vorurteilsfreien Denkens stilisiert werden"[4].
Diese Einstellung, die sich in Schul- und Hochschullehrbüchern gleichermaßen
niederschlägt, hat ihre Wurzeln einerseits in der mangelnden wissenschaftstheoretischen und methodologischen Reflexion des wissenschaftlichen Erkenntnisprozesses, andererseits aber auch in dem gängigen bürgerlichen

Geschichtsverständnis im allgemeinen, das Geschichte nicht als Wechselbeziehung von Produktivkräften und Produktionsverhältnissen interpretiert, innerhalb derer sich soziale Auseinandersetzungen abspielen und zur Weiterentwicklung der Gesellschaftsverhältnisse führen — täte sie dieses, so wären Wissenschafts- und Technikgeschichte in diesen umfassenden Zusammenhängen längst Bestandteil des Geschichtsunterrichts. Stattdessen wird dort tendenziell die Geschichte von "Kriegen und Königen", von bedeutenden Führerpersönlichkeiten als den Gestaltern der sozialen und politischen Entwicklung betrieben, welche die realen ökonomischen, wissenschaftlich-technischen und weltanschaulich-ideologischen Zusammenhänge auf ihrem gemeinsamen gesellschaftlichen Hintergrund eher verschleiert statt aufdeckt.

Die keinesfalls zufällige Parallelität zwischen politischer Geschichtsschreibung und Auffassungen zur Wissenschaftsgeschichte weist darauf hin, daß letztere mit den oben gebrauchten Begriffen "stark idealisiert" und "naiv" keineswegs ausreichend charakterisiert ist, sondern ihrerseits ideologisch geprägt ist: Die Mystifizierung der Naturwissenschaften und die Glorifizierung der Naturwissenschaftler, welche die entscheidenden Triebkräfte der Wissenschaftsentwicklung verschweigt, "dient der Hochstilisierung einer wissenschaftlichen Elite zu der treibenden gesellschaftlichen Kraft, was auf der einen Seite (bei den Wissenschaftlern) zu Statusdenken führt und auf der anderen Seite (bei der Masse der mit niederer Qualifikation Beschäftigten) zu Resignation und Desinteresse"[5]. Während der Hauptschulunterricht — trotz des vielbeschworenen Ziels der Verwissenschaftlichung — weiterhin im wesentlichen auf praktische Realisierungen naturwissenschaftlicher Sachverhalte, auf Anwendungsbeispiele aus dem "Lebensbereich" der Schüler und weniger auf das Erkennen von Gesetzmäßigkeiten bezogen ist, wird der Gymnasialunterricht weitgehend als Wissenschaftspropädeutik betrieben und ist weiterhin geprägt von dem elitären, scheinbar unpolitischen Rollenverständnis einer 'gehobenen' Gesellschaftsschicht. Diese schichtenspezifischen Unterschiede in der Qualifikations- und Integrationsfunktion des naturwissenschaftlichen Unterrichts haben seine gesamte Entwicklung geprägt. Wie weit die an Volksschule, Realschule und Gymnasium vermittelten Inhalte reichen sollten, in welcher Form sie zu unterrichten waren, war unter ökonomischen, aber auch unter ideologischen Gesichtspunkten lange Zeit heftig umstritten und ist als Auseinandersetzung zwischen "Realismus" und "Humanismus" in die Erziehungsgeschichte eingegangen[6].

3. Wissenschaftsgeschichte als Nachvollzug des Forschungsprozesses im Unterricht?

Die nach Beendigung der Rekonstruktionsperiode, d.h. mit dem Übergang vom extensiven zum intensiven Wirtschaftswachstum in der Bundesrepublik

seit Mitte der 60er Jahre eingeleiteten schulpolitischen Reformmaßnahmen
verfolgten in erster Linie das Ziel, die Qualifikation der Schulabgänger den
gewandelten Anforderungen der Wirtschaft anzupassen, d.h. "Begabungsreserven" auszuschöpfen und das allgemeine Qualifikationsniveau zu heben.
Dabei ging es vornehmlich um die Objektivierung und Verwissenschaftlichung
der Ausbildung für die Mehrheit der Schüler, insbesondere in Primarstufe und
Sekundarstufe I. In diesem Zusammenhang wurde die Bedeutung einer
Curriculumreform gerade in den naturwissenschaftlichen Fächern zur Überwindung der "technologischen Lücke" zwischen der Bundesrepublik und
anderen Industrienationen, vor allem den USA, besonders hervorgehoben.
Die Oberstufenreform der KMK von 1972 muß ebenfalls in diesem Zusammenhang gesehen werden.
Die verschiedenen nach Zielsetzung und Umfang sehr heterogenen Curricu-
lumprojekte, die seitdem in der BRD existieren und z.T. noch arbeiten, übernahmen zunächst weitgehend die in den USA entwickelten Grundlagen und
inhaltlichen Strukturen; teilweise bestanden sie lediglich in der Adaption
bestimmter amerikanischer Projekte. Die etwa 10 Jahre früher begonnene
Curriculumreform in den USA, als Reaktion auf den sogenannten "Sputnik-
Schock" (1957), hatte in erster Linie die Hebung des wissenschaftlichen
Niveaus der Ausbildung in den naturwissenschaftlich-technischen Fächern
zum Ziel gehabt und zu einer Vielzahl neuer Unterrichtskonzepte und Curricula im sekundären Bildungsbereich geführt. Jene Reform zielte primär auf
die Neustrukturierung der fachimmanenten Inhalte oder auf die Integration
der naturwissenschaftlichen Fächer unter fächerübergreifenden Fragestellungen ab. Eine Einordnung der Inhalte in gesellschaftliche Zusammenhänge
wurde nicht angestrebt. Vorrangig war das Ziel, die Unterrichtsinhalte genauer als bisher zu planen, zu strukturieren und vor allem zu objektivieren.
Die wichtigsten im Zuge dieser Entwicklung entstandenen Curricula (im
anglo-amerikanischen wie im deutschen Sprachraum) folgen dem struktur-
oder dem prozeßorientierten Ansatz, die hier nicht im einzelnen referiert oder
kritisiert werden sollen[7].
Was die Begründung dieser Ansätze angeht, so unterscheiden sie sich zwar im
didaktischen Aufbau und in der wissenschaftsbezogenen Strukturierung der
Unterrichtsinhalte vom traditionellen NU, nicht jedoch in den wissenschaftstheoretischen Grundlagen, d.h. vor allem in der Darstellung des Forschungs-
und Erkenntnisprozesses. Die Geschichtlichkeit der Naturwissenschaften wird
eher noch stärker ausgeblendet zugunsten allgemeiner fachwissenschaftlicher
Strukturen und Methoden.
Neben derartigen relativ breit angelegten Curriculumprojekten gibt es vornehmlich in den USA auch einige Versuche, das Verständnis für die Naturwissenschaften, vor allem für den naturwissenschaftlichen Forschungsprozeß

dadurch zu erhöhen, daß man den allgemeinbildenden Unterricht in diesen Fächern durch Darstellungen und Materialien ergänzt, mit denen an geeigneten Beispielen in Form von Fallstudien die Entwicklung einer wissenschaftlichen Erkenntnis historisch nachvollzogen wird. Das erste war das 1964 erschienene Projekt "History of Science Cases"[8]. Ein weiteres, relativ umfangreiches Programm mit dem Titel "Pattern of Enquiry" wurde im Ontario Institute for Studies in Education in Toronto entwickelt und in Teilen vom IPN Kiel 1977 in deutscher Übersetzung und in überarbeiteter Form, zunächst als Erprobungsfassung ("Wege zum Wissen"), herausgegeben. Die bisher ausgewählten Themenbereiche sind

— Die Evolution der Hominiden,

— Kommunikation bei den Bienen,

— Optik I: Von der Sehstrahl- zur Teilchentheorie,

— Optik II: Von der Teilchen- zur Wellentheorie.

Die didaktische Zielsetzung, welche den Unterrichtseinheiten zugrundeliegt, ist es, "den naturwissenschaftlichen Unterricht durch forschungsnahe Elemente (zu) ergänzen, die ein möglichst ganzheitliches, wenn auch noch wissenschaftsimmanentes, Nachvollziehen von Forschungswirklichkeit an konkreten Beispielen ermöglichen und so einen fallweisen Einblick in die Erkenntnistätigkeit von Forschern zu geben imstande sind. Die Einheiten bestehen zu diesem Zweck im wesentlichen aus einer Auswahl originaler Forschungsberichte und Forschungsarbeiten, die in diesem Gebiet tatsächlich durchgeführt und in diesen Berichten von den verantwortlichen Forschern selbst beschrieben und dokumentiert wurden"[9].

Damit ist ziemlich präzise gesagt, was derartige Fallstudien zu leisten vermögen und wo ihre Grenzen sind: Wissenschaftliche Forschung wird nicht mehr als geradliniger, logisch fortschreitender Prozeß dargestellt, sondern in seinem tatsächlichen Ablauf zumindest in groben Zügen gedanklich "nachvollzogen", so daß die vielen Einzelschritte, die Schwierigkeiten, Hindernisse und Umwege, welche das allmähliche (oder auch sprunghafte) Vordringen zu einer neuen Erkenntnis und deren Durchsetzung in der Wissenschaftlergemeinschaft begleiten, deutlich werden. Die Schüler können — als Außenstehende, sozusagen von 'höherer Warte' — Denkmodelle und Paradigmen der Wissenschaftsgeschichte, die Herausbildung von Begriffen, Hypothesen und Theorien, die Probleme eines Paradigmawechsels verstehen lernen und dadurch ein Verständnis für den dynamischen Charakter einzelner wissenschaftlicher Begriffe oder Modelle bzw. wissenschaftlicher Erkenntnisse insgesamt erwerben. Dies geschieht in den Unterrichtseinheiten unter anderem dadurch, daß wissenschaftliche Kontroversen historisch dokumentiert und dargestellt werden.

Fragen und Einwände gegenüber Fallstudien der hier geschilderten Art liegen auf verschiedenen Ebenen:

a) Der entscheidende Mangel besteht u.E. darin, daß es sich bei den einzelnen Einheiten nahezu ausschließlich um Darstellungen wissenschaftsimmanenter Prozesse handelt. Im Zentrum steht die Entwicklung neuer
wissenschaftlicher Erkenntnisse, Theorien, Modelle, wie sie sich innerhalb
der "scientific community" herausgebildet haben. Verschiedene solcher
neuen Erkenntnisse und Paradigmen werden wiederum an einzelne
Namen und Personen geknüpft (was ja unter bestimmten — eben wissen-
schaftsimmanenten — Gesichtspunkten durchaus auch seine Berechtigung
hat). Im Zentrum steht weiterhin die Wissenschaft als solche, als scheinbar 'abgeschlossenes System', ohne Wechselbeziehung zu externen
Bedingungen und Entwicklungen. Letztlich wird auch damit ein idealisiertes und in diesem Sinne falsches Bild des Forschungsprozesses geschaffen, das zu ähnlichen Eindrücken bei den Schülern führen muß wie
die Ideologie von den großen Forscherpersönlichkeiten.
Dadurch, daß die Fallstudien den Anschein erwecken, in einem begrenzten Bereich der Naturwissenschaften werde der Forschungsprozeß in
großen Zügen so nachvollzogen, wie er tatsächlich abgelaufen ist, wird
auch hier die Wissenschaft in unzulässiger Weise in eine scheinbar eigen-
ständige, sozusagen über oder außerhalb der Gesellschaft befindliche
Sphäre erhoben, in die einzudringen nur wenigen Priviligierten möglich
ist.

b) Soll der Unterricht nicht nur einen generellen Eindruck von der Dynamik und dem Charakter wissenschaftlicher Erkenntnisbildung vermitteln, sondern darstellen, wie ganz bestimmte Begriffe oder Modelle
entstanden und einzuschätzen sind, so lassen Fallstudien die Frage offen,
wie dies in jedem (oder zumindest jedem wichtigen) Einzelfall geschehen
soll. Sind sie dann Beispiele dafür, wie der gesamte Unterricht ablaufen
soll? Ist es dann tatsächlich denkbar und möglich, Schülern die Entwicklung der wichtigen naturwissenschaftlichen Theorien in ihren wesentlichen Stufen — mit Umwegen und Kontroversen — zu vermitteln? Und
vor allem: Ist das didaktisch wirklich sinnvoll, werden die Schüler nicht
mit einer Fülle von Theorien und Modellen konfrontiert, deren Relevanz
ihnen nicht einsichtig ist und die das Begreifen der heute "gültigen"
Interpretationen der Natur eher erschwert als erleichtert?

Ein weiterer bemerkenswerter Ansatz zur Einbeziehung historischer Aspekte
bei der Planung naturwissenschaftlichen Unterrichts, der in diesem Zusammenhang zu erwähnen ist, wurde vom IPN in Kiel in Kooperation mit dem
Kultusministerium Nordrhein-Westfalen im Rahmen des Kollegschulversuchs
Nordrhein-Westfalen entwickelt.
Am Beispiel der Entwicklung des "Makromolekülkonzepts" in der organischen Chemie werden Vorschläge für die Planung naturwissenschaftlicher

Kurse auf der Sekundarstufe II gemacht, in denen die Entwicklung naturwissenschaftlichen Wissens unter fachinternen und externen Bedingungen ausführlich behandelt wird[10].
Entsprechend kollegschulspezifischen Kriterien sind diese Vorschläge auf eine Integration von allgemeiner und beruflicher Bildung gerichtet und sollen Wissenschaftspropädeutik mit Berufspragmatik verbinden. Um die Komplexität des Themas didaktisch angemessen zu entfalten, wurden der für naturwissenschaftlichen Unterricht adaptierte "Nuffield-Humanities-Ansatz" und ein Instrumentarium von "13 Gesichtspunkten"[11] verwendet, das am IPN entwickelt worden ist.
In unserem Zusammenhang interessieren besonders die ersten drei dieser Gesichtspunkte:

Gesichtspunkt I:
Ist der Lerngegenstand prinzipiell geeignet,
   einen Überblick über konkrete naturwissenschaftlich/technische Berufstätigkeiten zu geben, d.h. über
   a) typische Arbeitsabläufe
   b) Arbeitsbedingungen
   c) unmittelbar notwendige Qualifikationen
   d) Entwicklungstendenzen im naturwissenschaftlich/technischen Berufsfeld
   zu informieren?

Gesichtspunkt II:
Ist der Lerngegenstand prinzipiell geeignet,
   aufzuweisen, wie Naturwissenschaft und Technik
   a) mit Politik, Wirtschaft und sozialer Lebenswelt verflochten sind,
   b) unter welchen (insbesondere ökonomischen) Bedingungen sich naturwissenschaftliche Forschung und technologische Entwicklung heute vollziehen und historisch vollzogen haben und
   c) welche Auswirkungen daraus für die Arbeitswelt erwachsen?

Gesichtspunkt III:
Ist der Lerngegenstand prinzipiell geeignet,
   die in und mit Hilfe von Naturwissenschaft und Technik hervorgebrachten potentiellen Fehlentwicklungen und Krisen
   a) in der Arbeitwelt
   b) in der Umwelt
   aufzuzeigen und sich mit diesen konstruktiv im Sinne einer verantwortungsbewußten Mitgestaltung auseinanderzusetzen?

In diesen drei Gesichtspunkten wird nach historischen Entwicklungen und Entwicklungstendenzen gefragt, die das wissenschaftliche bzw. technologische

Thema in seinem ökonomischen, sozialen und politischen Zusammenhang deutlich machen sollen.

Dieser Anspruch, durch den sich dieser Ansatz von den "Fallstudien" positiv abhebt, wird allerdings in der konkreten Bearbeitung des Themas nicht voll erfüllt. Die Materialien und Literaturhinweise bleiben unseres Erachtens zu sehr am konkreten Beispiel des Makromolekülkonzepts selbst stehen und lassen eine systematische Einordnung in einen allgemeinen wirtschafts- und sozialgeschichtlichen Kontext kaum zu. Dabei ist allerdings zu betonen, daß eine solche systematische Einordnung naturwissenschaftlich-technischer Entwicklungen im Unterricht nur dann möglich ist, wenn der NU an den Geschichts- oder Gesellschaftskundeunterricht anknüpfen kann, d.h. wenn bei der Entwicklung naturwissenschaftlicher Curricula auch Anforderungen an diese Fächer formuliert werden.

4. Der Stellenwert von Wissenschaftsgeschichte im naturwissenschaftlichen Unterricht

Aus den bisherigen kritischen Bemerkungen geht hervor, daß wissenschafts-historischen Betrachtungen und Analysen im Unterricht eine andere, um-fassendere Bedeutung zukommt als in den meisten der geschilderten didakti-schen Ansätze. Denn Naturwissenschaft ist nicht, wie dort unterstellt (oder zumindest einseitig herausgestellt) wird, ein von der gesellschaftlichen Ent-wicklung unabhängiger Bereich, der allenfalls in technischen Anwendungen steigende Bedeutung erlangt. Naturwissenschaftliche Forschung und Erkennt-nisbildung ist zu allen Zeiten Bestandteil eines gesellschaftlichen Entwick-lungsprozesses gewesen und nur als solcher verständlich. In welcher Weise eine solche Wechselbeziehung bestand und welche Faktoren (politische, ökonomische, technische, ideologische) dabei die entscheidende Rolle spiel-ten, war durchaus unterschiedlich und muß durch die historische Analyse herausgearbeitet werden.

Eine solche Analyse[12] zeigt, daß die historischen Wurzeln und die realen gesellschaftlichen Bezüge der Naturwissenschaften durchgängig (wenn auch in historisch je spezifischer Weise) geprägt sind durch

— die Wechselwirkung mit der gesellschaftlichen Produktion, d.h. mit der Entfaltung der Produktivkräfte in Form von technischer Anwendung und ökonomischer Verwertung sowie durch

— die Wechselwirkung zwischen dem Erkenntnisfortschritt der Naturwissen-schaften und der Veränderung des gesellschaftlichen Bewußtseins (in Form von Weltbildern, Denknormen, Ideologien).

Beide Komponenten stehen wiederum im Zusammenhang über die sozialen und politischen Bedingungen der jeweiligen Gesellschaftsformation als Aus-prägung der Beziehung zwischen Produktivkräften und Produktionsverhältnissen. Ein Unterricht, in dem Wissenschaftsgeschichte eine Rolle spielen soll, muß von diesen Beziehungen ausgehen und sie zum zentralen Kriterium für die inhaltliche Gestaltung des Curriculums machen. Diese Forderung richtet sich an den gesamten Schulunterricht, d.h. an alle Fächer, die dazu beitragen können, den realen gesellschaftlichen Entwicklungsprozeß in seinen wesentlichen Strängen, dem wissenschaftlich-technischen, dem ökonomisch-politischen und dem weltanschaulich-ideologischen aufzuklären, um von daher die Gegenwart als Phase in diesem Entwicklungsprozeß verständlich zu machen. Damit ist natürlich zu allererst das Konzept des Geschichtsunterrichts selbst angesprochen; gleichzeitig wird aber auch deutlich, daß eine umfassende Aufklärung im o.g. Sinne nur durch Fächerkoordination (bzw. durch themenbezogene Integration) zu leisten ist.

Unter dieser Zielsetzung kann die Frage dann nicht mehr lauten: Welchen Stellenwert hat Wissenschaftsgeschichte im NU? Sondern: Welchen Stellenwert hat Wissenschaftsgeschichte im Rahmen des gesamten Schulunterrichts zur Aufklärung jener Zusammenhänge und Entwicklungsprozesse? Und: Welchen Beitrag kann der NU dazu leisten?

Wie oben schon festgestellt, besteht dieser Beitrag grundsätzlich darin, einerseits die Bedeutung der Naturwissenschaften für die Entwicklung der Produktivkräfte sowie andererseits die wechselseitige Abhängigkeit von naturwissenschaftlichem Erkenntnisfortschritt und weltanschaulichem Denken herauszuarbeiten.

Damit wird unmittelbar klar, daß es nicht genügt, Wissenschaftsgeschichte als Anreicherung des NU, d.h. zur Darstellung wissenschaftsinterner Entwicklungen zu betreiben, wie es im traditionellen NU (wenn überhaupt) ebenso wie in den oben beschriebenen Fallstudien geschieht. Didaktische Konzepte, die in die hier genannte Richtung weisen, Wissenschaftsgeschichte also durchgängig und systematisch in das naturwissenschaftliche Curriculum einbeziehen bzw. sogar zum strukturierenden Moment des Curriculums machen, gibt es bisher nur in wenigen Ansätzen. Dazu soll im folgenden einiges ausgeführt werden.

4.1. Wissenschaftsgeschichte und Produktivkraftentwicklung

Zum Verständnis des gegenwärtigen Standes von Wissenschaft und Produktion in ihrem historisch geprägten Zusammenhang ist es notwendig, die Entfaltung der Produktivkräfte in ihren wesentlichen Phasen im Schulunterricht nachzuzeichnen und dabei deutlich zu machen, wie die jeweiligen Gesellschaftsverhältnisse diese Entfaltung hemmen oder fördern bzw. selbst davon beeinflußt werden. Der NU muß sich dabei weitgehend auf den Zusammenhang zwischen Naturwissenschaft, Technik und Produktion beschränken; er kann allenfalls in Einzelbeispielen auf ökonomische oder politische Prozesse eingehen. Dies in systematischer Form zu leisten, ist Aufgabe anderer Fächer

(Geschichte, Politische Weltkunde, Sozialkunde, Arbeitslehre), die aber ihrerseits nicht ohne Koordination mit dem naturwissenschaftlich-technischen Unterrichtsbereich auskommen.

Die Mehrzahl der didaktischen Ansätze zum NU, die ein Verständnis für derartige Zusammenhänge erzeugen wollen, beschränken sich auf ausgewählte Probleme von aktueller Bedeutung, wobei das Thema "Umwelt" einen deutlichen Schwerpunkt bildet, und bauen diese − häufig in Form einzelner projektartiger Einheiten − in das ansonsten fachsystematisch strukturierte Curriculum ein[13]. Das gilt weitgehend auch für die Studiengänge zur Lehrerausbildung. Eine historische Leitlinie zur Auswahl, Gewichtung, Strukturierung und Orientierung der Unterrichtsinhalte haben explizit bisher nur das Marburger Grundschulprojekt und das Projekt "Integriertes naturwissenschaftliches Curriculum" (PINC) verfolgt.

Das Marburger Projekt für den naturwissenschaftlich-technischen Sachunterricht in der Grundschule nennt als Erkenntnisziele des Unterrichts:

1. "Der Mensch wendet die aus der gemeinsamen Tätigkeit gewonnenen Erkenntnisse über Naturgesetze mit dem Ziel an, die Bedingungen des gemeinsamen Lebens zu verbessern. Technik umfaßt die dabei entstehenden Arbeitsmittel und Verfahrensweisen.

2. Technik entwickelt und verändert sich im historischen Zusammenhang eines vielfältigen Bedingungsgefüges der bestehenden Produktivkräfte und Produktionsverhältnisse. Jede Etappe dieser Entwicklung verläuft im historischen Maßstab nach der Gesetzmäßigkeit des Einsetzens geringster Mittel mit dem Ziel des höchsten Effektes. Dieser Prozeß geht nicht ohne Widersprüche vonstatten.

3. Naturstoffe können einerseits nur durch den Einsatz des menschlichen Arbeitsvermögens zu Produktivkräften werden. Technische Weiterentwicklungen − "Erfindungen" − entspringen aber andererseits nicht allein und unmittelbar der Leistung der individuellen Schöpferpersönlichkeit, sondern verwirklichen sich über das Durchschauen und Neukombinieren bereits bekannter Elemente der Naturstoffe und Produktivkräfte. Derartige Neuerungen werden jedoch nur über die Tätigkeit des einzelnen Menschen historische Realität.

4. Die Ausschöpfung der humanen Möglichkeiten der Technik wird eingeschränkt, wenn deren Entwicklung und ihr Einsatz durch Gewinnstreben bestimmt wird. Sinnvoll − aber notwendigerweise von Interessenkonflikten getragen − wäre eine bewußte gemeinsame Planung neuer technischer Entwicklungen und ihrer Anwendung durch die Betroffenen, damit negativen Auswirkungen auf einzelne vorgebeugt werden kann."[14]

Diese Ziele präzisieren die hier gemachten Bemerkungen und beziehen diese auf die Unterrichtsplanung. Sie werden von den Autoren noch weiter differenziert in Form von Erkenntniszielen für den Schüler und durch ein Unterrichtskonzept konkretisiert.

Von sehr ähnlichen Zielsetzungen ausgehend hat auch das Projekt PINC ein Curriculum für den naturwissenschaftlichen Unterricht in der Sekundarstufe I entwickelt, in dem die Entwicklung der Produktivkräfte und die gegenwärtigen Formen und Bereiche der Produktion in allen drei naturwissenschaftlichen Fächern in korrespondierender Weise als Auswahl- bzw. Strukturprinzipien verfolgt werden. Damit soll ein Verständnis für die historischen Veränderungen der gesellschaftlichen Produktion erzeugt werden, das es dem Schüler als späterem Lohnabhängigen ermöglicht, angebliche "technische Sachzwänge", ökonomische Interessen und gesellschaftliche Bedürfnisse auseinanderzuhalten, um im Konfliktfall für seine eigenen Interessen begründet eintreten zu können.

Der Unterricht nach dem PINC-Konzept beginnt, entsprechend der historischen Entwicklung, mit einfachen, ursprünglichen Formen gesellschaftlicher Arbeit (Nahrungserwerb, Herstellung grundlegend wichtiger Werkstoffe, Werkzeuggebrauch). Er geht dann über zu komplexeren Organisationsformen der Produktion (landwirtschaftliche Produktion, chemische Industrie, Mechanisierung und Maschinen) bis hin zu ihrem gegenwärtigen Entwicklungsstand (ökologische Probleme, Kunststofferzeugung, großindustrielle und verwissenschaftlichte Produktion, Automation). Diese historische Linie wird in allen drei naturwissenschaftlichen Fächern parallel verfolgt (vgl. Übersicht auf Seite 64).

Dabei erhalten die verschiedenen Bereiche der Produktion und die verschiedenen Bestandteile des Produktionsprozesses ein je nach Unterrichtsfach bzw. Themenstellung unterschiedliches Gewicht:

In der Biologie bildet die menschliche Arbeitskraft, ihre Rolle bei der Evolution des Menschen und bei seiner Auseinandersetzung mit der Natur sowie die Reproduktion dieser Arbeitskraft die Grundlage des Unterrichts. Entscheidenden Raum nehmen Probleme der landwirtschaftlichen Produktion, der menschlichen Ernährung und der Ökologie ein.

In der Chemie stehen die Eigenschaften von Naturstoffen und deren Umwandlung in gesellschaftlich nutzbare Stoffe im Mittelpunkt. Besondere Schwerpunkte sind Metalle und Kunststoffe in ihrem Charakter als Werkstoffe.

Die Erkenntnisse der Physik sollen als wissenschaftliche Grundlagen der materiellen, in erster Linie der industriellen Produktion dargestellt werden. Dazu werden zunächst die "Elemente des einfachen Arbeitsprozesses"[15] untersucht: Die Körperkraft des Menschen, physische Auswirkungen körperlicher Arbeit, die "Verstärkung" der menschlichen Arbeitskraft durch Werkzeuge, die Gesetzmäßigkeiten kraftverstärkender Werkzeuge und Vorrichtun-

BIOLOGIE	CHEMIE	PHYSIK
7. B 7.1 Wie aus Affen Menschen wurden (15) B 7.2 Die Zelle (15)	C 7 Herstellung von Eisen und anderer Metalle — Grund- lagen der Chemie (30)	P 7 Der einfache Arbeits- prozeß — menschliche Arbeitskraft, Werk- zeuge, Werkstoffe (30)
8. B 8 Landwirtschaftliche Produktion und menschliche Ernäh- rung (30)	C 8 Zwischenprodukte der chemischen Industrie (30)	P 8.1 Nutzbarmachung der Naturkräfte (15) P 8.2 Infrastruktur und Produktionsmittel (15)
9. B 9.1 Welternährung (3) B 9.2 Ökologie und Um- weltschutz (12) B 9.3 Nerv — Sinne — Verhalten (15)	C 9.1 Erdöl (15) C 9.2 Kunststoffe (15)	P 9.1 Automatisierungs- technik, Nachrichten- technik (17) P 9.2 Kunststoffe (13)
10. B 10.1 Genetik (20) B 10.2 Evolution (10)	C 10.1 Biopolymere (15) C 10.2 Metalle (15)	P 10.1 Struktur der Materie (17) P 10.2 Astronomie (10)

Übersicht über den Aufbau des naturwissenschaftlichen Unterrichts in der
Sekundarstufe I nach PINC

gen und schließlich die Eigenschaften von Werkstoffen und deren thermische Veränderungen.

Im Anschluß an die menschliche Arbeitskraft wird die Nutzbarmachung von Naturkräften (Wind, Wasser, Dampf, Benzin, Elektrizität) behandelt, wobei die historische Entwicklung der Naturwissenschaften im Zusammenhang mit der Produktivkraftentwicklung besonders deutlich zum Ausdruck kommt. Die Einführung von Werkzeugen wird fortgesetzt durch eine Unterrichtseinheit "Infrastruktur und Produktionsmittel", in der Transportsysteme, Versorgungseinrichtungen, Bauten, Fabrikanlagen, Maschinen, Formen der Beleuchtungstechnik und optische Geräte unter dem gemeinsamen Aspekt ihrer Verwendung in der Produktion zum Gegenstand des Unterrichts gemacht werden. Die Behandlung der Werkstoffe schließlich wird fortgeführt in den Einheiten "Kunststoffe" (zusammen mit dem Chemieunterricht) und "Struktur und Materie", die einfache Gebiete der Atomphysik, Kernphysik und Festkörperphysik umfaßt. Zu den bisher aufgeführten Bereichen tritt heute außerdem der Aspekt der Steuerung und Kontrolle des Produktionsprozesses, der sich von den übrigen losgelöst und zu ganz neuen Technologien geführt hat. Dieses wird in einer Unterrichtseinheit "Automatisierung, Nachrichtentechnik" behandelt.

Eine solche Anordnung des Unterrichtsstoffes führt einerseits zu einer beträchtlichen Umstellung des traditionellen Kanons naturwissenschaftlicher Einzelinhalte. Andererseits ist festzuhalten, daß der historische Verlauf der Produktivkraftentwicklung in weiten Bereichen auch die Entwicklung der Wissenschaft widerspiegelt. Insofern enthält die hier geschilderte Systematik durchaus eine innere Logik, die dem Gegenstand immanent und den oben angeführten Erkenntniszielen adäquat ist[15a].

4.2. Wissenschaftsgeschichte und Weltbild

Die Geschichte der Naturwissenschaften ist nicht nur geprägt durch ihren Bezug zur gesellschaftlichen Produktion, sondern auch durch die Wechselwirkung von wissenschaftlicher Erkenntnis und gesellschaftlichen Denkformen: Die Naturwissenschaften wurden zur Grundlage neuer Weltbilder — man denke an den Übergang vom geozentrischen zum heliozentrischen Weltbild — und hatten damit einschneidende Wirkungen auch auf weltanschauliche Vorstellungen und gesellschaftliche Verhältnisse; dies führte zum Teil zu heftigen politisch-ideologischen Auseinandersetzungen. Zielsetzung und Methode naturwissenschaftlicher Erkenntnisbildung waren umgekehrt auch stark beeinflußt vom weltanschaulich-philosophischen Denksystem der jeweiligen Geschichtsepoche — man denke an die Fesseln, welche die mittelalterlich-scholastische Weltsicht der Naturwissenschaft anlegte, oder an die Auseinandersetzungen um die Darwinsche Evolutionstheorie.

Auch in diesem Zusammenhang kommt der wissenschaftshistorischen Komponente im NU große Bedeutung zu, nämlich durch Darstellung der geschichtlichen Entwicklungen wissenschaftlicher und weltanschaulicher Denkstrukturen auf ihrem gesellschaftlichen Hintergrund den ideologischen Gehalt bzw. die aufklärerische Funktion naturwissenschaftlicher Erkenntnis und ihres gesellschaftlichen Einsatzes auch in der Gegenwart deutlich zu machen. Denn obwohl sich heutzutage die entscheidenden Auseinandersetzungen um die Ergebnisse der Sozialwissenschaften abspielen, haben auch die Naturwissenschaften noch eine beträchtliche ideologische Bedeutung, etwa wenn aufgrund ihrer angeblichen Sachautorität Entscheidungen aus ökonomischen bzw. politischen Interessen als Konsequenzen technischer "Sachzwänge" hingestellt werden oder wenn die soziale Selektivität des Bildungssystems mit Vererbungs- und Begabungstheorien gerechtfertigt wird. Zur Verschleierung dieser ideologischen Funktion wird vornehmlich das Wertfreiheitspostulat benutzt[16].

Um die Wirkung und die gesellschaftliche Abhängigkeit der Naturwissenschaften anhand ihrer historischen Entwicklung aufzuzeigen, müßte der NU sich an folgenden Erkenntniszielen orientieren:

a) Ziel und Methode naturwissenschaftlicher Erkenntnisbildung waren zu allen Zeiten abhängig von gesellschaftlichen Interessen und weltanschaulich-ideologischen Denkweisen. Die Naturwissenschaften haben ihrerseits auch zur Einführung und Durchsetzung neuer Weltbilder beigetragen.

b) Der naturwissenschaftliche Forschungsprozeß verläuft nicht in geradlinigen, logisch-zielgerichteten Bahnen, sondern ist ein von externen und internen Faktoren beeinflußtes, komplexes Geschehen, das in seiner Gesamtheit nie abgeschlossen und endgültig ist, jedoch zur immer besseren Annäherung an die objektive Realität und damit zur immer besseren Aneignung der Natur durch den Menschen führt.

Zur Erreichung dieser Erkenntnisziele muß die weltanschauliche und ideologische Bedeutung der Naturwissenschaften explizit aufgewiesen werden, indem einerseits Auseinandersetzungen um bestimmte naturwissenschaftliche Erkenntnisse dargestellt, andererseits diejenigen Gebiete, welche dabei eine besondere Rolle spielten bzw. heute noch spielen, gesondert berücksichtigt werden. Auf diese Weise sollen die Schüler verstehen lernen, daß naturwissenschaftliche Erkenntnisse gesellschaftlichen Interessen untergeordnet werden können und daß die Aussagen von Naturwissenschaftlern keineswegs immer wertfrei und von objektivem Sachbezug sind. Damit soll erreicht werden, daß die Schüler den Stellenwert und die Rolle der Naturwissenschaften als Moment der gesellschaftlichen Entwicklung richtig einzuschätzen lernen und sie als Mittel des rationalen Weltverständnisses, das prinzipiell jedem zugänglich ist, begreifen, ohne blind auf die Autorität der Naturwissenschaftler zu vertrauen und ohne sich auf pseudo-wissenschaftliche Spekulationen einzulassen. Der Unterricht muß durchgängig darauf orientiert sein, die Erkenntnisse der Naturwissenschaften als prognostisch und praktisch verfügbares und auf diese Weise auch überprüfbares Wissen des Menschen von der Natur darzustellen. Der Forschungsprozeß als tätige Auseinandersetzung des Menschen mit der Natur, der Erkenntnisprozeß als immer bessere Annäherung an die Realität sollte wiederholt am konkreten Beispiel erläutert werden, so daß der Schüler allmählich eine Einsicht in wissenschaftliche Erkenntnisbildung und in die rationale Erkennbarkeit der Welt gewinnt.

Erst in diesem Zusammenhang hat auch die Analyse wissenschaftsimmanenter Entwicklungen, wie sie in den oben erwähnten Fallstudien geschildert werden, eine Funktion. Denn der Forschungsprozeß ist natürlich nicht allein extern beeinflußt, sondern ebenso von internen Faktoren, die aber nur in ihrer Beziehung zur gesellschaftlichen Entwicklung erklärbar sind.

Eine geeignete Form, eine solche Beziehung im Unterricht darzustellen, ist die Analyse historisch wichtiger Betrachtungsweisen der Natur und der Naturwissenschaften, z.B. die Darstellung des heute zwar überholten, in Schulbüchern aber z.T. durchaus noch wirksamen mechanistischen Weltbildes. Die mehrere Jahrhunderte hindurch (bis hinein ins frühe 20. Jahrhundert) gültige Auffassung von der Natur als etwas Statischem und Unveränderlichem, das in seiner Gesamtheit nach einheitlichen (auf die Mechanik zurückführbaren) Gesetzen abläuft, wird durch die stark simplifizierende Darstellungsweise mancher Unterrichtswerke durchaus noch beibehalten bzw. gestützt, sofern keine expliziten Hinweise auf neuere Erkenntnisse der Wissenschaft und deren Konsequenzen gegeben werden. Der Unterricht müßte deutlich machen, daß auch die Naturwissenschaft heutzutage von der Entwicklung und Veränderung ihres Gegenstandes auf der Basis materieller Vorgänge ausgeht und daß dieser Entwicklungsgedanke zur Zeit seiner Entstehung durchaus umwälzende Konsequenzen für das weltanschaulich-philosophische Denken mit sich brachte, indem er ein festgefügtes Weltbild erschütterte[17].

Orientiert sich der didaktische Aufbau des Unterrichts auch an der historischen Entwicklung der jeweiligen Wissenschaft, so wie es oben am Beispiel des PINC-Curriculums dargestellt wurde, so lassen sich Veränderungen des Weltbildes — als Ursache und Folge des naturwissenschaftlichen Erkenntnisfortschritts — zumindest in wichtigen historischen Schritten darstellen. Auch dabei kommt es natürlich auf eine Koordination mit anderen Unterrichtsfächern (Deutsch, Geschichte, Philosophie) an.

Zu den gesellschaftlichen Auseinandersetzungen um weltanschauliche Fragen, die im NU eine Rolle spielen sollten, nur zwei Beispiele:

a)   Der Übergang vom geozentrischen zum heliozentrischen Weltbild aufgrund der astronomischen Messungen und Erkenntnisse von Kopernikus,

Tycho de Brahe, Galilei und Kepler hatte nicht nur große Bedeutung für die Entwicklung der Naturwissenschaften und ihrer Methoden (von der Spekulation zur Empirie), sondern auch entscheidende Wirkung auf weltanschauliche Vorstellungen und gesellschaftliche Verhältnisse. Mit der Verdrängung der Erde als Mittelpunkt der Welt und dem analytisch-messenden Herangehen an die Natur wurde die unbedingte Autorität der Kirche und des eng mit ihr verbundenen Feudaladels von Grund auf in Frage gestellt. Die weltanschaulich-ideologischen Auseinandersetzungen jener Zeit (des beginnenden 17. Jahrhunderts) führten schließlich zur Ablösung der scholastischen Philosophie des Mittelalters und trugen zum Übergang vom Feudalismus zur bürgerlichen Gesellschaft bei[18].

Es ist klar, daß der Physik- oder Astronomieunterricht allein überfordert wäre, wollte er diese Zusammenhänge in ihrer vollen Tragweite darstellen. Genauso klar ist aber auch, daß die politische Geschichte allein dies ebensowenig zu leisten vermag.

b) Die Erkenntnisse Darwins über die Evolution und die Abstammung des Menschen wurden zur Rechtfertigung eines hierarchisch-elitären Gesellschaftsbildes wie auch zur Begründung demokratisch-egalitärer Gesellschaftsformen herangezogen[19]. Die heftige wissenschaftsinterne Diskussion um Darwins Lehre muß auch auf diesem Hintergrund gesehen werden. Die Evolutionstheorie, die heute fester Bestandteil des Biologieunterrichts ist, sollte auch unter jenem Gesichtspunkt behandelt werden, der ja auch durchaus noch von aktueller Bedeutung ist, wenn man an Ideologien vom "Kampf ums Dasein", von Auslese durch Leistung bis zur Rechtfertigung von Rassismus und Kolonialismus denkt. Solche Lehren als unwissenschaftlich und ideologisch einzuordnen, müßte Ziel gerade auch des Biologieunterrichts sein, will er die allgemeinen Zielsetzungen eines demokratischen Schulwesens ernst nehmen.

Derartig "spektakuläre" Beispiele sind zwar wegen ihrer gesellschaftlich-politischen Bedeutung besonders wichtig und zeigen, welche aufklärerische Funktion der naturwissenschaftliche Unterricht durch die historische Analyse auch heutzutage wahrnehmen kann; sie sollten jedoch nicht als einzige innerhalb eines ansonsten fachimmanenten Unterrichts auftauchen. Ebenso wesentlich ist es, die 'normalen' Phasen der Entwicklung des wissenschaftlichen Denkens in ihrem prozessualen Charakter zu vermitteln: Forschung und Theoriebildung müssen als Suche nach den materiellen Ursachen zunächst unverständlicher Naturerscheinungen und als immer bessere Erklärung einer erkennbaren Wirklichkeit zum Zwecke ihrer immer besseren Aneignung aufgefaßt werden — dies jedoch nicht in einem in sich abgeschlossenen, eindimensional fortschreitenden, sondern in einem von gesellschaftlichen Interessen und Bewußtseinsformen beeinflußten Prozeß, der auch heutzutage nicht beendet ist. Gute Beispiele für die Entfaltung, Wirksamkeit und Nutzung naturwissenschaftlicher Theorien, die sich über längere Zeiträume verfolgen lassen, sind etwa:

- das *Atommodell,* das in seinen verschiedenen Stufen die Struktur der Materie zunehmend besser erklärte und dementsprechend auch zunehmend produktiver angewendet werden konnte; und anhand dessen gleichzeitig die Entwicklung des theoretischen Denkens in den Naturwissenschaften verfolgt werden kann: von der spekulativ-naturphilosophischen Betrachtungsweise der Antike über die Aufstellung einfacher Denkmodelle zur Erklärung empirisch erfaßter Naturphänomene, über die Konstruktion eines geschlossenen (mechanistischen) Weltbildes zur Deutung des gesamten Naturgeschehens bis hin zu den abstrakten mathematischen Modellen der heutigen Quantenphysik, die wiederum eine Fülle offener Probleme enthalten;

- die *kosmologischen Systeme* und Theorien, die in vielen Epochen Abbilder der weltlichen Ordnung waren und diese in philosophisch oder religiös überhöhter Form zu rechtfertigen hatten, wobei die Einführung eines Bewegungs- und Entwicklungsprinzips im Kosmos von entscheidender Bedeutung auch für die gesellschaftlichen Verhältnisse war und zu erbitterten ideologischen Auseinandersetzungen führte, die im übrigen auch heute noch nicht beendet sind, wenn man an die zahllosen Versuche der Mystifizierung eines von den wissenschaftlichen Erkenntnissen der Astronomie geprägten Weltbildes denkt (Astrologie, Ufos etc.);

- die Theorien zur *Erklärung des Lebens* und der Entwicklung der Lebewesen, die jahrhundertelang primär weltanschaulich bzw. religiös geprägt waren, wobei nicht biologische Forschungen die entscheidende Rolle spielten, sondern von den jeweiligen Gesellschaftsverhältnissen bestimmte Bewußtseinsformen auch in der Wissenschaft durchschlugen, und die erst in der heutigen Zeit die materiellen Grundlagen alles Lebendigen, seiner Entstehung und Entwicklung in zunehmendem Maße aufdecken, ohne daß diese Erkenntnis jedoch bereits voll in das gesellschaftliche Bewußtsein eingedrungen wäre;

- im Zusammenhang damit die *Einordnung des Menschen ins System der Natur* und die Erkenntnis von den Unterschieden wie von der Wechselbeziehung zwischen seinem biologischen und seinem gesellschaftlichen Wesen. Gerade dies ist bis in die heutige Zeit hinein stark von religiösen und ideologischen Vorstellungen bestimmt und weist auf die gesellschaftliche Brisanz biologischer Erkenntnisse auch in der Gegenwart hin.

Alle diese naturwissenschaftlichen Theorien als Erklärungen grundlegender Fragen über die Natur sind untrennbar verbunden mit dem Stand der gesellschaftlichen Entwicklung und geprägt von den jeweiligen Denkweisen und

Bewußtseinsformen. Damit wird deutlich, daß auch die Vermittlung der
Naturwissenschaften in der Schule nicht auskommt ohne die historische
Komponente, ohne die systematische Einordnung des wissenschaftlichen
Erkenntnisfortschritts in seine gesellschaftlichen Vorbedingungen und Auswirkungen und ohne die Darstellung der Methoden, mit denen solche Erkenntnisse gewonnen und zu immer umfassenderen Theorien verarbeitet
wurden. Dabei soll nochmals betont werden, daß die Frage, in welchem Fach
diese Zusammenhänge wie differenziert und wie ausgedehnt darzustellen
sind, hier nicht geklärt werden kann, daß eine Koordination von Natur- und
Sozialwissenschaften jedoch zur gründlichen Klärung unerläßlich ist.

5. Der Stellenwert von Wissenschaftsgeschichte in der naturwissenschaft-
lichen Lehrerausbildung

Um den Stellenwert wissenschaftsgeschichtlicher Betrachtungen bei der Entwicklung und Durchführung von Lehrerstudiengängen richtig beurteilen zu
können, muß zunächst der Stand der Lehrerausbildung kurz beleuchtet
werden.
Bei den meisten Studienplänen für Lehramtsanwärter fällt der Mangel an
begründeten curricularen Leitideen und Konzepten auf. Auch der Einfluß der
Hochschuldidaktik hat, wenn man von wenigen Reformkonzepten absieht,
daran bislang kaum etwas ändern können. In der Praxis scheinen die meisten
Studienpläne für Lehrer naturwissenschaftlicher Fächer nach zwei ebenso
einfachen wie fragwürdigen Grundsätzen erstellt worden zu sein.
–   Was für Diplomstudenten gut ist, ist prinzipiell auch für Lehrerstudenten
    gut. Für diese reicht jedoch eine vereinfachte Ausführung.
–   Es ist dafür zu sorgen, daß möglichst alle Teilgebiete der Wissenschaft im
    Studiengang vertreten sind.

Das Resultat sind inhaltlich überfrachtete Studiengänge, die keinen einheitlichen, systematischen Überblick über die wissenschaftlichen Grundlagen und
die praktischen sowie didaktischen Zusammenhänge des gewählten Faches
vermitteln. Das an sich sinnvolle Ziel eines abgerundeten Überblicks über das
gesamte Fach kann immer weniger nur durch summarische Vollständigkeit
der Studienpläne erreicht werden.
Die wissenschaftsinterne Entwicklung der fortschreitenden Differenzierung
und Spezialisierung, die durch das rapide Anwachsen des Umfanges naturwissenschaftlicher Kenntnisse und Methoden erzwungen wird, steht der Entwicklung eines einheitlichen Bildes der Naturwissenschaften in ihrem Ent-
stehungs- und Verwertungszusammenhang entgegen. Die Entwicklung eines
solchen einheitlichen Bildes kann nur außerhalb (wenn auch in Verbindung
mit) der unmittelbaren fachwissenschaftlichen Forschung erfolgen; hier

sehen wir ein wichtiges eigenständiges Arbeitsgebiet der naturwissenschaftlichen Fachdidaktik an den Hochschulen.

Die damiz geforderte didaktische Generalisierung hat zwei wesentliche Aspekte:

a) die Herausarbeitung grundlegender Strukturen der Wissenschaften im Sinne etwa der "Allgemeinen Chemie" oder der "Allgemeinen Biologie" und

b) die Einordnung grundlegender Entwicklungen der Naturwissenschaften in fächerübergreifende Zusammenhänge.

Diese beiden Aspekte sind im Zusammenhang zu sehen, da die Entwicklung naturwissenschaftlicher Theorien und Methoden nicht unabhängig von der Entwicklung menschlichen Denkens und Handelns auf anderen Gebieten verstanden werden kann. Die bisherige fachdidaktische Forschung hat ihr Augenmerk im wesentlichen dem ersten Aspekt gewidmet, ohne den zweiten ausreichend mitzuberücksichtigen. Darin liegt eine Hauptursache für die immer deutlicher zutage tretende Legitiomationskrise des naturwissenschaftlichen Unterrichts.

An *Forderungen* nach einer Einordnung naturwissenschaftlicher Themen in übergeordnete Zusammenhänge fehlt es weder in Rahmenplänen noch in allgemeinen bildungspolitischen Konzepten[20]. So sind z.B. in der "Denkschrift der GDCh zur Lehrerbildung für den Chemieunterricht auf der Sekundarstufe II" eine ganze Reihe fächerübergreifender Ziele formuliert[21].

Ansätze zur *Realisierung* derartiger Forderungen beschränken sich jedoch in der naturwissenschaftlichen Lehrerausbildung im wesentlichen auf die Reformhochschulen. Dort wird in der Regel versucht, die Einbindung naturwissenschaftlicher Themen in übergeordnete Zusammenhänge durch problemorientierte Projekte zu erreichen.

Dem Anliegen, Naturwissenschaften in ihrem Entstehungs- und Verwertungszusammenhang zu vermitteln, können jedoch Projekte nur teilweise genügen, da die Exemplarität der Projektthemen eine *systematische* Erarbeitung solcher historischen und sozialwissenschaftlichen Aspekte der Naturwissenschaften nicht zuläßt. Neben die Projekte müßten Veranstaltungen treten, in denen wissenschaftsgeschichtliche Themen im Sinne dieses Ansatzes systematisch vermittelt werden. Derartige Veranstaltungen, die etwa als Seminare durchgeführt werden könnten, sollten mit fachwissenschaftlichen Veranstaltungen im Sinne integrierter Kurse verbunden sein.

Konzepte für Veranstaltungen, die diesen Ansprüchen genügen sollen, wurden im Modellversuch "Lehrerausbildung Naturwissenschaften" in Berlin erstellt[22, 23]. Eines dieser Konzepte, das für einen Fortgeschrittenenkurs in Organischer Chemie entwickelt wurde, wird im folgenden vorgestellt.

6. Historische Betrachtungen zum Thema "Organische Naturstoffe"

Im folgenden wird versucht, einen Überblick über parallele und zum Teil einander bedingende Entwicklungen in Wissenschaft, Technik, Wirtschaft und Gesellschaft zu geben, die mit der Erforschung und Verwendung der organischen Naturstoffe verbunden sind. Unter organischen Naturstoffen werden pflanzliche und tierische Produkte verstanden, nicht jedoch fossile Rohstoffe.

Anhand der Geschichte der Organischen Naturstoffchemie und der Biochemie sowie der korrspondierenden Produktionsbereiche können die wechselseitigen Beziehungen zwischen wissenschaftlichen und technisch-wirtschaftlichen Entwicklungen aufgezeigt werden. Es soll dabei die zunehmende gesellschaftliche Arbeitsteilung zwischen Grundlagenforschung, angewandter Forschung und Entwicklung der Produktion deutlich gemacht werden.

Historische Betrachtungen zeigen nicht nur diese Zusammenhänge auf, sondern sie gestatten es auch, notwendige Bedingungen der wissenschaftlichen Entwicklung deutlich zu machen sowie herauszuarbeiten, wie die einzelnen Schritte bei der Gewinnung der Erkenntnisse über die Stoffe und chemischen Vorgänge in lebenden Organismen aufeinander aufbauten und weiter aufbauen.

6.1. Das gesellschaftliche Interesse an pflanzlichen und tierischen Produkten

Seit alters her verwenden die Menschen pflanzliche und tierische Produkte als Nahrungsmittel, Heilmittel und Rohstoffe zur Herstellung von Kleidung, Behausung oder Transportmitteln. Auch das wissenschaftliche Interesse an diesen Naturstoffen war und ist eng mit dem praktischen Interesse verbunden. Eine wichtige Grundlage für die Entwicklung der modernen Chemie war das in den Apotheken erarbeitete und gesammelte Wissen über Stoffe, bei denen heilsame Wirkungen vermutet oder nachgewiesen wurden.

Im 18. Jahrhundert richtete sich das Interesse der Wissenschaft auch besonders auf das Problem der Verbesserung der landwirtschaftlichen Produktion. Die Preußische Akademie der Wissenschaften stellte im letzten Viertel des 18. Jahrhunderts eine Reihe von Preisaufgaben, die Fragen nach Verbesserungen im Futterbau, der Koppelwirtschaft oder der Düngung enthielten[24].

Das Problem einer ausreichenden Nahrungsmittelversorgung war ein Hauptproblem zur Zeit der Industrialisierung Ende des 18. und im 19. Jahrhundert. Mit dem Wachstum der Städte und dem allgemein einsetzenden Bevölkerungszuwachs konnte die Entwicklung der Produktivität in der Landwirtschaft zunächst nicht mithalten. In Deutschland wuchs nicht nur der Inlandbedarf stark an, auch die Ausfuhren von Weizen, Gerste, Hafer und Vieh stiegen. Die Verbesserungen landwirtschaftlicher Produktionsmethoden durch Übergang von der Dreifelderwirtschaft zur Fruchtwechselwirtschaft und die Einführung kapitalistischer Produktionsweisen reichten zur Befriedigung des gestiegenen Bedarfs nicht aus[25]. Schlimme Hungersnöte in der ersten Hälfte des 19. Jahrhunderts zwangen zu intensiven Bemühungen auch der Wissenschaft um Verbesserungen.

6.2. Die Einführung der künstlichen Düngung

Nur grundlegende Neuerungen, die auf der Nutzung wissenschaftlicher Erkenntnisse und industriell gefertigter Arbeitsmittel beruhten, konnten die erforderlichen Verbesserungen in der Landwirtschaft hervorbringen.

Neben der Mechanisierung der Landwirtschaft war die Einführung der *Mineraldüngung* die wichtigste Neuerung. Ein planmäßiger Einsatz von Mineraldünger konnte aber erst erfolgen, als die Grundprobleme der Pflanzenphysiologie und insbesondere die Bedeutung des Bodens für die Pflanzenernährung wissenschaftlich erforscht waren. Bahnbrechend waren hier die Arbeiten LIEBIG's und insbesondere sein Werk "Die Chemie in ihrer Anwendung auf Agricultur und Physiologie" aus dem Jahr 1840[26]. Der Name JUSTUS v. LIEBIG ist eng mit der Entstehung der modernen Chemie in Deutschland verbunden. LIEBIG begann sein Studium inspiriert durch die gewerblichchemische Arbeit seines Vaters, der für seinen Drogenladen nach Rezepten aus chemischen Handbüchern Lacke, Firnisse, Wachse, Schuhcreme und allerlei mineralische Farben herstellte und im Garten verschiedene Sämereien züchtete, um Düngeversuche anzustellen. Ursprüngliches Ziel des Studiums war der Erwerb nützlicher Kenntnisse, die im väterlichen Geschäft gewinnbringend angewendet werden sollten. Während des Studiums wurde LIEBIG immer klarer, daß zur Systematisierung der in unüberschaubarer Weise angewachsenen chemischen Kenntnisse und Verfahren die Weiterentwicklung der jungen chemischen Wissenschaft auf der Grundlage exakter experimenteller Untersuchungen und Bestimmungen eine Hauptaufgabe seiner Zeit war. Erst auf dieser wissenschaftlich fundierten Basis konnte man daran gehen, die Wissenschaft Chemie als Grundlage der Anwendung in der chemisch-gewerblichen Praxis auszunutzen. Die experimentellen und theoretischen Arbeiten LIEBIG's waren ein wichtiger Grundstein für die moderne organische Chemie. Ein Schwerpunkt in LIEBIG's späterem Werk war die Anwendung der Chemie auf dringende Probleme der Ernährung und der Gesundheit. In seinem Werk "Die Chemie und ihre Anwendung auf Agricultur und Physiologie" (1840) zieht er die damals neuesten Kenntnisse auf dem Gebiet der Chemie, speziell der organischen, zum Verständnis der chemischen Vorgänge im pflanzlichen und tierischen Organismus heran und wendet sie auf ein Gebiet höchster gesellschaftlicher Bedeutung, die Agrikultur, an. LIEBIG hat in diesem Buch die auf PRIESTLEY, INGENHOUSE, de SAUSSURE u.a. zurückzuführenden pflanzenphysiologischen Kenntnisse zusammengefaßt, durch eigene Ergebnisse erweitert und auf einem höheren wissenschaftlichen Niveau verallgemeinert. Damit war ein Punkt erreicht, an dem die Wissenschaft zur Lösung praktischer landwirtschaftlicher Probleme sinnvoll eingesetzt werden konnte, auch wenn bei LIEBIG's Arbeiten zur Einführung der künstlichen Mineraldüngung noch viele Schwierigkeiten überwunden werden mußten. LIEBIG schreibt in einem Brief an WÖHLER zur Bedeutung seiner agriculturchemischen Arbeiten (1862):

"Alles, was wir tun und treiben, schaffen und entdecken, scheint mir unbedeutend gegen das gehalten, was der Landwirt erzielen kann. Unsere Fortschritte in Kunst und Wissenschaft vermehren nicht die Bedingungen der Existenz der Menschen, und wenn auch ein kleiner Bruchteil der menschlichen Gesellschaft an geistigen und materiellen Lebensgenüssen gewinnt, so bleibt die Summe des Elends in der großen Masse, die nämliche (...). Der Fortschritt des Landwirts (...) hingegen lindert die Not und die Sorgen der Menschen (...), gibt unseren Fortschritten erst den Boden und den rechten Segen." (nach STRUBE)[27]

Der Chilesalpeter fand bald als *Stickstoffdünger* Anwendung. Ein weiteres wichtiges Düngemittel wurde das Ammoniumsulfat, das als Nebenprodukt der Kokereien und Gaswerke mit der zunehmenden Produktion von Koks und Leuchtgas in steigendem Maße anfiel. In den 60er Jahren des vorigen Jahrhunderts begann die massenhafte Verbreitung der *Kalidüngung,* für die in Deutschland durch die reichen Kalilager günstige Voraussetzungen bestanden. Um 1870 setzte sich die *Phosphatdüngung* endgültig durch. Seit 1866 wurde Thomasmehl, ein Nebenprodukt der sich stürmisch entwickelnden Stahlproduktion, als Phosphatdünger eingesetzt[28].

Der Bedarf an Mineraldünger war nach den Bedürfnissen der Textilindustrie (Soda, Farbstoffe, Bleichmittel) und neben der sich allmählich entwickelnden industriellen Arznei-
mittelproduktion eine weitere wichtige Wurzel für die Entstehung der chemischen
Großindustrie.
Einen großen Fortschritt für die Landwirtschaft bedeutete die mit der Ammoniaksynthese durch HABER und BOSCH geschaffene Möglichkeit einer nicht durch Rohstoff-
knappheit beschränkten Stickstoffdüngerproduktion. Die Bedeutung dieses Verfahrens
zur Sicherung der menschlichen Ernährung darf allerdings nicht vergessen lassen, daß
seine Entwicklung im 1. Weltkrieg vorrangig im Zeichen der Vernichtung von Millionen
Menschen stand. Ohne die über synthetischen Ammoniak gewonnenen Sprengstoffe
hätte der 1. Weltkrieg wesentlich weniger lange gedauert und nur einen Teil der tatsächlichen Verluste gekostet.

6.3. Grundlagen der Physiologischen Chemie

War mit den neuen experimentellen Methoden und den chemischen Theorien bis zur
Mitte des vorigen Jahrhunderts die Möglichkeit für eine sinnvolle und zielgerichtete
Erforschung natürlicher und synthetischer organischer Verbindungen und ihrer Reaktio-
nen geschaffen worden, so mußten doch einige Bedingungen erfüllt sein, bevor sich die
Chemie mit Erfolg an die Erforschung chemischer Prozesse in lebenden Systemen bege-
ben konnte.
LIEBIG erkannte die Bedeutung der Chemie für die Physiologie bereits früh. In seinem
Werk "Thier-Chemie oder die organische Chemie in ihrer Anwendung auf Physiologie
und Pathologie" (1843) schrieb er:

> "Die Chemie stand der Physik vor LAVOISIER, SCHEELE und PRIESTLEY nicht
> näher, als heutzutage der Physiologie; sie ist jetzt mit der Physik so innig verschmol-
> zen, daß es schwer halten dürfte, zwischen beiden eine scharfe Grenzlinie zu ziehen;
> ganz dasselbe Band vereinigt die Chemie mit der Physiologie, und in einem halben
> Jahrhundert wird man ihre Trennung für ebenso unmöglich halten."[29]

Voraussetzung dafür, daß das Band zwischen Chemie und Physiologie geknüpft werden
konnte, war die Isolierung und Aufklärung der in Pflanzen und Tieren enthaltenen
Stoffe. Die große Zeit der Naturstoffchemie begann. Die Kenntnisse über die Fette
konnten früh abgerundet werden; es folgten die Arbeiten über die Kohlehydrate, an
denen E. FISCHER hervorragenden Anteil hatte. Am schwierigsten war die Erforschung
der Proteine, die entsprechend spät erst Erfolge zeigte.

6.4. Fette

Die Gewinnung pflanzlicher und tierischer Fette für die Ernährung, als Brennstoffe für
Lampen, zur Lederpflege und zu medizinischen und kosmetischen Zwecken hat eine
ebenso lange Tradition wie die Herstellung von Seifen aus Fetten. Die wissenschaftliche
Untersuchung der Fette und des Verseifungsvorgangs begann 1811 mit den Untersuchungen CHEVREUL's, die bei der Analyse einer aus Schweineschmalz gewonnenen Kali-
seife ihren Anfang nahmen. Schon bald erlangten CHEVREUL's Arbeiten industrielle
Bedeutung. Die *Seifenindustrie* entwickelte sich in rationeller Weise. Zugleich bildete sie
den Ausgangspunkt für die *Stearinindustrie*. Die Verbesserung des Beleuchtungswesens
war ein starkes Bedürfnis in der damaligen Zeit, das GOETHE 1815 so formulierte:

> "Wüßte nicht, was sie Besseres erfinden könnten, als wenn die Lichter ohne Putzen
> brennten." (nach GRAEBE)[30]

Im Jahre 1825 nahmen GAY-LUSSAC und CHEVREUL ein Patent auf die Fabrikation
von Lichtern aus Stearinsäure. Einige Jahre später gelangte das Verfahren nach Weiter-

entwicklung durch de MILLY zur industriellen Anwendung.

Um 1870 entwickelte der französische Chemiker MEGE-MOURIES die erste *Margarine,* deren Herstellungsverfahren nach Einführung der *Fetthärtung* (Hydrierung ungesättigter Fettsäuren) durch NORMAN (1901) weiterentwickelt werden konnte.

Mit der Entwicklung neuer Verfahren bei der Herstellung von Margarine und Seife ist der Aufstieg des größten Lebensmittelkonzerns der Welt, UNILEVER, eng verbunden.

1885 begann der englische Kaufmann William H. LEVER, in einer gemieteten Fabrik selber Seife herzustellen. In wenigen Jahren entwickelte sich aus diesen bescheidenen Anfängen ein marktbeherrschender multinationaler Konzern. W. GREILING beschreibt diese Anfänge so:

"Als Lever anfing, sich als Seifenfabrikant zu betätigen, war die nach herkömmlicher Art betriebene Kernseifenfabrik ein hoffnungsloses Gewerbe. Die Großhändler, wie Lever, wollten den Fabrikanten nicht mehr als 40 Pfennig für das Kilo Kernseife zahlen. Der Talg, aus dem die Kernseife mit Hilfe von Ätznatron gemacht wurde, kostete aber schon 60—80 Pfennig. Ätznatron kostete 50 Pfennig, und aus einem Kilo Talg bekam man nicht einmal zwei Kilo Seife. Man behalf sich mit billigen Knochenfetten und Abdeckereifetten. Wenige Jahre später war der Preis von Ätznatron bis auf 20 Pfennig zurückgegangen. Rindertalg wurde nur noch wenig gebraucht und das alte Verfahren der Seifengewinnung kaum noch angewendet. Die Pflanzenöle waren billiger. Sie kosteten zeitweise weniger als die Hälfte des Talgpreises und ließen sich leichter verseifen. Man lernte, mit immer weniger harten Fetten auszukommen und immer mehr Pflanzenöle mitzuverwenden. Außerdem gewann man aus den abfallenden Unterlaugen das Glyzerin wieder, für das damals bis 80 Mark je 100 kg bezahlt wurden. Damals wurden immer größere Mengen von Glyzerin für die Schießpulver- und Dynamitfabrikation gebraucht. Lever hatte also das unerhörte Glück, im ausgerechnet einzig günstigen Zeitpunkt mit der Seifenerzeugung zu beginnen. Er konnte seine Seifenfabrik gleich nach den neuesten technischen Errungenschaften einrichten und führte auch vom ersten Tage an die Zurückgewinnung des Glyzerins durch. Man bezeichnete sein Unternehmen als Glückspilzkonzern und Neuntagewunder. Das Geheimnis seines einzigartigen Erfolges lag aber noch in zwei weiteren Umständen: Er hatte sein Geschäft von zwei Seiten her auf eine sichere Grundlage gestellt, von der Absatzseite und von der Rohstoffseite. Das guteingeführte Einzelhandelsgeschäft sicherte ihm den Absatz zusammen mit der so recht den englischen Geschmack entsprechenden Marke*, die in dem verräucherten, nebligen Lancashire stets die Erinnerung an schön verlebte Sommertage wachrief. Gegen diese Marke konnte keine andere Seife aufkommen. In der Qualität und in der billigen technischen Herstellung war Lever allen seinen Wettbewerbern überlegen, weil seine Fabrik ganz neu war. Er begnügte sich aber nicht damit, sondern ging sofort dazu über, unmittelbar in Übersee die Rohstoffe einzukaufen, ebenso wie er früher Butter und Eier für seinen Kolonialwarenladen in Irland gekauft hatte. So konnte er seine Wettbewerber in die Zange nehmen. Er schnürte ihnen den Absatz ab mit seiner Markenreklame und lieferte ihnen zugleich den Rohstoff teurer als sich selbst."[31]

Mit den Rohstoffen für Seifen, den Fetten und Ölen besaß die Firma eine günstige Ausgangsposition für den Einstieg in die Margarineproduktion. Außerdem gelang es LEVER, die Patente für das von NORMAN entwickelte Verfahren zur Fetthärtung zu erhalten. Bald wurde LEVER zu einem der größten Plantagenbesitzer in den Tropen und beherrschte den Walfang und 75% der Waltrangewinnung der Welt.

---

*   sunlight = Sunlicht (Sonnenlicht)

In vielen Ländern wurden Firmen gegründet oder übernommen. Bereits 1930 entfielen auf den Lever-Konzern 75% der deutschen Margarineerzeugung. Der Produktionsbereich wurde schnell erweitert und umfaßte bald die wichtigsten Sparten der Nahrungsmittelindustrie. Einige Jahrzehnte stand der Lever-Konzern nach Umsatz, Kapital und Beschäftigten an der Spitze aller Industriefirmen der Welt. Heute hat allein die Deutsche Unilever GmbH in Hamburg 35.400 Beschäftigte (1975) und 6,5 Milliarden Umsatz. Folgende Tochter- und Beteiligungsgesellschaften gehören in Deutschland zum Unilever-Konzern:

Langnese-Iglo GmbH, Lever-Sunlight GmbH, "Nordsee" Deutsche Hochseefischerei GmbH, VP Vereinigte Pulverlack GmbH u.a.[32]

6.5. Kohlenhydrate

Die Kohlenhydrate sind mengenmäßig die wichtigste Naturstoffgruppe. Sie sind ein Hauptbestandteil der Nahrung und in Pflanzenfasern und Holz Bestandteil wichtiger Roh- und Werkstoffe. Stellvertretend sollen hier die Cellulose sowie Stärke und Zucker genauer betrachtet werden[33].

Cellulose

wurde als Rohstoff für Papier und Textilien schon frühzeitig verwendet. Die Isolierung von unerwünschten pflanzlichen Nebenbestandteilen geschah durch enzymatische Zersetzung (Röste) oder durch Kochen mit Laugen. Die auf handwerklichen Erfahrungen beruhenden Kenntnisse über die Cellulose wurden im 19. Jahrhundert durch wissenschaftliche Untersuchungen erweitert, die alte Verwendungsbereiche belebten und neue erschlossen. 1844 gelang KELLER die *Papiererzeugung* als Holzschliff, und 1866 erfand TILGHMAN das Sulfitaufschlußverfahren zur Cellulosegewinnung aus Holz, das ebenfalls für die Papierherstellung Bedeutung erlangte. Bei Untersuchungen über das Oxidationsvermögen von Gemischen aus Schwefelsäure und Salpetersäure entdeckte SCHÖNBEIN 1846 die *"Schießbaumwolle"*, die schnell große Bedeutung in der Sprengstoffindustrie gewann. Aus der "Schießbaumwolle", dem Cellulosenitrat, wurde 1869 von HYATT durch Erzeugung einer festen Lösung mit Campher der erste *Kunststoff,* das *Celluloid,* entwickelt. Die Verwendung von Celluloid als Grundlage für Filme ist wegen der Feuergefährlichkeit dieses Materials inzwischen aufgegeben worden. Als nach dem 1. Weltkrieg im Zuge der Abrüstung Verwendungsmöglichkeiten für das Cellulosenitrat der Munitionsfabriken gesucht wurden, bürgerte sich die Verwendung als Lackgrundlage ein *(Nitrolack)*[34].
Nicht nur der erste Kunststoff wurde auf der Basis der Cellulose hergestellt, auch die ersten *Kunstfasern* wurden auf dieser Grundlage entwickelt. Der 1884 eingeführten Nitrat-Kunstseide (Chardonette-Seide) folgten die Viskose-, Kupfer- und Acetatseiden, die auch heute noch unter der Sammelbezeichnung Rayon eine große wirtschaftliche Bedeutung haben. Heute ist Cellulose einer der wichtigsten Rohstoffe für zahlreiche Industriezweige. Neben der Verwendung in der Papier- und Textilindustrie gewinnt sie an Bedeutung als Rohstoff für Vliesstoffe und dient in abgewandelter Form als Ausgangsmaterial für zahllose Kunststoffe, Kunstfasern, Explosivstoffe und Lacke. In der Chemie finden Celluloseprodukte als Ionenaustauscher und Absorbentien für die Chromatographie Verwendung.

Stärke und Zucker

Die Stärke zog das Interesse der Wissenschaft als einer der wichtigsten Nährstoffe früh auf sich. Umwandlungen der Stärke bei der Gewinnung von Nahrungsmitteln, insbesondere bei der Mälzung in der Bierbrauerei, waren lange bekannt. Die Umwandlung von Stärke in *Stärkezucker* (Dextrin) ist nur ein Beispiel für die vielfältige Verwendung der Stärke in der Lebensmittelindustrie. Ein großer Teil der erzeugten Stärke wird zu *Alkohol* vergoren. Industriell gewonnene, gereinigte Stärke wird zur Herstellung von *Klebstoffen,* als Papierhilfsmittel zum Leimen des Papiers und in der Textilindustrie zum Appretieren und Beschweren neuer Gewebe verwendet. Ferner dient die Stärke in der pharmazeutischen Industrie, der Kosmetikindustrie und anderen Bereichen als Zusatz- und Füllstoff.

Die Gewinnung von *Zucker* (Raffination) geht bis auf die Araber zurück. Zucker konnte bis ins 18. Jahrhundert hinein nur aus Zuckerrohr erhalten werden. Da der Zucker dadurch sehr teuer war, bestand ein starkes Interesse an der Substitution des Zuckerrohrs durch einheimische Pflanzen. Die Gewinnung von Zucker aus Zuckerrüben wurde unter den ökonomischen Bedingungen der Kontinentalsperre NAPOLEONs bis zur industriellen Ausführung gebracht. Nach Aufhebung der Kontinentalsperre ging die Rübenzuckerproduktion erst wieder zurück, da sie gegenüber der Rohrzuckergewinnung unter normalen wirtschaftlichen Bedingungen noch nicht konkurrenzfähig war.

Die Einführung neuer industrieller Produktionsmethoden (Pressen, Zentrifugieren etc.) und die Anwendung wissenschaftlicher Instrumente zur Kontrolle der Produktionsprozesse führten dann zu weiteren Fortschritten und zum Entstehen einer beachtlichen *Zuckerindustrie* in Europa.

Zucker werden neben ihrer vielseitigen Anwendung in der Lebensmittelindustrie mit höheren Fettsäuren verestert als Tenside in der Waschmittel- und Kosmetikbranche verwendet.

Die Kohlenhydrate speichernden Pflanzen sind die wichtigsten Weltwirtschaftspflanzen. Der Ertrag der Getreideernten ist auch heute noch für Millionen Menschen eine Frage des Überlebens. Zur Veranschaulichung ist hier die Weltproduktion an Getreide und anderen Kohlenhydrate liefernden pflanzlichen Produkten im Jahr 1968 (nach SCHÜTT)[35] aufgeführt:

	Weltproduktion in Mill. t
Getreide insgesamt	1.179,5
Weizen	332,5
Reis	284,1
Mais	251,1
Gerste	130,7
Hirse	85,1
Hafer	54,2
Roggen	33,4
Zuckerrohr	508,5
Zuckerrübe	234,9
Kartoffel	315,5
Batate	135,3
Maniok	82,7
zusammen	2.448,0

Die Gesamtproduktion an Kohlenhydrate liefernden pflanzlichen Produkten betrug also im Jahre 1968 etwa 2 1/2 Milliarden Tonnen, das ist bei einer Weltbevölkerung von ca. 3 Milliarden Menschen fast eine Tonne pro Kopf und Jahr.

Trotzdem leiden ca. 400 Millionen Menschen an Hunger. Auf die weltwirtschaftlichen und politischen Probleme der Welternährung kann hier nur aufmerksam gemacht, aber nicht eingegangen werden (siehe hierzu aus der Reihe TECHNOLOGIE und POLITIK

bei rororo-aktuell den Band WELTHUNGERKATASTROPHE und AGRARPOLITIK,
herausgegeben von F. DUVE)[36].

6.6. Proteine

Die Proteine stellten neben den Kohlenhydraten und Fetten die dritte Hauptgruppe der
Nährstoffe dar. Obwohl bereits im 18. Jahrhundert wissenschaftliche Kenntnisse über Ei-
weiße und die Eiweißverdauung gesammelt wurden, wird erst im 19. Jahrhundert mit der
als Folge der Napoleonischen Kriege und im Zuge der Industrialisierung einsetzenden
Nahrungsmittelknappheit der Einsatz wissenschaftlicher Methoden zur Verbesserung
der Eiweißgewinnung zu einer gesellschaftlichen Notwendigkeit.
Die Chemie der Eiweißverbindungen war jedoch zunächst mit unüberwindbaren Schwierigkeiten verbunden. Die Eiweißverbindungen, die sich nicht kristallisieren lassen und
sich leicht zersetzen, stellen allgemein wegen ihrer physikalischen und chemischen
Eigenschaften das ungeeignetste Material für die chemische Konstitutionsforschung
dar. Gleichzeitig war Forschern wie LIEBIG und E. FISCHER die Bedeutung der Erforschung der Eiweißverbindungen für die weitere Entwicklung der biologischen und chemischen Wissenschaften voll bewußt. E. FISCHER sagte zu diesem Problem in seiner
Antrittsrede an der Berliner Universität 1892:

"So lange man aber von den chemischen Trägern des Lebens, den Eiweißstoffen
kaum mehr als die prozentische Zusammensetzung kennt, so lange man nicht
einmal den fundamentalen Prozeß der organischen Natur, die Verwandlung der
Kohlensäure in Zucker in den grünen Pflanzen erklären kann, müssen wir einge-
stehen, daß die physiologische Chemie noch in den Kinderschuhen steckt. Wird sie
jemals imstande sein, die verwickelten Vorgänge im Pflanzen- und Tierleibe bis in
die Einzelheiten zu verfolgen und ihren Einfluß auf die Formbildung festzustellen?
Wird es möglich sein, den durch Krankheit gestörten Stoffwechsel unseres eigenen
Körpers zu regulieren und so den Traum der Alchimisten vom Lebenselixier teilweise zu verwirklichen? Ich zweifle nicht daran. Aber die Hilfsmittel zur Erwerbung
dieser Kenntnisse müssen der Physiologie von der organischen Chemie geliefert
werden, und das scheint mir eine so vornehme Aufgabe der letzteren zu sein, daß
ich an der Lösung derselben nach Maßgabe meiner Kraft teilnehmen will."

Und derselbe in seinem Nobel-Vortrag 1902:

"Trotzdem wird das chemische Rätsel des Lebens nicht gelöst werden, bevor nicht
die organische Chemie ein anderes noch schwierigeres Kapitel, die Eiweißstoffe,
in gleicher Art wie die Kohlenhydrate bewältigt hat. Es ist darum begreiflich, daß
ihm sich das Interesse der organischen und der physiologischen Chemiker in immer
steigendem Maße zuwendet, und auch ich selbst bin seit einigen Jahren damit
beschäftigt."[37]

An dieser Stelle soll der mühevolle Weg der Eiweißchemie von der Isolierung und Struk-
turaufklärung der Aminosäuren über die Entwicklung der Peptidsynthesen, die Moleku-
largewichtsbestimmungen und die Forschungen auf dem Gebiet der Enzymchemie bis
zur Sequenzanalyse und der Entwicklung der α-Helix-Struktur nicht im Einzelnen nachvollzogen werden. Genaueres hierzu findet sich bei WALDEN[38] und NEUFELD[39].
Es soll jedoch noch etwas zur Beziehung E. FISCHERs zur chemischen Industrie gesagt
werden.
FISCHERs Interesse an der physiologischen Chemie war nicht nur durch die richtige
Erkenntnis der weiteren Entwicklungsmöglichkeiten und -richtungen der organischen
Chemie bedingt. Auch die wirtschaftliche Bedeutung dieser Forschungsrichtung war ihm
aufgrund seiner engen Beziehungen zur chemischen Industrie bewußt. Besonders der

pharmazeutischen Industrie, die FISCHER u.a. die Schlafmittel Veronal und Proponal verdankt, eröffneten sich durch diesen Zweig der organischen Chemie neue Möglichkeiten. Während des 1. Weltkrieges hatte E. FISCHER übrigens u.a. als Vorsitzender des "Nährstoff-Ausschusses" und des "Kriegsausschusses für Ersatzfutter" wesentlichen Anteil an der Umstellung der chemischen Industrie auf kriegswirtschaftliche Erfordernisse und insbesondere bei der Rohstoffbeschaffung für Munition und Ernährung, die durch das Ausbleiben der Importe (Chilesalpeter etc.) ein kriegswichtiges Problem war (s. C. DUISBERG)[40].

Eines der FISCHER außerhalb der eigentlichen Chemie am brennendsten interessierenden Probleme war die Krebsbekämpfung. Im Gegensatz zu vielen anderen medizinisch-pharmazeutischen Problemen war ihm hier allerdings kein Erfolg beschieden.

Das praktische Interesse an den Proteinen war in ihrem hohen Nährwert als Nahrungsmittel begründet. Der Mangel an Nahrungseiweiß war in der ersten Hälfte des 19. Jahrhunderts ein drängendes soziales und medizinisches Problem, an dessen Lösung aufgrund des mit Eiweißmangelernährung verbundenen Leistungsabfalls auch Arbeitsherren und Militärs ein beträchtliches Interesse hatten. LIEBIG's Fleischextrakt, der 1847 entwickelt wurde, war ein wichtiger Beitrag zur Verbesserung der Versorgung mit Proteinen. Auch die ersten größeren Erfolge der Enzymchemie fallen in die Zeit LIEBIG's. Wissenschaftliche Kenntnisse über Bau und Wirkungsweise der Enzyme gestatteten es, traditionsreiche biotechnologische Verfahren wie die Bier- und Weinherstellung und die Milchaufbereitung weiterzuentwickeln.

Der Eiweißmangel ist auch heute ein wichtiger Aspekt des Welternährungsproblems. Diesem Mangel kann durch Anwendung traditioneller Mittel wie der Ausweitung des Konsums von Fisch als Eiweißlieferanten nur in beschränktem Maß begegnet werden. Auch die Anwendung der chemischen Düngung zur Steigerung der Futterpflanzenproduktion kann nur zu einer begrenzten Verbesserung der Eiweißversorgung beitragen. Langfristig bieten hier nur neue Verfahren auf biologischer und chemischer Basis eine Alternative.

Seit etwa 1951 sind Arbeiten zur Erzeugung von Eiweiß und Fett durch Algenkulturen bekannt. Diese Verfahren zeichnen sich durch sehr hohe Hektarerträge aus. In jüngerer Zeit ist es gelungen, Eiweiß mit Hilfe von Mikroorganismen durch Gärung aus Erdölprodukten zu erzeugen. So gewonnenes Eiweiß ist sehr preiswert, und es kann, abgesehen von den begrenzten Erdölreserven, in großen Mengen erzeugt werden. Bisher wird derartiges Eiweiß nur zur Tierfütterung verwendet. Bemühungen, es für die direkte menschliche Ernährung brauchbar zu machen, sind im Gange.

Eiweiß wird nicht nur zur Nahrungsmittelgewinnung erzeugt, sondern auch industriell weiterverarbeitet. Aus Milch gewonnenes Eiweißpulver, das *Casein*, ist der Grundstoff für einen der ältesten Kunststoffe "Galalith", der bis heute noch Verwendung findet. Casein wird weiter zur Herstellung von Kleb- und Bindemitteln verwendet. *Gelatine* ist ein aus Schlachthausabfällen und Knochen gewonnenes Eiweiß, das in der Nahrungsmittelindustrie (Aspik, Pudding), als Trägermaterial für Filme und in Kosmetik und Pharmazie gebraucht wird.

Die *Enzyme* gewannen auch bald große technische Bedeutung. Neben ihrer Anwendung in der Nahrungsmittelindustrie (Bäckerei, Gärungsgewerbe, Käserei) kommen Enzyme bei der Gewinnung vieler chemischer Spezialerzeugnisse (z.B. Antibiotika und Hormone), in Waschmitteln und bei der Abwasserreinigung zum Einsatz.

6.7. Herausbildung und Anwendung der modernen Biochemie

Nachdem auf der Grundlage der Vorarbeiten von FISCHER, CURTIUS, HOFMEISTER und vielen anderen um 1950 mit der Sequenzanalyse der Durchbruch in der Proteinchemie erfolgt war und auch die Ergebnisse der anderen Bereiche der Naturstoffchemie sich abrundeten, konnte sich die Biochemie voll entwickeln. Die wichtigsten Entwicklungsschritte waren nach LEHNINGER[41]:

1937	postuliert KREBS den Citronensäure-Cyclus
1948-50	KENNEDY und LEHNINGER entdecken, daß der Citronensäure-Cyclus, der oxidative Fettsäure-Abbau und die oxidative Phosphorylierung in den Mitochondrien ablaufen
1951	PAULING und COREY schlagen die α-Helix vor
1953	WATSON und COREY postulieren das Doppelhelix-Modell der DNS-Struktur
1954	CALVIN und Mitarbeiter formulieren den reduktiven Pentosephosphat-Cyclus (Calvin-Cyclus), über den der photosynthetische CO_2-Einbau in Pflanzen verläuft (s. FISCHER's Ausführungen aus dem Jahre 1892!)
1954	ARNON und Mitarbeiter entdecken die photosynthetische Phosphorylierung
1966	Tagung in Cold Spring Harbor, mit der die Aufklärung des genetischen Codes abgeschlossen ist.

Mit der modernen Biochemie haben auch die angewandten Biowissenschaften mächtige Impulse bekommen.

Gärungstechnologie und Lebensmitteltechnologie bekommen immer mehr den Charakter angewandter Biochemie.

Die Molekulargenetik gibt der wissenschaftlichen Tier- und Pflanzenzüchtung wertvolle Impulse. Genaue Kenntnisse von den Stoffwechseleigenarten der Schädlinge und Krankheitserreger lassen eine gezieltere und damit auch umweltfreundlichere Bekämpfung derselben zu. Allgemein gewinnt die Erforschung und gezielte Beeinflussung ökologischer Systeme im Zuge der stark zunehmenden Eingriffe des Menschen in natürliche Gleichgewichte immer stärker an Bedeutung. Die Biochemie ist eine wichtige Grundlage zum Verständnis ökologischer Systeme. Umweltverschmutzung und Strahlenbelastung können nur unter Einbeziehung der Erforschung molekularer Wirkungsmechanismen in lebenden Organismen in ihren Folgen richtig erkannt werden.

Die Bedeutung der Biochemie bei der Entwicklung neuer Nahrungsmittel- und insbesondere Eiweißquellen nimmt ständig zu.

7. Vorschläge für die Behandlung der Organischen Naturstoffe in der Chemielehrerausbildung und im Chemieunterricht

Die meisten der in den bisherigen Ausführungen genannten Stoffklassen und Teilbereiche der Organischen Chemie sowie viele der aufgeführten Produktionsverfahren sind selbstverständlicher Teil des Chemieunterrichts an der Schule.

So wird durch die hier angesprochenen Inhalte etwa ein Drittel der nach dem Rahmenplan für die Berliner Schulen im Chemieunterricht zu behandelnden Stoffe und Stoffklassen abgedeckt. In neueren Schulbüchern werden in verstärktem Umfang technologische Probleme und Produktionsverfahren zum Teil recht detailliert dargestellt. So werden in zwei modernen Schulbüchern (CHRISTEN: Struktur, Stoff, Reaktion — Organische Chemie, für Sek. II[42] und SCHLEIP/WIEDERHOLT: Chemie, für Sek. I[43]) die folgenden Verfahren aus dem hier behandelten Bereich dargestellt oder erwähnt:

Ammoniaksynthese
Kunstdüngerproduktion
Margarine- und Ölproduktion
Seifen- und Waschmittelherstellung
Essigsäurefabrikation
Alkoholgewinnung, Bierbrauerei
Zuckerfabrikation
Papierherstellung
Kunstfaserproduktion auf Cellulosebasis
Eiweißgewinnung aus Erdöl, Alkohol etc.

An einigen Stellen sind in den genannten Schulbüchern gesellschaftlich wichtige Problemstellungen angesprochen, die mit einzelnen chemischen Verfahren zusammenhängen. So wird z.b. bei der Ammoniaksynthese auf die Anwendung der Chemie für Kriegszwecke und bei den Waschmitteln auf das Problem der Eutrophierung der Gewässer eingegangen. Während im Bereich der Schule die in dem vorliegenden Konzept angestrebte Einbeziehung technologischer, wirtschaftlicher und gesellschaftlicher Themen in die Darstellung wichtiger Gebiete der Organischen Chemie und der Biochemie in gewissem Maß selbstverständlich ist, ist bei den auch für die Lehrerausbildung verwendeten Hochschullehrbüchern die umgekehrte Tendenz zu einer rein wissenschaftlichen Darstellung ohne Praxisbezug festzustellen. Das ist sicher zum einen darauf zurückzuführen, daß die Lehrbuchautoren primär Diplomstudenten als Zielgruppe ansehen, und hängt zum anderen mit der zunehmenden theoretischen Orientierung der Organischen Chemie zusammen.

Für die Lehrerausbildung ergibt sich hier das Problem geeigneter Literatur zu Themen, die über rein fachwissenschaftliche Fragestellungen hinausgehen. Diesem Problem kann zum Teil durch Einbeziehung geeigneter Schulbücher in die Arbeit im Kurs begegnet werden. Die Einbeziehung von curricularem Material für den Schulunterricht in die fachliche Ausbildung von Lehrerstudenten ist ohnehin im Sinne einer Verzahnung von Fachwissenschaft und Fachdidaktik zu fordern.

Die hier zusammengestellten Fakten und die aufgezeigten Entwicklungszusammenhänge können als Grundlage (bzw. Material) für die inhaltliche Gestaltung einer Lehrveranstaltung zur Ausbildung von Chemielehrern dienen. Abschließend wird ein Vorschlag zur Strukturierung einer solchen Veranstaltung gemacht. In den Literaturhinweisen wird der Schwerpunkt auf solche Themenbereiche gelegt, die in den gängigen Lehrbüchern der Organischen Chemie nicht oder nur in geringem Umfang behandelt werden, aber für die Lehrerausbildung von Bedeutung sind.

7.1. Vorschläge für die Gestaltung einer Fortgeschrittenenveranstaltung zum Thema "Organische Naturstoffe" für Chemielehrerstudenten

Die in den historischen Betrachtungen angesprochenen und in der folgenden Inhaltsübersicht zusammengefaßten fachlichen, anwendungsbezogenen und fachübergreifenden Themen erfordern durch ihre vielfältigen Verflechtungen Veranstaltungsformen, die dieser Komplexität entsprechen.

Wir schlagen einen integrierten Kurs vor, der eine Plenarveranstaltung, ein Praktikum und Gruppenarbeit umfaßt. Die Plenarveranstaltung sollte nur zum Teil als Vorlesung abgehalten werden und ansonsten den Studenten Gelegenheit geben, durch Darstellung und Diskussion von Arbeitsergebnissen aus dem Praktikum oder der Gruppenarbeit eigene Beiträge einzubringen.

Die systematische Darstellung der chemischen Grundlagen, die in diesem Kurs erarbeitet werden, sollte nur zum Teil in einer Vorlesung erfolgen und im wesentlichen als Skripte oder durch Literaturempfehlungen vorgelegt werden, damit die Studenten bei entsprechenden fachwissenschaftlichen Problemen im Praktikum oder bei der Gruppenarbeit darauf zurückgreifen können.

Die experimentelle Arbeit im Praktikum sollte, stärker als bisher üblich ist, mit selbständig zu bearbeitenden Problemstellungen im Sinne der folgenden Fragen verknüpft werden:

— In welchem wissenschaftsgeschichtlichen Zusammenhang steht der Versuch und welche wissenschaftlichen Prinzipien werden veranschaulicht?

— In welchem historischen und aktuellen Anwendungsbezug steht der Versuch und welche sozialen Probleme und Entwicklungen sind damit verbunden?

— Welche Bedeutung hat der Versuch für den Chemieunterricht an der Schule?

Beispielsweise können zu einem Versuch zur Verseifung von Fetten die Erforschung der Fette in der Frühzeit der Naturstoffchemie, Betrachtungen des Reaktionsmechanismus, wirtschaftliche oder wirtschaftsgeschichtliche Fragen (Entstehung des Unilever-Konzerns) oder die Behandlung des Themas in Rahmenplänen und Schulbüchern mitreflektiert werden. Eine solche Vorgehensweise erfordert einen höheren Arbeitsaufwand sowohl der Betreuer als auch der Studenten. Erfahrungen mit Praktika, die in diesem Sinne durchgeführt wurden, zeigen, daß dieser Aufwand durch eine erhöhte Motivation und Leistungsbereitschaft der Studenten gerechtfertigt ist[44].

Eine weitere Möglichkeit, die Arbeit an fachübergreifenden Aspekten in den Kurs zu integrieren, bieten "Darstellungsvorhaben"[45]. In diesen sollen Studenten in selbständiger, von einem Tutor betreuter Kleingruppenarbeit ein

Problem bearbeiten und im Plenum darstellen. Beispiele für Themen, die in Darstellungsvorhaben bearbeitet werden können, sind z.b.:

— Analyse der gesellschaftlichen Rahmenbedingungen der Entwicklung des HABER-BOSCH-Verfahrens oder
— Welternährungsproblem und Düngemittelversorgung, weltwirtschaftliche und politische Faktoren.

Durch eine entsprechende Auswahl der für Darstellungsvorhaben angebotenen Themen und eigene Beiträge des Dozenten im Plenum kann eine systematische Behandlung der historischen und anwendungsbezogenen Aspekte im Kurs erreicht werden.

Eine andere Möglichkeit besteht darin, die in den vorliegenden historischen Betrachtungen ausgesprochenen Zusammenhänge in einer in dem Kurs integrierten Seminarveranstaltung herauszuarbeiten.

In der folgenden Übersicht sind mögliche Inhalte einer solchen Veranstaltung aufgelistet. Dabei wurden die chemischen Grundlagen mit den entsprechenden Anwendungsbereichen und fachübergreifenden Themen verbunden.

THEMEN Chemische Grundlagen	Anwendungsbereiche	Fachübergreifende Themen
1. MINERALDÜNGUNG Mineralstoffwechsel der Pflanzen; mineralische Nährstoffe der Pflanzen	Kalkstickstoffgewinnung, Ammoniaksynthese, Salpetersäureherstellung, Superphosphatherstellung, handelsübliche Düngemittel	*Justus von LIEBIG: Der Ursprung der physiologischen Chemie und die Agriculturchemie; HABER und BOSCH: Biographien und Analyse der gesellschaftlichen Bedingungen, die zur industriellen Ammoniaksynthese führten; Bedeutung der Düngemittel für die Welternährung.*
2. KOHLENHYDRATE Chemie der Monosaccharide, Disaccharide und Polysaccharide; Stereochemische Betrachtungen Biochemie der Kohlenhydrate; Trennungs- und Analysemethoden	Zuckerproduktion, Gärungsgewerbe: Herstellung von Alkohol, Essig und alkoholischen Getränken; Papierfabrikation; Kunstseiden aus Cellulose; Nitrocellulose: Herstellung und Verwendung	*Umfang und weltwirtschaftliche Bedeutung der Getreideproduktion; Welternährungsproblem; Problem des Alkoholismus; Umweltverschmutzung im Zusammenhang mit der Celluloseproduktion; Geschichte der Rübenzuckerindustrie*
3. FETTE Chemie der Fette; Veresterung und Verseifung; Trennungs- und Analyseverfahren; Derivate; Biochemie der Fette: Fettsäurebiosynthese und Fettsäureabbau; Tenside	Ölgewinnung, Margarineherstellung, Seifenherstellung, Waschmittelproduktion	*UNILEVER: Entstehung, Struktur und internationale Stellung eines multinationalen Konzerns*
4. PROTEINE Chemie der Aminosäuren und Proteine; Trennungs- und Reinigungsverfahren; Methoden der Strukturaufklärung; Derivate; Biochemie der Proteine; Enzyme	Enzymgewinnung und -verwendung; Biologische Abwasseraufbereitung; Eiweißgewinnung aus Algenkulturen und auf Erdölbasis; Herstellung und Verwendung von Gelatine	*E. FISCHER als Wegbereiter der org. Naturstoffchemie und der Biochemie; die histor. Bedeutung der Eiweißchemie für die Entwicklung von Biochemie und Biotechnologie; Welternährungsproblem und neue Eiweißquellen*

THEMEN Chemische Grundlagen	Anwendungsbereiche	Fachübergreifende Themen
5. ALTERNATIVE THEMEN **5.1. Pflanzliche Sekundärstoffwechselprodukte** Struktur, Biogenese und Chemie der Alkaloide, Glycoside und Terpene	Arzneimittelgewinnung aus Pflanzen, Gewinnung von Riech- und Aromastoffen aus natürlichen Rohstoffen und durch Synthese; Kautschuk- und Gummigewinnung; Genußmittel: Kaffee, Tee, Kakao und Tabak	*Die Bedeutung der Pharmazie für die Entstehung der Organischen Chemie und der chemischen Industrie; Rauschgiftprobleme; Gesundheitsgefährdung durch das Rauchen*
5.2. Vitamine Chemischer Aufbau und physiologische Wirkung der Vitamine	Herstellung und Einsatz von Vitaminen in der Pharmazie und der Lebensmittelchemie	*Vitaminmangelkrankheiten; Analyse der gesellschaftlichen Bedingungen, die die Erforschung der Vitamine vorantrieben*
5.3. Konservierungsmittel Chemie und physiologische Wirkung von Konserviemitteln	Wirtschaftliche Bedeutung der Konservierungsmittel	*Das Problem der Konservierung von Nahrungsmitteln und die Entstehung der Lebensmittelindustrie*
5.4. Herbizide, Pestizide und Futtermittelzusätze Chemie und Wirkungsweise von Herbiziden, Pestiziden und Futtermittelzusätzen einschließlich umweltchemischer Aspekte	Wirtschaftliche Bedeutung der Pflanzen- und Tierkrankheiten und ihrer Bekämpfung	*Umweltprobleme und gesundheitliche Gefahren für den Menschen durch Herbizide, Pestizide und Futtermittelzusätze; Herbizide als chemische Kampfstoffe*

Aus den für diesen Kurs vorgeschlagenen Inhalten ergeben sich Anknüpfungs-
punkte zu den Fächern Arbeitslehre, Gesellschaftskunde, Geschichte und
Biologie. Entsprechend können die vorliegenden Ausführungen zum Thema
"Organische Naturstoffe" auch dem Lehrer in der Schule Anregungen für
einen gesellschaftsbezogenen und fächerübergreifenden Unterricht geben.

Anmerkungen

1) G. Born, M. Euler: Physik in der Schule, bild der wissenschaft 2/1978, S. 74ff. und
   R. Brämer: Wieviel Naturwissenschaft braucht hier der Mensch? päd. extra 4/78,
   S. 42—45

2) Tagungsbericht der 6. Tagung der Fachleiter an den Seminaren für Lehrerausbildung (Gymnasium) im Fach Physik

3) Vgl. K. von Oy: Aufgabe und Bedeutung der Physik als Schulfach, Der mathematisch-naturwissenschaftliche Unterricht 31 (1978), S. 1—7

4) G. Petersen: Wissenschaftsgeschichte und Didaktik. In: M. Ewers (Hrsg.): Naturwissenschaftliche Didaktik zwischen Kritik und Konstruktion, Beltz, Weinheim
   1975, S. 87f.

5) F. Riess: Ideologiekritik des naturwissenschaftlichen Unterrichts. In: F. Riess
   (Hrsg.): Kritik des mathematisch-naturwissenschaftlichen Unterrichts, Frankfurt
   1977, S. 337

6) Vgl. W. Schöler: Geschichte des naturwissenschaftlichen Unterrichts, Berlin 1970,
   insbesondere S. 9—21

7) Vgl. dazu W. Quitzow: Didaktik in den Naturwissenschaften, betrifft: erziehung
   7/1977, S. 58f.

8) G. Lind: HOSC: History of Science Cases, vervielf. Manuskript eines im Februar
   1978 auf dem IPN-Seminar Nr. 15 "Wissenschaftsgeschichte im naturwissenschaftlichen Unterricht" gehaltenen Referates

9) R. Rimmele: Die Unterrichtseinheiten "Wege zum Wissen" — Fallstudien zur naturwissenschaftlichen Forschungsweise, vervielf. Manuskript eines im Februar 1978
   auf dem IPN-Seminar Nr. 15 "Wissenschaftsgeschichte im naturwissenschaftlichen
   Unterricht" gehaltenen Referates

10) M. Minssen, W. Walgenbach: Didaktische Materialien für die Planung naturwissen-
    schaftlicher Kurse auf der Sekundarstufe II. Entwicklung naturwissenschaftlichen
    Wissens am Beispiel des Makromolekülkonzeptes, IPN-Arbeitsberichte 21, Kiel 1977

11) Vgl. M. Minssen, W. Walgenbach a.a.O., S. 16ff. und P. Häußler, R. Lauterbach:
    Ziele naturwissenschaftlichen Unterrichts, Beltz, Weinheim 1976

12) Diese Feststellung soll hier nicht weiter belegt und ausgeführt werden. Es sei auf die
    umfangreiche Literatur verwiesen, insbesondere auf das Buch von J.D. Bernal:
    Science in History, London; deutsche Übersetzung: Sozialgeschichte der Wissen-
    schaft, 4 Bde., Rowohlt, Reinbek 1978

13) Vgl. dazu W. Quitzow: Didaktik in den Naturwissenschaften, betrifft: erziehung
    7/1977, S. 60f.

14) G. Grüber, B. Koch: Die Integration von historisch-gesellschaftlichen Lernzielen in
    den naturwissenschaftlich-technischen Sachunterricht, Die Deutsche Schule 69
    (1977), S. 176—186

15) Projektgruppe "Integriertes Naturwissenschaftliches Curriculum" (PINC): Natur-
    wissenschaftlicher Unterricht und gesellschaftliche Arbeit, betrifft: erziehung
    3/1976, S. 30—37

15a) Vgl. dazu Projektgruppe PINC: Natur und Produktion im Unterricht, Beltz, Weinheim 1978

16) Vgl. F. Riess: Ideologiekritik des naturwissenschaftlichen Unterrichts, a.a.O., S. 332—334

17) Vgl. A. Einstein, L. Infeld: Die Evolution der Physik, Wien/Hamburg 1950, S. 81ff. und F. Tomberg: Bürgerliche Wissenschaft, Frankfurt 1973, S. 122f.

18) F. Tomberg: Bürgerliche Wissenschaft, Frankfurt 1973, S. 76ff.

19) J.D. Bernal: Wissenschaft, Bd. 2, Reinbek 1970, S. 616ff.

20) Vgl. die Rede von Bundespräsident Scheel zum 75jährigen Bestehen des Deutschen Museums, München. In: VDI-Nachrichten Nr. 32/20 vom 19.5.1978

21) Denkschrift zur Lehrerbildung für den Chemieunterricht auf der Sekundarstufe II. Hrsg. v. d. Fachgruppe "Chemieunterricht" der Gesellschaft Deutscher Chemiker (GDCh) 1976

22) K.O. Henseling, W. Quitzow, D. Ullrich: Zur Neugestaltung der Lehrerausbildung in den Naturwissenschaften, Informationen zur Hochschuldidaktik 3/77

23) K.O. Henseling, P. Plieninger: Geschichtliche Betrachtungen als Weg zur Verknüpfung naturwissenschaftlicher Unterrichtsgegenstände mit technologischen und gesellschaftlichen Themen, Manuskript eines im Februar 1978 auf dem IPN-Seminar Nr. 15 "Wissenschaftsgeschichte im naturwissenschaftlichen Unterricht" gehaltenen Referates, erscheint in chimica didact. 4. Jg., 1978

24) H.H. Müller: Akademie und Wirtschaft im 18. Jahrhundert, Akademie-Verlag, Berlin DDR, 1975

25) J. Kulischer: Allgemeine Wirtschaftsgeschichte des Mittelalters und der Neuzeit, Oldenbourg, München 1958. 2. Bd., S. 419ff. und H. Mottek: Wirtschaftsgeschichte Deutschlands, VEB Deutscher Verlag der Wissenschaften, Berlin DDR, 1974, 2. Bd., S. 205ff.

26) J. v. Liebig: Die Chemie in ihrer Anwendung auf Agricultur und Physiologie, Braunschweig 1843

27) J. Strube: Justus von Liebig, Teubner, Leipzig 1975

28) Vgl. H. Mottek, a.a.O., 2. Bd., S. 208f.

29) J. v. Liebig: Die Thier-Chemie oder die organische Chemie in ihrer Anwendung auf Physiologie und Pathologie, Braunschweig 1843

30) C. Graebe: Geschichte der organischen Chemie, Springer, Berlin 1920, Reprint 1972

31) W. Greiling: Chemie erobert die Welt, Econ, Düsseldorf—Wien o.J.

32) Römpp's Chemie Lexikon, 7. Aufl., Franck, Stuttgart 1973—77

33) Vgl. auch den Beitrag von H. Jeske in diesem Band

34) Vgl. W. Greiling, a.a.O., S. 88ff. und S. 255

35) P. Schütt: Weltwirtschaftspflanzen, Parey, Berlin—Hamburg 1972

36) F. Duve (Hrsg.): Technologie und Politik, Welthungerkatastrophe und Agrarpolitik, rororo aktuell 1975. — Vgl. auch J.D. Bernal, a.a.O., 3. Bd. S. 898ff. und K.R. Mirow: Die Diktatur der Kartelle, rororo aktuell 1978, S. 137ff.

37) P. Walden: Geschichte der organischen Chemie seit 1880, Springer, Berlin 1941, Reprint 1972, S. 612. — Vgl. auch K. Heinig (Hrsg.): Biographien bedeutender Chemiker, Volk und Wissen, Berlin DDR, 1970

38) P. Walden, a.a.O.

39) S. Neufeldt: Chronologie Chemie 1800—1970, Verlag Chemie, Weinheim 1977

40) C. Duisberg: E. Fischer und die chemische Industrie, Ber. 52, S.A. 149 (1919) und L. Knorr: Über die wissenschaftlichen Arbeiten und die Persönlichkeit E. Fischers, Ber. 52, S.A. 132 (1919)

41) A.L. Lehninger: Biochemie, Verlag Chemie, Weinheim 1975

42) R. Christen: Struktur, Stoff, Reaktion – Organische Chemie, Diesterweg-Salle 1976
43) A. Schleip, E. Wiederholt: Chemie, Sekundarstufe I, Hirschgraben-Verlag, Frankfurt
     a.m. 1977
44) An der PH Berlin wurden entsprechende Praktika als Veranstaltungsexperimente
     mit anderen Themen durchgeführt. – Vgl. K.O. Henseling: Chemie und Licht –
     ein Versuch zur Verknüpfung von Theorie und Praxis in der Chemielehrerausbil-
     dung, in: H. Dahncke (Hrsg.): Zur Didaktik der Physik und Chemie 1977, Schroe-
     del, Hannover 1978
45) Das Konzept der Darstellungsvorhaben wurde am Fachbereich Physik der FU Berlin
     entwickelt und erprobt.

Literaturverzeichnis

J.D. BERNAL: Science in History, London; deutsche Übersetzung: Sozialge-
schichte der Wissenschaft, 4 Bde., Rowohlt, Reinbek 1978.
G. BORN, M. EULER: Physik in der Schuld, bild der wissenschaft 2/1978.
R. BRÄMER: Wieviel Naturwissenschaft braucht hier der Mensch? päd. extra 4/78,
S. 42–45.
R. CHRISTEN: Struktur, Stoff, Reaktion – Organische Chemie, Diesterweg-Salle
1976
C. DUISBERG: E. Fischer und die chemische Industrie. Ber. 52 S.A. 149 (1919).
F. DUVE (Hrsg.): Technologie und Politik, Welthungerkatastrophe und Agrar-
politik, rororo aktuell 1975.
A. EINSTEIN, L. INFELD: Die Evolution der Physik, Wien/Hamburg 1950.
Denkschrift zur Lehrerbildung für den Chemieunterricht auf der Sekundarstufe II.
Hrsg. v. d. FACHGRUPPE "CHEMIEUNTERRICHT" der Gesellschaft deutscher
Chemiker (GDCh) 1976.
C. GRAEBE: Geschichte der organischen Chemie, Springer, Berlin 1920, Reprint
1972.
W. GREILING: Chemie erobert die Welt, Econ Düsseldorf/Wien o.J.
G. GRÜBER, B. KOCH: Die Integration von historisch-gesellschaftlichen Lernzielen
in den naturwissenschaftlich-technischen Sachunterricht, Die Deutsche Schule 69
(1977), S. 176–186.
P. HÄUSSLER, R. LAUTERBACH: Ziele naturwissenschaftlichen Unterrichts,
Beltz, Weinheim 1976.
K. HEINIG (Hrsg.): Biographien bedeutender Chemiker, Volk und Wissen, Berlin
DDR 1976.
K.O. HENSELING: Chemie und Licht – ein Versuch zur Verknüpfung von Theorie
und Praxis in der Chemielehrerausbildung, in: H. Dahncke (Hrsg.): Zur Didaktik
der Physik und Chemie 1977, Schroedel, Hannover 1978.
K.O. HENSELING, P. PLIENINGER: Geschichtliche Betrachtungen als Weg zur
Verknüpfung naturwissenschaftlicher Unterrichtsgegenstände mit technologischen
und gesellschaftlichen Themen, Manuskript eines im Februar 1978 auf dem IPN-
Seminar Nr. 15 "Wissenschaftsgeschichte im naturwissenschaftlichen Unterricht"
gehaltenen Referates, chimica didact. 4. Jg., 1978; S. 127–139.
K.O. HENSELING, W. QUITZOW, D. ULLRICH: Zur Neugestaltung der Lehreraus-
bildung in den Naturwissenschaften, Informationen zur Hochschuldidaktik 3/77.
J. KULISCHER: Allgemeine Wirtschaftsgeschichte des Mittelalters und der Neuzeit,
Oldenburg/München 1958, 2. Bd.
A.L. LEHNINGER: Biochemie, Verlag Chemie, Weinheim 1975.

J. v. LIEBIG: Die Chemie in ihrer Anwendung auf Agricultur und Physiologie, Braunschweig 1843.

J. v. LIEBIG: Die Thier-Chemie oder die organische Chemie in ihrer Anwendung auf Physiologie und Pathologie, Braunschweig 1843.

G. LIND: HOSC: History of Science Cases, vervielf. Manuskript eines im Februar 1978 auf dem IPN-Seminar Nr. 15 "Wissenschaftsgeschichte im naturwissenschaftlichen Unterricht" gehaltenen Referates.

M. MINSSEN, W. WALGENBACH: Didaktische Materialien für die Planung naturwissenschaftlicher Kurse auf der Sekundarstufe II. Entwicklung naturwissenschaftlichen Wissens am Beispiel des Makromolekülkonzeptes, IPN-Arbeitsberichte 21, Kiel 1977.

K.R. MIROW: Die Diktatur der Kartelle, rororo aktuell 1978.

H. MOTTEK: Wirtschaftsgeschichte Deutschlands, VEB Deutscher Verlag der Wissenschaften, Berlin DDR, 1974, 2. Bd.

H.H. MÜLLER: Akademie und Wirtschaft im 18. Jahrhundert, Akademie Verlag, Berlin DDR 1975.

S. NEUFELD: Chronologie Chemie 1800—1970, Verlag Chemie, Weinheim 1977.

K. von OY: Aufgabe und Bedeutung der Physik als Schulfach, Der mathematisch-naturwissenschaftliche Unterricht 31 (1978), S. 1—7.

G. PETERSEN: Wissenschaftsgeschichte und Didaktik. In: M. Ewers (Hrsg.): Naturwissenschaftliche Didaktik zwischen Kritik und Konstruktion, Beltz, Weinheim 1975.

Projektgruppe "Integriertes Naturwissenschaftliches Curriculum" (PINC): Naturwissenschaftlicher Unterricht und gesellschaftliche Arbeit, betrifft: erziehung 3/1976, S. 30—37.

Projektgruppe PINC: Natur und Produktion im Unterricht, Beltz, Weinheim 1978.

R. RIMMELE: Die Unterrichtseinheiten "Wege zum Wissen" — Fallstudien zur naturwissenschaftlichen Forschungsweise, vervielf. Manuskript eines im Februar 1978 auf dem IPN-Seminar Nr. 15 "Wissenschaftsgeschichte im naturwissenschaftlichen Unterricht" gehaltenen Referates.

F. RIESS: Ideologiekritik des naturwissenschaftlichen Unterrichts. In: F. Riess (Hrsg.): Kritik des mathematisch-naturwissenschaftlichen Unterrichts, Frankfurt 1977.

RÖMPP's Chemie Lexikon, 7. Aufl., Franck, Stuttgart 1973—1977.

Rede des Bundespräsidenten SCHEEL zum 75jährigen Bestehen des Deutschen Museums. In: VDI-Nachrichten Nr. 32/20 vom 19.5.1978.

A. SCHLEIP, E. WIEDERHOLT: Chemie, Sekundarstufe I, Hirschgraben-Verlag, Frankfurt a.M. 1977.

W. SCHÖLER: Geschichte des naturwissenschaftlichen Unterrichts, Berlin 1970.

P. SCHÜTT: Weltwirtschaftspflanzen, Parey, Berlin/Hamburg 1972.

J. STRUBE: Justus von Liebig, Teubner, Leipzig 1975.

F. TOMBERG: Bürgerliche Wissenschaft, Frankfurt 1973.

P. WALDEN: Geschichte der organischen Chemie seit 1880, Springer, Berlin 1941, Reprint 1972.

Was kann Wissenschaftstheorie für die Didaktik des naturwissenschaftlichen Unterrichts leisten?

von

Peter Hucklenbroich

In den naturwissenschaftsdidaktischen Überlegungen und Diskussionen der letzten Jahre ist eine zunehmende Berücksichtigung wissenschaftstheoretischer und — entsprechend den neueren Tendenzen der Wissenschaftstheorie — wissenschaftsgeschichtlicher Ergebnisse und Probleme zu beobachten. Man kann hoffen, daß diese Entwicklung zu einer allgemeinen Neuorientierung naturwissenschaftsdidaktischer Konzeptionen führen wird, die die bislang vorherrschende theoretische Unsicherheit in diesem Bereich überwinden kann. Aus der Absicht, diesem Ziel einen Schritt näher zu kommen, sind die nachfolgenden Darlegungen zu verstehen; ich habe versucht, von einer expliziten wissenschaftstheoretischen Position ausgehend zu skizzieren, in welcher Weise sich didaktisch relevante Konsequenzen ergeben. Dabei sind zwei Einschränkungen zu machen: Erstens kann die zugrundeliegende wissenschaftstheoretische Position wohl skizziert, nicht aber begründet und gegenüber alternativen Ansätzen verteidigt werden; hierzu muß auf andere Darstellungen verwiesen werden[1]. Zweitens wird auch die Aufzeigung der didaktischen Konsequenzen nur an einigen Beispielen, also eher exemplarisch, und noch mit einem relativ groben begrifflichen Raster durchgeführt werden; ich hoffe, beide Mängel in Kürze an anderer Stelle wenigstens teilweise beheben zu können. Insofern sind die folgenden Argumente eher als programmatische Thesen denn als Spätphasen einer konzeptionellen Entwicklung zu verstehen. Insbesondere soll in der Auswahl der herangezogenen didaktischen Positionen keinerlei Wertung gesehen werden, da sie hier v.a. aus Gründen der Eignung zur Demonstration der Thesen erfolgte.

1. Wissenschaftstheoretische Aspekte der Naturwissenschaften

Wissenschaftstheoretische Aussagen und Probleme können nach verschiedenen Kriterien unterteilt und systematisiert werden; man erhält ebenso viele Teilaspekte der (Natur-)Wissenschaften wie Teilgebiete der Wissenschaftstheorie. Im folgenden soll eine Einteilung gewählt werden, in der Wissenschaft einmal als Wissen bzw. Erkenntnis, zum anderen als Teil (gesellschaftlicher) Tätigkeitsfelder, zum dritten als geschichtliches Phänomen thematisiert wird. Damit soll anderen Systematisierungen nicht die Existenzberechtigung abgesprochen werden, zumal die gewählte Einteilung mehr darstellungstechnische als systematische Gründe hat und auch Überschneidungen zuläßt. Es geht im folgenden jeweils nur um eine kurze Charakterisierung des betreffenden Teilgebiets; detailliertere Informationen und Diskussionen können den in den Literaturhinweisen angegebenen Werken entnommen werden.

1.1. Wissenschaft als Erkenntnis

Wissenschaft, als Erkenntnis eines Objektes betrachtet, ist Thema der Erkenntnistheorie. Was aber ist Erkenntnistheorie? — so könnte man heute fragen; denn nach einer unter Wissenschaftstheoretikern kaum bestrittenen Meinung existiert keine moderne, dem Stand der analytischen Einsichten entsprechende synthetische Erkenntnistheorie. Die Vorgeschichte dieses Zustandes ist schnell skizziert: Die grundlegende Aufgabe der Erkenntnistheorie, nämlich die Explikation von Erfahrungserkenntnis — einschließlich erfahrungswissenschaftlicher Erkenntnis — als eine auf ein Objekt (Gegenstand) bezogene Form von Erkenntnis, d.h. die Aufgabe der *Gegenstandskonstitution,* wurde in reiner Form zuerst von KANT formuliert und zu lösen versucht[2]. Daß dieser Lösungsvorschlag jedoch — zeitbedingt — mit einer schweren Hypothek belastet war, die in der Verwendung eines "mentalistischen" statt eines sprachanalytischen Begriffsinstrumentariums lag, kann heute, nach den Untersuchungen WITTGENSTEINs und der sprachanalytischen Philosophie, nicht mehr übersehen werden[3]. Hinzu kommt, daß Kants Ansatz, wiederum mit innerer Zwangsläufigkeit, so eng an Modellvorstellungen — Raum, Zeit, Kausalität etc. — der klassischen NEWTONschen Physik gebunden war, daß die Entwicklung der modernen nichtklassischen Physik ihm, und damit scheinbar dem Projekt von Erkenntnistheorie überhaupt, einen entscheidenden Stoß versetzen mußte. In der Folgezeit galt daher Erkenntnistheorie als keine seriöse philosophische Disziplin; erst heute, ein Dreivierteljahrhundert nach der Entstehung der modernen Physik, wird die Möglichkeit von Erkenntnistheorie als Gegenstandskonstitution wieder ernsthaft ins Auge gefaßt und diskutiert.

Ich habe an anderer Stelle zu zeigen versucht, daß eine Erkenntnistheorie heute, auf gewandelter begrifflicher Grundlage, in der Tat möglich ist und die Gestalt einer transzendentalen Semantik als Gegenstandskonstitution annimmt[4]. Der Grundgedanke dabei ist, den Gegenstandsbezug sprachlicher Funktionsträger zum Ausgangspunkt zu nehmen, indem die Bedingung der *Eindeutigkeit* des Gegenstandsbezugs als transzendentalsemantisches Grundprinzip fungiert und zur Ableitung spezifischer transzendentalsemantischer Prinzipien führt, die den verschiedenen sprachlichen Funktionsträgern (syntaktischen Kategorien) korrelieren. Es ergeben sich die vier Prinzipien der logischen Konsistenz, der Existenz eines Einführungsverfahrens für Prädikate, der Erhaltung der Subjektkonstanten und der Vergleichbarkeit durch Strukturrekonstruktion. Die Prinzipien beziehen sich auf Folgen von Bedeutungsbestimmungen deskriptiver Prädikate − sog. empirische Entwicklungen −, die als Rekonstruktion des Beobachtungs-, Experimentier- und Theoriebildungsprozesses in den Erfahrungswissenschaften aufzufassen sind. Die Einzelheiten dieses Modells können hier nicht weiter geschildert werden; es sei lediglich darauf hingewiesen, daß sich in ihm nachweislich eine ganze Anzahl fundamentaler Probleme, mit denen die derzeit diskutierten wissenschaftstheoretischen Ansätze (analytische Wissenschaftstheorie, kritischer Rationalismus, Konstruktivismus, Erkenntnisinteressenlehre, Widerspiegelungstheorie u.a.) belastet sind, auflösen lassen.

Diese Erkenntnistheorie baut, wie schon durch die verwendete Terminologie angedeutet wird, auf einer Rekonstruktion der Wissenschaftssprache im Sinne der Syntax der Prädikatenlogik auf; da die gesprochenen Gebrauchssprachen in der Regel keine rein logisch begründeten Syntaxen aufweisen, ist die logische Analyse und Rekonstruktion der Sprache ein essentielles Propädeutikum für die Erkenntnistheorie[5]. Das bedeutet jedoch nicht, daß die Gültigkeit erkenntnistheoretischer Prinzipien dadurch auf Formalsprachen beschränkt würde; vielmehr hat eine solche "Logische Propädeutik" gerade zu zeigen, daß und wie logische Strukturen in der Gebrauchssprache zu erkennen sind. Andererseits kann man die logische Analyse der (Wissenschafts-)sprache selbst dann noch für sinnvoll halten, wenn man nicht an die Möglichkeit einer erkenntnistheoretischen Grundlegung glaubt oder diese ablehnt.

Erkenntnistheoretische Prinzipien können zwar insofern als *methodologische Regeln* bezeichnet werden, als sie Bedingungen formulieren, gegen die nicht verstoßen werden kann, ohne daß nachweislich kein eindeutiger Gegenstandsbezug der prätendierten Erkenntnis mehr besteht. Sie formulieren jedoch keine normativen Maximen in der Art z.B. der POPPERschen Forderung nach Maximierung des Falsifizierbarkeitsgrades wissenschaftlicher Theorien. Insofern sollte man sie nur mit dieser Einschränkung als methodologische Prinzipien bezeichnen. Wenn daher behauptet wird, das Spezifikum wissenschaftlicher Erkenntnis liege in ihrer Methode, letztere aber in dem genannten normativen Sinne − etwa gemäß Popper − aufgefaßt wird, so muß daran erinnert werden, daß es für eine solche Methodenlehre kein erkenntnistheoretisches Fundament gibt. So sind gegen den gegenwärtig bekanntesten methodologischen Ansatz, nämlich die Forschungslogik Poppers[6], zwei Einwände zu erheben: Erstens führt Popper die Begründung ihres normativen Status zurück auf einen "Entschluß", der selbst als nicht weiter begründbar und sogar als irrational bezeichnet wird[7]; d.h., die methodologischen Regeln werden einfach gesetzt bzw. "vorgeschlagen", ohne daß zu rekonstruieren wäre, worin ihre Rationalität besteht oder warum sie rationaler als andere Regelsysteme sein sollen. Zweitens liefert sie auch, entgegen dem Anspruch, kein Kriterium zur Beurteilung der Rationalität, der Fortschrittlichkeit oder des Wertes erfahrungswissenschaftlicher Entwicklungen, wie v.a. die Kontroverse zwischen POPPER, LAKATOS, KUHN und FEYERABEND gezeigt hat[8]. Die Poppersche Lehre liefert also keine geeignete Begründung für den Anspruch, daß die Rationalität der Wissenschaft in ihrer *Methode* zu suchen sei.

Auch solche anderen Versionen von Methodenlehre, die im amerikanischen Pragmatismus — zuerst von C.S. PEIRCE, später v.a. W. JAMES und J. DEWEY[9] — entwickelt wurden und eine bestimmte Abfolge von Verhaltensweisen als Methode bezeichneten, z.B. die Abfolge "Gewohnheit — Überraschung — Problem — Vermutung — Beobachtung — Test — neue Gewohnheit", dürften mehr der empirischen Psychologie zuzurechnen sein und liefern sicherlich keine erkenntnistheoretische Fundierung wissenschaftlicher Methodik. Auf die Kritik der genannten methodologischen Konzeptionen ist deswegen besonderer Wert zu legen, weil sie einer Reihe didaktischer und curricularer Entwürfe explizit oder implizit zugrundeliegen.

Abgesehen von der allgemeinen Erkenntnistheorie, kann zu dem hier betrachteten Teilgebiet der Wissenschaftstheorie auch die Beschäftigung mit begrifflichen Grundlagen und Grundproblemen einzelner naturwissenschaftlicher Disziplinen gerechnet werden, z.B. mit dem mathematischen Grundlagenstreit, den "philosophischen" Problemen von Raum und Zeit in der Physik, der logischen Struktur der Quantenmechanik, Fragen der Axiomatisierung naturwissenschaftlicher Theorien, Klassifikations- und Relationsprobleme z.B. zwischen Physik, Chemie und Biologie, usw. Der Übergang zu fachwissenschaftlichen Untersuchungen i.e.S. ist hier fließend und besteht oft nur in einer Arbeitsteilung zwischen den Forschern. Viele Untersuchungen der analytischen Wissenschaftstheorie gehören hierhin, ebenso manche naturphilosophischen Entwürfe.

1.2. Wissenschaft und Tätigkeitsfelder

Der zweite Aspekt ergibt sich daraus, daß Wissenschaft in ihrer Beziehung zu den Subjekten, ihren Tätigkeiten und Lebensbedingungen betrachtet wird.

Fragen wir uns auch hier, was die Wissenschaftstheorie leistet, so lassen sich folgende Bereiche ausmachen:

1. Die empirische Analyse der Verbreitung, Bedeutung und gesellschaftlichen Realität von Wissenschaft. Hierzu gehört also die Untersuchung der Frage, in welchen Lebensbereichen, Institutionen, Produktionsweisen, Organisationsformen Wissenschaft — sei es als Forschung, als Lehre und Ausbildung oder als Umgang mit und Anwendung von Resultaten — eine Rolle spielt; eine Frage, die ersichtlich in enger Beziehung zur soziologischen Untersuchung der Struktur und Gliederung von Gesellschaften steht. Wenn man für gegenwärtige Industriegesellschaften einige Beispiele solcher Tätigkeitsfelder sammeln will, kann man folgende Aufzählung heranziehen: Hochschul-, Industrie- und Großforschung; schulische, betriebliche und akademische Ausbildung; industrielle Produktionstechniken (Verfahren, Geräte, Maschinen); Transport-, Verkehrs- und Kommunikationstechniken; Verwaltungstechnologie und Datenverarbeitung; die naturwissenschaftliche Medizin; privater Einsatz von Technik zur Haushaltung, Freizeitgestaltung etc.; militärische und zivile Waffentechniken; Glücksspiele und Sport; usf. Es dürfte in der Tat eher schwierig sein, Bereiche von Tätigkeit aufzufinden, die nicht in der einen oder anderen Weise durch Wissenschaft ermöglicht sind, was sich ja in dem Schlagwort von der Verwissenschaftlichung der Gesellschaft ausgedrückt hat.

2. Die theoretische Analyse und Entwicklung von Modellen zur Erklärung der allgemeinen Charakteristika, Voraussetzungen und Konsequenzen des Eindringens von Wissenschaft in die verschiedensten Tätigkeitsfelder. Solche theoretischen Interpretationen sind naturgemäß schwieriger als die empirische Konstatierung von Sachverhalten; es liegen denn auch nur Ansätze zu Teiltheorien vor, die zudem stark kontrovers sind, was mit der Ideologieträchtigkeit umfassender gesellschaftlicher Interpretationsmuster zusammenhängt. Erwähnt seien nur zwei Beispiele: Das "Produktivkrafttheorem", wonach Wissenschaft als Produktivkraft lebendiger Arbeit aufzufassen ist bzw. sich gemäß den Gesetzmäßigkeiten der kapitalistischen Produktionsweise (Zwang zur Kapitalakkumulation, Konkurrenzmechanismus, "Extraprofite" aufgrund technologischer Innovation u.ä.) dahin entwickelt hat[10]; und die "Technokratiethese", wonach die wissenschaftliche und technologische Entwicklung einer immanenten Logik folgt, die sie zu einer autonomen Größe macht und die politischen Entscheidungen durch "Sachzwang" determiniert[11].

3. Der Entwurf von Handlungs- und Organisationsmodellen sowie die Kritik überholter Formen mit dem Ziel, den Wissenschafts- und Verwissenschaftlichungsprozeß selbst rational(er) zu gestalten, Konflikte zu lösen und unvorhergesehene Nebenfolgen aufzufangen. Angesichts der Tatsache, daß die

sozialen Konsequenzen aus bestimmten Handlungen und Maßnahmen praktisch nie von vornherein ausreichend überblickt werden können, gewinnt
dieser Bereich mit zunehmender Verwissenschaftlichung immer mehr an
Bedeutung (Beispiel Ökologie).

1.3. Wissenschaftsgeschichte

Der dritte Aspekt von Naturwissenschaft — Wissenschaft als geschichtliches
Phänomen betrachtet — erstreckt sich sowohl auf den Erkenntnisaspekt wie
auf den der Integration in Tätigkeitsfelder. Typische Probleme in diesem
Bereich sind etwa folgende:

- Welche Relationen bestehen zwischen aufeinander folgenden Stadien in
  der Entwicklung bestimmter naturwissenschaftlicher Theoriensysteme
  oder Einzeltheorien?
- Läßt sich ein Begriff des Erkenntnisfortschritts definieren und belegen
  und/oder eine Kumulativitätsthese für wissenschaftliche Resultate veri-
  oder falsifizieren?
- Fügt sich die Geschichte der Naturwissenschaften einem allgemeinen
  Ablaufschema, z.B. einem "evolutionären" (z.b. TOULMIN)[12], einem
  "revolutionären" (z.b. KUHN)[13] oder einem "dialektischen" (z.b.
  ENGELS)[14]?
- Welche Faktoren lassen sich als Determinanten der Wissenschaftsent-
  wicklung ermitteln, und welche Bedeutung kam oder kommt ihnen
  jeweils in bestimmten Einzelfällen zu?
- Ist die Unterscheidung zwischen "internen" und "externen" Faktoren
  sinnvoll?
- Welche Normen sind in der Wissenschaftsgeschichte wirksam gewor-
  den? Wie ist die Wirksamkeit von Normen zu verstehen?
- Wie haben sich die wissenschaftlichen Institutionen entwickelt?
- Läßt sich eine typisch neuzeitliche Wissenschaft gegenüber antiker und
  mittelalterlicher Wissenschaft abgrenzen? Wie?
- Welche Bedeutung haben Erkenntnistheorie, Wissenschaftstheorie(n) und
  Theorie(n) der Wissenschaftsgeschichte für die Wissenschaftsentwick-
  lung (gehabt)?

Neben solchen mehr allgemeinen Fragen einer Theorie der Wissenschaftsgeschichte gehört natürlich auch die Klärung historischer Einzelfälle durch
Fallstudien in diesen Bereich und bildet gewissermaßen eine empirische Basis
für eine solche Theorie. Auf die existierenden theoretischen Ansätze und
historischen Fallstudien sowie Gesamtdarstellungen kann im Rahmen dieses
Artikels jedoch nicht näher eingegangen werden[15].

2. Wissenschaftstheorie und Naturwissenschaftsdidaktik

Jedem naturwissenschaftsdidaktischen Konzept und jedem konkreten naturwissenschaftlichen Unterricht liegen explizit oder implizit Annahmen und Voraussetzungen zugrunde, die zu den zuvor skizzierten Themenbereichen der Wissenschaftstheorie gehören und daher von dort aufgegriffen und diskutiert werden können. Damit ist nicht behauptet, daß ausschließlich wissenschaftstheoretische Grundlagen eine Rolle spielen, sondern lediglich, daß sie auch und wesentlich in die Didaktik eingehen. Dies, als Kernthese meiner Darlegungen, soll jetzt an drei Beispielen gezeigt werden, die in loser Weise der Gliederung der drei wissenschaftstheoretischen Bereiche parallelisiert sind.

2.1. Struktur- und konzeptorientierter Unterricht

Ansätze, den naturwissenschaftlichen Unterricht an für fundamental gehaltenen Strukturen und Konzepten auszurichten, hat es in der jüngsten Vergangenheit mannigfach gegeben. Hier sollen nur zwei Bezugspunkte wissenschaftstheoretischer Resultate zu solchen Versuchen genannt werden: Wenn man, wie z.B. Joseph J. SCHWAB[16], von der Existenz "grundlegender begrifflicher Strukturen" in der Wissenschaft ausgeht, die die Forschung anleiten und ständigen Neufestsetzungen und Abänderungen unterworfen sind, so stellt sich die Frage, wie solche Strukturen präziser zu fassen sind. Hierfür bietet sich die logische Rekonstruktion solcher Strukturen als Relationssysteme an, d.h. genauer gesagt als Relationen zweiter Ordnung über empirischen Attributen und Relationen, sowie die Rekonstruktion der Veränderungen solcher Strukturen als Transformationen zwischen solchen Relationssystemen im Sinne des oben erwähnten Modells empirischer Entwicklungen. Die logische Analyse stellt somit ein Instrument zur exakten Formulierung und Kontrolle angenommener Strukturen der Naturwissenschaft zur Verfügung; dies gilt genau so, wenn statt von Strukturen von Konzepten gesprochen wird, denn diese Konzepte sind als   nichts anderes denn die genannten Relationen zweiter Ordnung zu rekonstruieren.

Wenn dagegen versucht wird, unter dem Aspekt der "Erschließungsmächtigkeit von Konzepten als Interpretationsstrategien" bestimmte physikalische Konzepte als erkenntnistheoretische Kategorien auszugeben, wenn z.B. K. SPRECKELSEN das Erhaltungs-, Interaktions- und das Teilchenkonzept in dieser Funktion benennt[17], so muß überprüft werden, mit welcher Begründung dieser Anspruch erhoben wird. Zu verweisen ist in diesem Zusammenhang einmal darauf, daß die entsprechenden Kantschen Kategorien nicht einfach aus dem Gesamtsystem herausgelöst und einer ansonsten nichtklassischen Physik gleichsam aufgepfropft werden können, zum anderen darauf, daß eine echte erkenntnistheoretische Neukonzeption sich nicht einfach der modernen Physik anpassen kann, sondern die von ihr aufgestellten Kategorien und Prinzipien durch ein Gegenstück zur transzendentalen Deduktion Kants *abzuleiten* hätte — was bisher nirgendwo geschehen ist. Wenn allerdings die oben von mir skizzierte erkenntnistheoretische Konzeption akzeptiert wird, so darf man folgern, daß die erkenntnistheoretischen Kategorien und Prinzipien *nicht* mit bestimmten aus der Physik bekannten Strukturen oder Konzepten identisch sind und einen höheren Allgemeinheitsgrad als alle empirisch-physikalischen Konzepte haben.

2.2. Projektunterricht

Als zweites Beispiel betrachte ich das Konzept eines Projektunterrichts, wie er z.B. von G. FREISE als "Problemorientierte Integration der Naturwissenschaften im Curriculum" dargestellt worden ist[18]. Dabei ist von den Überlegungen der Autorin zu allgemeinen Unterrichtszielen, zur Relation zwischen Zielen und Mitteln und zu psychologischen Fragen — z.B. dem Motivationsproblem — hier abzusehen, da nur die wissenschaftstheoretisch relevanten Punkte interessieren sollen.

Es ergibt sich, daß der Ausgangspunkt für das Konzept bei der Betrachtung von Wissenschaft im Tätigkeitsfeld genommen wird, unter Ausklammerung der Sektoren von Forschung und Lehre. Dabei wird weiter so vorgegangen, daß relevante Felder der gesellschaftlichen Anwendung von Wissenschaft ausfindig gemacht werden und die darin vorhandenen wissenschaftlichen Anteile zugleich mit politischen, wirtschaftlichen und anderen Aspekten ermittelt werden. Solche wissenschaftlichen Anteile liegen dabei in der Untersuchung/Analyse des jeweiligen Feldes (z.B. eutrophiertes Gewässer), in der Feststellung, welche wissenschaftlichen Problemlösungen und Techniken bislang eingesetzt wurden, und in der Entwicklung neuer Problemstellungen und Lösungen.

Hieraus ergibt sich, welchen Problemen dieses didaktische Modell begegnen wird. Erstens wird die Frage gestellt werden, auf welcher Basis die "relevanten" Felder ausgewählt werden: Orientiert man sich an individuellen Interessen (von Schülern und/oder Lehrern), an öffentlich, z.B. in der Presse diskutierten Fällen oder an globalen Einschätzungen der Bedeutung von Problemen, wie sie in Gesellschaftstheorien oder Ideologien vorgenommen werden? Zweitens bringt die Ermittlung der wissenschaftlichen Komponenten in einem gesellschaftlichen Tätigkeits- oder Problemfeld "vor Ort" insoweit Schwierigkeiten mit sich, als sie nicht historisch-rekonstruierend erfolgen kann, sondern — wie Freise sagt — "phänomenologisch" beginnen muß, d.h. auf Seiten der Schüler in Unkenntnis der vorhandenen theoretischen Grundlagen zur Erklärung der betreffenden Phänomene; denn in diesem Fall wird sozusagen eine Reproduktion wissenschaftlicher Erkenntnisleistungen ohne die dazu benötigten Voraussetzungen verlangt, nämlich ohne die Ermöglichungsbedingungen produktiver experimentalwissenschaftlicher Forschung, die in kognitiven (Alter der Schüler!), instrumentellen und institutionellen Voraussetzungen liegen. Diese Schwierigkeiten bedeuten keineswegs, daß der Projektunterricht generell als didaktische Methode untauglich ist, sondern sie markieren Punkte, an denen eine Weiterentwicklung des Konzeptes ansetzen könnte. Offensichtlich wird dazu eine differenziertere und offenere Einstellung gegenüber "fachsystematischem" Vorgehen als bisher von Nutzen sein.

2.3. Genetisch-konstruktiver Unterricht

Als Beispiel für eine vom wissenschaftsgeschichtlichen Aspekt interessante didaktische Position sei zuletzt der von Vertretern des Konstruktivismus vorgelegte Vorschlag einer "genetischen Organisation naturwissenschaftlichen Lehrstoffs" betrachtet[19]. Die Zuordnung des Konstruktivismus zum historischen Aspekt mag zunächst verwundern, da die Autoren selbst ihre didaktische Konzeption *zwischen* einem "axiomatischen" und einem "wissenschaftsgeschichtlichen" Vorgehen ansiedeln und von beiden unterschieden wissen wollen. Die Einordnung hier hängt jedoch schon mit der Kritik zusammen, die daran zu üben ist: Die Autoren behaupten als Vertreter der "Protophysik" nämlich, daß es einen bestimmten, eindeutig ausgezeichneten experimentell-meßtechnischen Anfang für den methodischen Aufbau der Physik gebe, der historisch nicht überholbar und wandelbar oder gar ablösbar sei, und vertreten damit eine spezielle Version der Kumulativitätsthese in bezug auf die Wissenschaftsgeschichte. Es handelt sich bei diesem methodischen Anfang im wesentlichen um eine euklidische Geometrie und Längenmessung, eine galileische Zeitmessung und eine klassisch-mechanische Massenmessung (und neuerdings auch Ladungsmessung). Da dieser meßtechnische Anfang nicht hintergehbar sei, stelle er auch den einzigen methodisch korrekten *didaktischen* Anfang dar.

Hier soll nur soviel dazu gesagt werden, daß diese These in sich zusammenfällt, falls gezeigt wird, daß physikalische Messungen ohne Rückgriff auf solche klassischen Meßgeräte und Theorien aufgebaut werden können; und daß solche alternativen Meßverfahren nicht nur aus prinzipiellen Gründen anzunehmen sind, sondern auch in ausgearbeiteter Form existieren und in der physikalischen und wissenschaftstheoretischen Literatur seit einiger Zeit bekannt sind. Zudem scheint durch eine logische Analyse der sog. Eindeutigkeitsbeweise der Protophysik nahegelegt zu werden, daß die von den Vertretern des Programms für entscheidend gehaltene "Eindeutigkeit" der Meßverfahren nur irrtümlich angenommen wurde[20]. Aus all dem würde folgen, daß ein genetischer Unterricht — dessen Prinzip ja schon länger bekannt ist —

nicht auf einen einzigen Anfang des Aufbaus angewiesen und eingeschränkt ist, und daß es derzeit noch ein wissenschaftstheoretisches und didaktisches Desiderat darstellt, das Konzept des genetischen Lehrens und Lernens allgemein zu begründen und konkret auszuarbeiten.

Damit bin ich am Ende dieser kursorischen Bemerkungen angelangt. Ich hoffe gezeigt zu haben, daß und wie die wissenschaftstheoretische Thematik für didaktische Positionen relevant ist, und daß eine weitergehende Anwendung solcher Gesichtspunkte in der didaktischen Diskussion fruchtbar zu sein verspricht. Was nebenbei auch deutlich geworden sein sollte, ist die Tatsache, daß Didaktik nicht allein auf Wissenschaftstheorie gegründet werden kann, sondern u.a. praktisch-philosophischer, gesellschaftstheoretischer und spezifisch pädagogischer Vorgaben und Anteile bedarf.

Anmerkungen

1) Vgl. P. Hucklenbroich, Theorie des Erkenntnisfortschritts, Meisenheim 1978.
2) I. Kant, Kritik der reinen Vernunft, Riga 1781, [2]1787.
3) Vgl. z.B. die Darstellung bei E. v. Savigny, Die Philosophie der normalen Sprache, Frankfurt 1969; E. Tugendhat, Vorlesungen zur Einführung in die sprachanalytische Philosophie, Frankfurt 1976.
4) Hucklenbroich, a.a.O., v.a. Kap. 7.
5) Als kurze Einführungen in die logische Analyse eignen sich: W. Stegmüller, Sprache und Logik, in: ders., Der Phänomenalismus und seine Schwierigkeiten/Sprache und Logik, Darmstadt 1969; W. Kamlah/P. Lorenzen, Logische Propädeutik, Mannheim 1967.
6) K.R. Popper, Logik der Forschung, Tübingen [4]1971.
7) K.R. Popper, Falsche Propheten, Bern/München 1958, S. 275—285; ders., Logik der Forschung, a.a.O., S. 12f.
8) Vgl. I. Lakatos/A. Musgrave (Hrsg.), Kritik und Erkenntnisfortschritt, Braunschweig 1974.
9) Zu Peirce vgl. die Schriften I u. II, Frankfurt 1967 u. 1970. Kritik bei Hucklenbroich, a.a.O., Kap. 3. Zu Dewey vgl. J.J. Schwab, Die Struktur der Naturwissenschaften, in: G.W. Ford/L. Pugno (Hrsg.), Wissensstruktur und Curriculum, S. 55—76.
10) Vgl. R. Rilling, Theorie und Soziologie der Wissenschaft, Frankfurt 1975.
11) Vgl. H. Schelsky, Der Mensch in der wissenschaftlichen Zivilisation, Köln-Opladen 1961.
12) S. Toulmin, Voraussicht und Verstehen, Frankfurt 1968; ders., Human Understanding, Vol. I, Oxford 1972.
13) T.S. Kuhn, Die Struktur wissenschaftlicher Revolutionen, Frankfurt 1976 (2. Aufl.)
14) F. Engels, Dialektik der Natur, Berlin [7]1973.
15) Vgl. W. Diederich (Hrsg.), Theorien der Wissenschaftsgeschichte, Frankfurt 1974.
16) J.J. Schwab, Die Struktur der Wissenschaften: Sinn und Bedeutung; ders., Die Struktur der Naturwissenschaften; beide in Ford/Pugno, a.a.O., (Anm. 9), S. 27—54 u. 55—76.

17) K. Spreckelsen, Strukturelemente der Physik als Grundlage ihrer Didaktik, Natur-
     wissenschaften im Unterricht (1970) S. 418—424; ders., Konzepte und Theorien
     der Naturwissenschaften als Ansatz für ein integriertes Curriculum, in: K. Frey/
     P. Häußler (Hrsg.), Integriertes Curriculum Naturwissenschaft: Theoretische Grund-
     lagen und Ansätze, Weinheim/Basel 1973, S. 87—94.
18) In Frey/Häußler, a.a.O., S. 207—229.
19) F. Kambartel, Die Integration der Naturwissenschaften auf der Grundlage ihrer
     theorienbildenden Methoden I: Der methodische Aufbau der Naturwissenschaft
     und sein Zusammenhang mit der lebensweltlichen Praxis, in: Frey/Häußler, a.a.O.,
     S. 101—116; P. Janich, Die Integration der Naturwissenschaften auf der Grundlage
     ihrer theorienbildenden Methoden II: Die genetische Organisation naturwissen-
     schaftlichen Lehrstoffs, a.a.O., S. 117—127.
20) Zur Diskussion um die Protophysik vgl. folgende Literatur: P. Lorenzen, Methodi-
     sches Denken, Frankfurt 1968; P. Janich, Die Protophysik der Zeit, Mannheim
     1969; P. Lorenzen/O. Schwemmer, Konstruktive Logik, Ethik und Wissenschafts-
     theorie, Mannheim/Wien/Zürich 1975 (2. Aufl.); G. Böhme (Hrsg.), Protophysik,
     Frankfurt 1976; P. Hucklenbroich, a.a.O., Kap. 7 u. 11.

Literaturverzeichnis

BÖHME, G. (Hrsg.), Protophysik, Frankfurt 1976.
DIEDERICH, W. (Hrsg.), Theorien der Wissenschaftsgeschichte, Frankfurt 1974.
ENGELS, F., Dialektik der Natur, Berlin [7]1973.
FORD, G.W./L. PUGNO (Hrsg.), Wissensstruktur und Curriculum, Düsseldorf 1972.
FREY, K./P. HÄUSSLER (Hrsg.), Integriertes Curriculum Naturwissenschaft: Theore-
     tische Grundlagen und Ansätze, Weinheim/Basel 1973.
HUCKLENBROICH, P., Theorie des Erkenntnisfortschritts — Zum Verhältnis von
     Erfahrung und Methode in den Naturwissenschaften, Meisenheim 1978.
JANICH, P., Die Protophysik der Zeit, Mannheim 1969.
JANICH, P., Die Integration der Naturwissenschaften auf der Grundlage ihrer theorien-
     bildenden Methoden II: Die genetische Organisation naturwissenschaftlichen
     Lehrstoffs, in: Frey/Häußler 1973, S. 117—127.
KAMBARTEL, F., Die Integration der Naturwissenschaften auf der Grundlage ihrer
     theorienbildenden Methoden I: Der methodische Aufbau der Naturwissenschaft
     und sein Zusammenhang mit der lebensweltlichen Praxis, in: Frey/Häußler 1973,
     S. 101—116.
KAMLAH, W./P. LORENZEN, Logische Propädeutik, Mannheim 1967.
KANT, I., Kritik der reinen Vernunft, Riga 1781, [2]1787.
KUHN, T.S., Die Struktur wissenschaftlicher Revolutionen, Frankfurt [2]1976.
LAKATOS, I./A. MUSGRAVE (Hrsg.), Kritik und Erkenntnisfortschritt, Braunschweig
     1974.
LORENZEN, P., Methodisches Denken, Frankfurt 1968.
LORENZEN, P./O. SCHWEMMER, Konstruktive Logik, Ethik und Wissenschaftstheorie,
     Mannheim/Wien/Zürich [2]1975.
PEIRCE, C.S., Schriften, Frankfurt, Bd. I 1967. Bd. II 1970.
POPPER, K.R., Falsche Propheten, Bern/München 1958.
POPPER, K.R., Logik der Forschung, Tübingen [4]1971.
RILLING, R., Theorie und Soziologie der Wissenschaft, Frankfurt 1975.
SAVIGNY, E. v., Die Philosophie der normalen Sprache, Frankfurt 1969.
SCHELSKY, H., Der Mensch in der wissenschaftlichen Zivilisation, Köln-Opladen 1961.

SCHWAB, J.J., Die Struktur der Wissenschaften: Sinn und Bedeutung, in: Ford/Pugno 1972, S. 27–54.

SCHWAB, J.J., Die Struktur der Naturwissenschaften, in: Ford/Pugno 1972, S. 55–76.

SPRECKELSEN, K., Strukturelemente der Physik als Grundlage ihrer Didaktik, Naturwissenschaften im Unterricht 1970, S. 418–424.

SPRECKELSEN, K., Konzepte und Theorien der Naturwissenschaften als Ansatz für ein integriertes Curriculum, in: Frey/Häußler 1973, S. 87–94.

STEGMÜLLER, W., Sprache und Logik, in: ders., Der Phänomenalismus und seine Schwierigkeiten/Sprache und Logik, Darmstadt 1969, S. 66–100.

TOULMIN, S., Voraussicht und Verstehen, Frankfurt 1968.

TOULMIN, S., Human Understanding, Vol. I, Oxford 1972; deutsch: Kritik der kollektiven Vernunft, Frankfurt 1978.

TUGENDHAT, E., Vorlesungen zur Einführung in die sprachanalytische Philosophie, Frankfurt 1976.

Zur materialistischen Geschichtsschreibung des naturwissenschaftlichen Unterrichts[1]

von

Falk Rieß

Ein wesentlicher Zugang zum Verständnis der gegenwärtigen Funktion und Erscheinungsweise des naturwissenschaftlichen Unterrichts (nwU) und seiner Didaktik wird durch die Analyse seiner historischen Entwicklung eröffnet. Eine solche Analyse kann den Einfluß der ökonomischen, gesellschaftlichen und politischen Bedingungen auf sonst nur isoliert betrachtete Phänomene aufzeigen. Dabei werden die getrennt vorliegenden Quellen zur Wissenschafts- bzw. Sozialgeschichte und zur Schulgeschichte parallel verarbeitet, um wechselseitige Abhängigkeiten und dialektische Zusammenhänge festzustellen. Dazu müssen einige Vorbemerkungen zur Methode der Geschichtsschreibung gemacht werden.

Die pädagogisch-historische Forschung in der BRD weist ein bezeichnendes soziologisches Defizit auf[2]; sie beschränkt sich auf die Zusammenstellung von Fakten, orientiert sich weitgehend an großen Gestalten der Pädagogik und versteht sich als Geistes- und Ideengeschichte[3]. Dieser idealistischen Geschichtsauffassung stellen wir die materialistische gegenüber, die wir mit den Worten von K. Marx beschreiben wollen: "Diese Geschichtsauffassung beruht darauf, den wirklichen Produktionsprozeß, und zwar von der materiellen Produktion des Lebens ausgehend, zu entwickeln und die mit dieser Produktionsweise zusammenhängende und von ihr erzeugte Verkehrsform ... als Grundlage der ganzen Geschichte auffassen und sie sowohl in ihrer Aktion als Staat darzustellen, wie die sämtlichen verschiedenen theoretischen Erzeugnisse des Bewußtseins ... aus ihr zu erklären und ihren Entstehungsprozeß aus ihnen zu verfolgen, wo dann natürlich auch die Sache in ihrer Totalität (und darum auch die Wechselwirkung dieser verschiedenen Seiten aufeinander) dargestellt werden kann"[4]. Diese Methode der materialistischen Historiographie erweist sich insbesondere in ihrer Anwendung auf den nwU als fruchtbar, da sie ihren Ausgangspunkt bei der materiellen Produktion nimmt, also beim Stand der Auseinandersetzung des Menschen mit der Natur; ein Ausdruck dieser Auseinandersetzung ist die Produktion von Qualifikationen im nwU, die die Menschen befähigen, den Stoffwechsel mit der Natur mit wachsender Beherrschung der natürlichen Prozesse zu betreiben.

Eine Einschränkung muß — wie bei fast allen historischen Arbeiten, die einen materialistischen Anspruch vertreten — jedoch gemacht werden: Die

Rekonstruktion historischer Wirklichkeit hat ihre Grenzen an den verfügbaren Quellen. Da sich in diesem Fall die schriftlichen Überlieferungen im wesentlichen auf die Lehrpläne, Lehrbücher, Schulordnungen der jeweiligen Zeit beschränken[5], kann nur indirekt auf den tatsächlich erteilten Unterricht geschlossen werden. Die Unsicherheiten, die sich dadurch in der Darstellung ergeben, wären nur durch Aufstöbern von Schulheften, Tagebüchern und ähnlichem authentischen Material, das ein weiteres Vordringen in Richtung auf eine genaue Realitätsbeschreibung gestattete, zu verringern.

Feudalismus[6]

Die vorwiegend agrarische Produktionsweise des Feudalismus und die gesellschaftliche Organisation in Ständen machte eine allgemeine Qualifizierung der Arbeitskraft entbehrlich: Erziehung war Standeserziehung, die lediglich die Reproduktion spezieller Fähigkeiten zur Aufrechterhaltung der voneinander geschiedenen Stände erforderte. Mathematisch-naturwissenschaftliche Erkenntnisse waren nicht vonnöten, entsprechend gering war das Niveau des Unterrichts; lediglich in Klosterschulen wurde etwas Mathematik unterrichtet, die die Macht des Klerus legitimierte (Errechnung des Datums für das Osterfest, sog. Computus) und insofern Herrschaftswissen darstellte. Naturwissenschaftlicher Unterricht fand — da entsprechende Qualifikationen beim Stand der Produktivkräfte nicht nötig waren — praktisch überhaupt nicht statt.

Manufaktur-Periode

Die ökonomische Situation des 17. Jahrhunderts war geprägt von der zunehmenden Bedeutung von Handwerk und Handel und damit der Städte. Das Verlagswesen bildete eine wesentliche Vorstufe kapitalistischer Produktionsweise; zwar besaßen die Produzenten noch ihre Produktionsmittel, führten aber bereits Auftragsarbeiten mit Rohstoffen durch, die ihnen ebensowenig wie die fertigen Produkte gehörten. Die insgesamt gleichgebliebenen Produktionsmittel erforderten kein höheres Niveau des nwU, allerdings war eine weitere Verbreitung von Grundkenntnissen vor allem im Rechnen notwendig, insbesondere im aufstrebenden Bürgertum. Immerhin erschienen die ersten Physik-Lehrbücher (Ratke und Komensky), die sich allerdings an der Bibel und an Aristoteles orientierten und keineswegs den Stand der Wissenschaft wiedergaben. Die Legitimation für die Beschäftigung mit den Realien wurde aus einer Nützlichkeitsargumentation bezogen. So forderte der Hamburger Domprediger Schupp, daß der Unterricht in Mathematik auf Deutsch abgehalten werden solle, damit ''alle Handwerksleute dieselbe lernen, um dadurch ihre Handwerke zu vervollkommnen''[7]; der Nürnberger Mathematikprofessor Sturm betonte den ''unendlichen Nutzen der Mathematik durch ihre Anwendung für das tägliche Leben wie für alle Gebiete des heiligen und profanen Wissens"[8]. Leibniz formulierte: "Uns fehlen gute gemeine Schulen, in denen diejenigen, die nicht zum Studium bestimmt sind, tausend nützliche Dinge in ihrer Muttersprache lernen können"[9]. Systematische Schulreformversuche im Sinne einer Vermehrung der realistischen Inhalte blieben allerdings meist im Stadium von Vorschlägen stecken oder überlebten ihre Initiatoren nicht. Der beginnende Kampf um Märkte und daraus erwachsende Kriege bewirkten jedoch die Gründung von einigen Ritterakademien, die der künftigen adligen Militärelite Kenntnisse in beträchtlichem Umfang in Mechanik und Optik (im Rahmen des Mathematikunterrichts als angewandte Mathematik), Geographie und Fortifikation (= Festungsbau) vermittelten. Nicht fortschrittliche Pädagogen oder freundliche Landesfürsten, sondern der Krieg erwies sich als Vater des ersten nennenswerten Unterrichts in den Naturwissenschaften.

Das 18. Jahrhundert brachte die Blüte der Manufakturproduktion, bei der erhebliche Produktivitätssteigerungen durch Kooperation vieler Lohnarbeiter im streng arbeitsteiligen Prozeß erzielt wurden. Die beginnende Industrialisierung durch Einführung der Mechanisierung einzelner Arbeitsgänge im Fabriksystem blieb zunächst im wesentlichen auf England beschränkt. Deswegen ging es in Deutschland in erster Linie um die Hebung der Elementarbildung der arbeitenden Bevölkerung, insbesondere auf dem Land; denn die Agrarproduktion konnte die gesteigerten Anforderungen nach Lebensmittelversorgung der Städte nur mit neuen Methoden erfüllen, die erforderten, daß sowohl Aberglaube abgebaut und elementare Kenntnisse in Lesen, Schreiben und Ackerbau vermittelt wurden als auch Gottesfurcht und Untertanengeist. Die Einführung der allgemeinen Schulpflicht durch das General-Landschulreglement 1763 und die Begründung der staatlichen Schulaufsicht durch das Allgemeine Landrecht 1794 in Preußen markieren die wichtigsten schulpolitischen Folgerungen aus der politisch-ökonomischen Situation dieser Epoche. So wird im Landschulreglement gefordert, eine Fibel zu schaffen, die "in tabellarischer Form ... das Nötigste und Brauchbarste aus der Physik und einige vorläufige Erkenntnis von den wesentlichen Dingen (enthält), darauf es bei der Land- und Stadtwirtschaft ankömmt."[10]

Die Weiterentwicklung des nwU in dieser Zeit wird mit Hinweis auf die 1708 durch Semler in Halle und 1747 durch Hecker in Berlin gegründeten ersten Realschulen stets stark überschätzt. Meist gingen diese nach kurzer Zeit wieder ein oder hatten über ihren regionalen Bereich hinaus keine Bedeutung; jedenfalls existierten um 1800 lediglich acht Schulen, die ihren Schwerpunkt auf Realbildung legten[11]. Das nimmt nicht weiter wunder: Die Qualifikationen, die das einheimische Schulsystem nicht lieferte, konnten genauso importiert werden (etwa Hugenotten aus Frankreich) wie moderne Produktionsmittel (etwa aus England).

Parallel zum ökonomischen und politischen Aufstieg des Bürgertums entstan-

den in der Aufklärung die Grundlagen der bürgerlichen Ideologie. Das Bild
vom autonomen, vernunftbegabten Individuum brachte auch eine veränderte
Argumentation insbesondere für den Mathematikunterricht hervor (Physik
war weiterhin weitgehend als angewandte Mathematik integriert). Im Vordergrund stand nicht mehr die Nützlichkeit für das bürgerliche Leben, sondern
sein Wert für die Menschenbildung. Der Mathematiker Murhardt schreibt
über die Mathematik: "Einem jedem Gelehrten ist ... ihre Kenntnis ... schlech-
terdings unentbehrlich ... Keine Wissenschaft (ist) fähiger ... , um die menschliche Vernunft ... in ihrer wahren Größe und Würde darzustellen ... Ihr wich-
tigster Nutzen ist aber die Schärfung des Verstandes und die Übung desselben
im gründlichen Urteilen ... "[12]. Auch Francke spricht von der "Schärfung des
Verstandes"[13]. Der Inspektor an Heckers Realschule, Hähn, ergänzt seine
Nützlichkeitsargumentation für den Mathematikunterricht durch den Hinweis, durch ihn werde "der Verstand geschärffet, zum ordentlichen und glück-
lichen Denken angewöhnet"[14]. So übernehmen Gymnasien "ganz unabhängig
von ihrem praktischen Nutzen" die mathesis pura "um ihrer formbildenden
Kraft willen" in nennenswertem Umfang in ihre Lehrpläne auf; die Mathematik wird bis zum Ende des 18. Jahrhunderts "neben den alten Sprachen die
dritte Säule, auf welcher die gymnasiale Bildung ruhte"[15]. Im Gegensatz dazu
war der Unterricht in den Naturwissenschaften nach wie vor von sehr geringem Niveau, zumal die mathesis applicata zunehmend verdrängt wurde. Die
Entwicklung eines eigenständigen bürgerlichen Bildungsbegriffs, der von der
Nützlichkeitsthese abweicht, ist zu begreifen auf dem Hintergrund der Genese
der bürgerlichen Gesellschaft, die durch die Trennung von Produktion und
Konsumption eine Trennung von Bildung und Ausbildung notwendig
macht[16].

Industrielle Revolution

Das 19. Jahrhundert brachte mit der Einführung der Maschinensysteme in die
Produktion die Industrielle Revolution und damit die kapitalistische Klassen-
gesellschaft. Die Aufhebung des Leibeigentums schuf den freien Lohnarbeiter
und zusammen mit der technologischen Neuerung der Ersetzung menschlicher
Arbeitskraft durch Maschinen die Voraussetzung für Kapitalakkumulation in
großem Maßstab. Dabei darf nicht übersehen werden, daß Deutschland noch
lange Zeit überwiegend agrarisch produzierte; bis 1867 war noch ca. die
Hälfte der Bevölkerung in der Landwirtschaft tätig[17]. Erst im letzten Drittel
des Jahrhunderts erfolgte ein sprunghafter Anstieg des technologischen
Niveaus der Produktion und des Anteils der industriellen Lohnarbeiter an
der Erwerbstätigenzahl.

Exkurs zur Rolle der (Natur-)Wissenschaft in der großen Industrie:

Im "Kapital" beschreibt Marx den Übergang von der Manufakturperiode zum Industrie-kapitalismus. Während im Handwerk die Produktionsmittel über Jahrhunderte hinweg fast unverändert blieben und die Qualität der Produkte von der individuellen Erfahrung und dem Geschick des Handwerkers abhing, löst der kapitalistische Produktionsprozeß alle Tätigkeiten auf in "bewußt planmäßige und je nach dem bezweckten Nutzeffekt systematisch gesonderte Anwendungen der Naturwissenschaft"[18], der Produktionsprozeß erhält "wissenschaftlichen Charakter" und wird "technologische Anwendung der Wissenschaft ... Die unmittelbare Arbeit (ist) herabgesetzt zu einem bloßen Moment dieses Prozesses"[19]. Durch die "Einverleibung ungeheurer Naturkräfte und der Naturwissenschaft in den Produktionsprozeß (muß) die Produktivität der Arbeit außerordentlich" gesteigert werden[20], die "technische Basis (der modernen Industrie, F.R.) ist daher revolutionär, während die aller früheren Produktionsweisen wesentlich konservativ war"[21]. Prinzipiell eröffnet diese Umwälzung die Möglichkeit, den gesamten Produktions-prozeß für jeden durchschaubar und beherrschbar zu machen: "Die große Industrie zer-riß den Schleier, der den Menschen ihren eigenen gesellschaftlichen Produktionsprozeß versteckte ... Ihr Prinzip, jeden Produktionsprozeß, an und für sich und zunächst ohne alle Rücksicht auf die menschliche Hand, in seine konstituierenden Elemente aufzu-lösen, schuf die ganz moderne Wissenschaft der Technologie"[22]. "Die Technologie enthüllt das aktive Verhalten des Menschen zur Natur, den unmittelbaren Produktions-prozeß seines Lebens, damit auch seiner gesellschaftlichen Lebensverhältnisse und der ihnen entquellenden geistigen Vorstellungen"[23]. Damit eröffnet sich für die Produzen-ten die Möglichkeit, durch die Aneignung der Natur auch die geistigen Potenzen der Produktion sich anzueignen und "die Ungeheuerlichkeit einer elenden ... disponiblen Arbeiterbevölkerung zu ersetzen durch die absolute Disponibilität des Menschen für wechselnde Arbeitsforodernisse; das Teilindividuum, den bloßen Träger einer gesell-schaftlichen Teilfunktion, durch das total entwickelte Individuum, für welches verschie-dene gesellschaftliche Funktionen einander ablösende Betätigungsweisen sind"[24]. Eine in Klassen geteilte Gesellschaft, deren Produktionssystem an der Erzielung maximaler Profite orientiert ist, ist allerdings nicht in der Lage, die emanzipatorischen Potenzen von Technologie und Wissenschaft zu entwickeln: "Die Wissenschaft, die die unbeleb-ten Glieder der Maschinerie zwingt, durch ihre Konstruktion zweckgemäß als Automat zu wirken, existiert nicht im Bewußtsein des Arbeiters, sondern wirkt durch die Ma-schine als fremde Macht auf ihn, als Macht der Maschine selbst"[25], "die vergegenständ-lichte Arbeit (tritt) der lebendigen Arbeit im Arbeitsprozeß selbst als die beherrschende Macht gegenüber"[26]. Ebenso feindlich wie die Maschine erweist sich den unmittelbaren Produzenten die Wissenschaft, die "als selbständige Produktionspotenz von der Arbeit (ge)trennt und in den Dienst des Kapitals (ge)preßt"[27] ist.

Bei der schulpolitischen Entwicklung ist zu beachten, daß in Deutschland der ökonomischen nicht auch die politische Machtübernahme durch das Bürgertum in gleichem Maße folgte. Die Interessen der Bourgoisie konnten sich also nicht bruchlos durchsetzen, aber der Staat — obwohl von einer postfeudalen Militär- und Verwaltungselite getragen — übernahm insbesondere nach 1871 die Rolle des ideellen Gesamtkapitalisten und verbesserte ständig die Akku-mulationsmöglichkeiten des Kapitals.
Im Hinblick auf die Entwicklung des nwU können drei Phasen unterschieden werden. Die *erste Phase* des Neuhumanismus nahm ihren Ausgang bei der

preußischen Niederlage gegen Napoleon 1806/07, die als "Folge der inneren Ohnmacht des Alten, der Aufklärung, der Nützlichkeitsphilosophie und des Franzosentums" betrachtet wurde[28]. Durch eine neue Jugenderziehung nach dem Ideal der Antike sollte eine nationale Wiedergeburt eingeleitet werden. Obwohl die Vertreter dieser bürgerlichen Erneuerungsbewegung (etwa Humboldt, Wolf, Süvern) selbst Philologen waren, maßen sie der Mathematik hohe geistesbildende Kräfte zu. Am deutlichsten kommt das im Edikt zur Abiturientenprüfung 1812 und im Süvernschen Normallehrplan für Gymnasien 1816 zum Ausdruck. Allerdings wurde der Normallehrplan nie verbindlich, und in der Schulrealität konnte vor allem der naturwissenschaftliche Unterricht wegen ungenügender Zahl und Ausbildung der Lehrer sowie fehlender physikalischer Kabinette kaum im vorgesehenen Umfang durchgeführt werden. Die Realschulen, die ihre Existenzberechtigung aus dem verstärkten nwU bezogen, blieben noch fast bis zur Hälfte des Jahrhunderts einigermaßen bedeutungslos. Die technologischen Qualifikationen, die die beginnende Industrialisierung erforderte, konnten von qualifizierten Handwerkern erbracht werden; die Produktion von höheren technischen Qualifikationen übernahmen die Hochschulen technischer Art bzw. Technischen Hochschulen, von denen zwischen 1825 und 1904 zehn entstanden.

In der *zweiten Phase,* der Zeit der Reaktion nach der Revolution 1848, wurde den Realien vorgeworfen, sie riefen "falsche, unkirchliche, revolutionäre Tendenzen des Zeitgeistes" hervor[29], die Realschulen wurden als "Brutstätten des Materialismus, der Irreligiosität und der Revolution"[30] bezeichnet. Durch die staatlichen Regulative (Stiehl 1854, Zirkularreskript 1856) wurde der Unterricht in den Volksschulen auf die Fächer Religion, Deutsch, Rechnen und Gesang begrenzt und die Stundenzahl des nwU in den höheren Schulformen eingeschränkt, um der "Materialismusgefahr" zu begegnen. Für ältere Volksschüler waren − wenn es die Verhältnisse gestatteten − drei Stunden eines Faches mit dem bezeichnenden Namen "Vaterlands- und Naturkunde" vorgesehen[31]. Bei genauerer Untersuchung kann festgestellt werden, daß es sich bei den Stiehlschen Regulativen nicht lediglich um eine ideologische Überreaktion konservativer Schulpolitiker handelte, sondern daß durchaus objektive Gründe für einen gering qualifizierenden, autoritären und auf Drill ausgerichteten Unterricht für breite Schichten der Bevölkerung vorlagen. Die hierbei vermittelten Kenntnisse und Einstellungen waren genau die, die dem kapitalistischen Wunschbild des neuen, in großer Zahl benötigten Typs des Industrie-Arbeiters entsprachen[32]. Ihren Reflex in der nw Fachdidaktik fand diese Entwicklung bei dem damals recht bekannten Didaktiker Crüger, der in seinem 1850 erschienenen Werk "Die Physik in der Volksschule" die Forderung aufstellte: "Hypothesen und Theorien dürfen nicht Gegenstand des Physikunterrichts in der Volksschule sein. Von einer systematischen Anordnung des Stoffes ist abzusehen."[33] Hier zeigt sich bereits deutlich der

Widerspruch, der bis auf den heutigen Tag den nwU bestimmt: Der immer wieder feststellbaren Qualifikationspolarisation in den Arbeitsplatzstrukturen (Dequalifikation der großen Mehrheit der Massenarbeiter und Spezialisierung einer kleinen wissenschaftlich-technischen Elite treten gleichzeitig auf und bedingen sich gegenseitig)[34] entspricht ein nwU, der auf der einen Seite ein geringes Qualifikationsniveau mit staatstragenden Ideologien verbindet, auf der anderen Seite aber gezwungen ist, eine Reihe von fachlichen Qualifikationen zu produzieren, ohne daß jedoch diese Kenntnisse und Fähigkeiten kritisch gegen das ökonomische und politische System gewendet werden. Die Dreigliederung des Schulwesens sollte und soll dazu dienen, dieses widersprüchliche Ziel zu erreichen.

Kaiserreich und Erster Weltkrieg

Im letzten Viertel des Jahrhunderts erfolgte in einer *dritten Phase* parallel zum wirtschaftlichen, militärischen und technologischen Aufschwung des imperialistischen Kaiserreiches die endgültige Durchsetzung naturwissenschaftlicher Inhalte im Schulwesen. In den "Allgemeinen Bestimmungen für Volks- und Mittelschulen in Preußen" (1872) wurde als Ziel für die (wieder eingeführte) Naturlehre angegeben: " ... die Schüler (sind) zu einem annähernden Verständnis derjenigen Erscheinungen zu führen, welche sie täglich umgeben ... der Stoff (ist) so zu erweitern, ... so daß die Kinder imstande sind, die gewöhnlichen Naturerscheinungen und die gebräuchlichsten Maschinen erklären zu können"[35]. Die Lehrpläne von 1882 sahen erhöhte Stundenzahlen für Mathematik und Naturwissenschaften vor; die Mehrzahl der Realschulen wurde zu Realgymnasien mit fachgebundener Hochschulreife weiterentwickelt; für Schülerübungen und physikalische Kabinette standen Etatmittel zur Verfügung, wissenschaftliche Gesellschaften und Zeitschriften zur Pflege und Förderung des nwU wurden ins Leben gerufen[36]. Aber auch diese Entwicklung verlief keineswegs geradlinig und widerspruchsfrei: So war in Preußen von 1879 bis 1908 der Biologieunterricht abgeschafft, weil die Darwinsche Evolutionstheorie Gegenstand einiger Schulstunden einer Realschule in Lippstadt gewesen war[37]. Staat und Kirche betrachteten den Darwinismus als diametralen Gegensatz zum Schöpfungsbericht und damit als Wegbereiter eines antichristlichen Materialismus, der geradewegs zum Sozialismus zu führen drohte.

Der Prozeß der naturwüchsigen Anpassung des Schulsystems an veränderte Qualifikationsanforderungen wird auch deutlich in der Eröffnungsansprache Wilhelms II. auf der Schulkonferenz 1890, wo er forderte, "daß der junge Mensch doch einigermaßen praktisch für das Leben und seine Fragen vorbereitet werden solle", vor einer Überproduktion an Abiturienten warnte und die Zweiteilung des Bildungswesens in Gymnasien mit klassischer Bildung

und Realschulen mit Realbildung ohne Latein vorschlug[38]. Der Schlußpunkt
dieser Entwicklung war die Gleichwertigkeitserklärung von Gymnasien, Realgymnasien und Oberrealschulen hinsichtlich der Berechtigungen ihres Ab-
schlusses im Jahr 1900; im gleichen Jahr wurde den Technischen Hochschulen
das Promotionsrecht verliehen[39]. Damit war das Bildungswesen nach Inhalten
und Struktur so organisiert, daß es (in Verbindung mit der von Industrie und
Standesverbänden initiierten Reform des Mathematikunterrichts in den Jahren nach der Jahrhundertwende) in der Lage war, die dem Stand der ökonomischen Entwicklung angepaßten Qualifikationen zu liefern. Dabei muß
berücksichtigt werden, daß diese Entwicklung wesentlich vorangetrieben
wurde durch den Widerspruch zwischen den Qualifikationsanforderungen
zweier großer Kapitalfraktionen. Die reaktionäre Montan-Industrie benötigte
arbeitsame und unterwürfige, durch den Volksschul-Drill abgerichtete Arbeiter ohne allzuviel Bildung, während die neuen Wachstums-Industrien wie die
Elektro- und Chemiebranche die Einrichtung von Fachschulen und eine
ingenieurmäßige Facharbeiter- und Technikerausbildung forderten[40]. (Die
adäquate Bildungsstätte für den ebenfalls neuen Typ des kommerziellen
Lohnarbeiters, dessen Bedeutung für den gesamtgesellschaftlichen Produk-
tions- und Zirkulationsprozeß um die Jahrhundertwende sprunghaft anstieg,
wurde in der Realschule gefunden[41].)
Dort wo der nwU in den Bildungskanon der Schulen aufgenommen wurde,
zeigte sich jedoch bald eine negative didaktische Entwicklung: Das Streben
nach lückenloser Darstellung aller Naturphänomene führte zu einer hoffnungs-
losen Überfrachtung einer unerträglichen Stofffülle, die nur noch mit Drill-
methoden in die Köpfe der Schüler zu bringen war: Der "Dogmatismus" des
nwU wurde noch unterstützt durch die "kritiklos verwendete Formalstufen-
theorie der Herbartianer"[42]. Dagegen setzten fortschrittliche Pädagogen den
Gedanken der Arbeitsschule, der eine Vorwegnahme des exemplarischen
Prinzips der Stoffauswahl bedeutete; durch Schülerübungen sollte die Selbst-
tätigkeit der Schüler angeregt und ein Nachvollzug der Forschungstätigkeit
ermöglicht werden[43]. In der Gymnasialpädagogik setzte Georg Kerschen-
steiner 1913 mit seiner Schrift "Wesen und Wert des naturwissenschaftlichen
Unterrichts" den Schlußpunkt unter die Diskussionen über den Bildungswert
des nwU, indem er vom Standpunkt eines neuhumanistischen Bildungsideals
nachwies, daß die Naturwissenschaften die gleiche Bildungsfunktion haben
können wir die alten Sprachen.
Wie der nwU trotz seiner vermeintlichen Wertfreiheit für ideologische Zwecke
in Dienst genommen werden kann, zeigte sich bereits im ersten Viertel des
20. Jahrhunderts, wo eine reaktionäre Fachdidaktik den Unterricht für die
imperialistische Kriegspropaganda benutzte. Hier sind auch die Wurzeln für
die Ausgestaltung des nwU im Faschismus zu suchen.

"Dieser gewaltige Krieg ist ein Krieg der Wissenschaften und Technik ... Die Volksschule darf an diesen Dingen nicht stillschweigend vorübergehen, will sie nicht die Gelegenheit versäumen, dem Kind einen Begriff von der Gründlichkeit der deutschen Wissenschaft, des deutschen Geistes und Forscherfleißes zu geben."[44]

"Die Hauptsache bleibt, ein lebendiges und anschauliches Bild zu gewinnen von der großartigen Geschlossenheit und dem erstaunlichen Reichtum der Ideen, die in der Kriegsphysik und Kriegstechnik zur Entfaltung gekommen sind und fortwährend neu zur Entfaltung kommen."[45]

"Wenn es noch irgendeines Beweises für das Ansehen und die Macht der Naturwissenschaft bedurfte, so hat ihn der Weltkrieg geliefert. Umso eigenartiger ist die Tatsache, daß der naturwissenschaftliche Unterricht auch heute noch mit starken Widerständen zu rechnen hat und den ihm gebührenden Platz sich mühsam erkämpfen muß."[46]

Weimarer Republik

Nach der Niederlage des Ersten Weltkrieges schien das politische Gewicht zunächst auf der Seite der Koalition zwischen Reform-Kapital und Reformisten (Wachstumsindustrie und SPD) zu liegen, was für die Schulpolitik eine Überwindung der (ständischen) Rekrutierungsschranken für mittlere technische und höhere naturwissenschaftliche Bildung bedeutete. Im Schulkompromiß der Weimarer Republik wurde jedoch nur ein schmaler Weg "zwischen Rekrutierungserweiterung und Konfessionalisierung des Schulwesens"[47] offengelassen. Trotzdem konnte sich im Rahmen der Reformpädagogik der zwanziger Jahre der Arbeitsschulgedanke im nwU weiter durchsetzen.

Neben der Produktion von naturwissenschaftlichen Qualifikationen zur Vorbereitung auf die Arbeits- und Alltagswelt kam dem nwU im Hinblick auf die Klassenauseinandersetzungen der Weimarer Republik besondere Bedeutung auf dem Gebiet der Ideologiebildung zu. So stand die Vermittlung eines stark religiös geprägten Naturbildes sowohl im Vordergrund des Volksschul- wie des Gymnasialunterrichts, jedoch durchaus klassenmäßig akzentuiert:

Aus der Lehrordnung für die bayerischen Volksschulen (Oberstufe) von 1926:

"Im besonderen sollen sie (die Schüler, F.R.) Freude an der Schönheit der Natur empfinden und sie als eine Quelle edlen Genusses schätzen und lieben lernen. Sinniges Betrachten der Natur erzeugt ungesucht Ehrfurcht vor dem Schöpfer."[48]

Aus einer Didaktik für Realgymnasien (1926):

" ... das Endziel des naturkundlichen Unterrichts (ist) eine von sittlichem Ernst und Wahrheitssinn getragene Weltanschauung, welche zur Führerrolle reif macht und den innern Sinn schärft für die Probleme der Metaphysik und für die religiöse Erfassung des Urgrunds alles Weltgeschehens."[49]

Fortschrittliche Reformpädagogen hatten bereits durchaus erkannt, daß für die Masse der Industriearbeiter, die lediglich repetitive Teilarbeiten zu verrichten hatten, der nwU keinen unmittelbaren Beitrag zu ihrer beruflichen Qualifikation leisten konnte: "Die fortschreitende Industrialisierung Deutschlands hat die Herrschaft der Maschine gebracht, die Arbeit in den Fabriken entseelt, den Arbeiter zum Lohnsklaven herabgewürdigt ... Die oft geisttötende Arbeit ... (macht) unempfänglich für den Genuß echter Kulturgüter."[50] Deshalb wird hier für den naturwissenschaftlichen Volksschulunterricht neben dem "Verständnis für die physikalischen Erscheinungen und Gesetze, die im Leben des werktätigen Menschen von grundlegender Bedeutung sind"[51], als Kompensation für die "Schattenseiten der Zivilisation", die die Industriearbeiterschaft am stärksten verspürt, vorgeschlagen: " ... die Volksschule (muß das Kind) durch kluge und zweckmäßige Auswahl des Bildungsgutes in den Bereich der deutschen Kultur bringen, es in den Stand setzen, am kulturellen Leben der Gegenwart irgendwie teilzunehmen."[52]

Aber auch die reaktionäre Linie der vaterländischen Fachdidaktik wurde weitergeführt und entwickelte sich zu einem Konglomerat von nationalistisch getönter Fortschrittsgläubigkeit, pseudohumanistischen Bildungsvorstellungen und faschistischer Rassentheorie. Der Abschnitt "Staatsbürgerliche Unterweisung im mathematisch-naturwissenschaftlichen Unterricht" einer didaktischen Schrift von 1933 befaßt sich ausschließlich mit der Bedeutung der Erbgesetze für das "Volksganze". Nach dem Nachweis, daß "auf 65 Millionen Einwohner ... insgesamt 16 Millionen ... erblich belastete Volksgenossen (kommen), deren Nichtfortpflanzung dringend zu wünschen wäre"[53], wird der Schluß gezogen: "Wer den Weg kennt, die Entstehung von Krüppeln, Idioten und Verbrechern zu verhüten, hat auch die sittliche Pflicht, das ihm geschenkte Wissen in die Tat umzusetzen. Vaterland und Volk sind Heiligtümer, hinter deren Notwendigkeiten die Wünsche der Einzelnen und ihrer Familien zurücktreten müssen."[54]

Faschismus und Zweiter Weltkrieg

Die Diktatur und die enge Verflechtung von Staat und Großkapital war der politisch-ökonomische Ausweg des deutschen Kapitalismus aus zunehmenden Verwertungsschwierigkeiten. Die Lage der Lohnarbeiter verschlechterte sich durch Lohnsenkung und die Verlängerung des Arbeitstages; diese Verschlechterung ging einher mit der Übernahme der Berufsausbildung durch die Betriebe, was zu einer Zunahme der Anlern- (und Abnahme der Lehr-)Berufe führte. Somit erfährt "im Faschismus ... die dequalifizierende Tendenz der kapitalistischen Produktionsweise einen neuerlichen Höhepunkt"[55].

Diese Entwicklung ist auch deutlich aus Lehrplänen und Lehrbüchern herauszulesen.

So heißt es in den Lehrplanrichtlinien für Volksschulen 1939:

"Die Volksschule hat nicht die Aufgabe, vielerlei Kenntnisse zum Nutzen des einzelnen zu vermitteln ... Heimat und Volk stehen im Mittelpunkt der Arbeit ... die Volksschule (trägt) dazu bei, daß die Bedeutung der Arbeit im Leben unseres Volkes, insbesondere der Handarbeit, richtig erkannt und gewürdigt wird"[56].

Die höhere Schule stand eindeutig unter dem Gedanken der Eliteschulung:

"Aufgabe der höheren Schule ist es ... , aus allen Kreisen des Volkes die zum Dienst unter einer gesteigerten Anforderung fähigen und bereiten Deutschen auszulesen und sie zu jener Entscheidungs- und Leistungsfähigkeit zu erziehen, die sie brauchen, um später die Verantwortung des Arztes und Richters, des Offiziers und Lehrers usw. tragen zu können"[57].

Dabei stehen jeweils im Biologieunterricht die Erbgesetze und ihre Konsequenzen[58] und im Chemie- und Physikunterricht die Leistungen "deutscher und überhaupt nordisch-germanischer Männer" im Vordergrund[60].

Die schlicht verdummende Tendenz und der intellektuellenfeindliche Charakter insbesondere des Volksschulunterrichts wird deutlich, wenn von faschistischen Pädagogen "ein Umwandlungsprozeß aus der Wissenschaftlichkeit in die praktischen Bedürfnisse einer nationalpolitischen Bildung"[61] gefordert wird. Jegliche Inhalte werden nicht zur Darstellung naturwissenschaftlicher Gesetzmäßigkeiten in ihrem gesellschaftlichen Verwertungszusammenhang herangezogen, sondern dienen lediglich dem Transport der faschistischen Ideologie von Volksgemeinschaft und Herrenrassentum: "Wir dozieren nicht wissenschaftlich-systematisch: 'Der Wasserdruck', wir sagen aber auch nicht nur physikalisch-technisch: 'Das Wasserrad' oder 'Wasserkraftmaschinen'; bei uns heißt es: 'Das Walchenseekraftwerk' oder noch besser: 'Wie die deutsche Technik unsere Wasserkräfte ausnutzt'."[62] Bei genauer Durchsicht dieses Lehrerhandbuchs stellt sich heraus, daß so gut wie keine naturwissenschaftlich-technischen Qualifikationen im Unterricht erworben werden sollen, sondern lediglich eine Reihe von unverbundenen, dazu oft falschen Detailinformationen vermittelt werden, die dann nur autoritär eingepaukt werden konnten. Einige weitere Kapitelüberschriften: Nationalsozialistische Bau- und Siedlungspolitik, Ein Deutscher erfindet die Maschine zur Erzeugung des elektrischen Stromes, Die Technik hilft das Vaterland verteidigen, Die Technik hilft die deutsche Volksgemeinschaft schaffen[63, 64].

Wie bereits angedeutet, wurde der nwU wesentlich auch in den Dienst der Kriegshetze gestellt (und führte damit eine unselige Tradition der Monarchie fort, siehe oben).

"Der Physikunterricht kann für die nationalpolitische Erziehung in doppelter Weise Wesentliches beitragen. Dadurch, daß er das Leben und Ringen der großen deutschen Naturforscher und Ingenieure der Jugend nahebringt und deren Werk als einen Ausdruck deutschen Geistes und deutschen Wesens lebendig werden läßt, wird er das völkische Selbstbewußtsein in seiner edelsten Form stärken. Wenn dabei der Entschluß wachgerufen wird, dieses Kulturgut, deutschen Boden und deutsches Leben vor feindlichem Zugriff zu schützen, und wenn der Physikunterricht darüber hinaus die technischen Wege und Mittel zeigt, diesen Schutz durchzuführen, dann wird er mit den *Wehrmitteln* auch die *Wehrkräfte* wecken, wird also bei der Erziehung der deutschen Jugend zur *Wehrhaftigkeit* eine ausschlaggebende Rolle zu spielen haben."[65]
"Physikunterricht ohne Betonung wehrphysikalischer Dinge ist heute nicht mehr denkbar. Der Verlauf des uns aufgezwungenen Freiheitskampfes und die Stellung Groß-

deutschlands als Seemacht verlangen eine starke Berücksichtigung von Fragen aus dem Bereich der Kriegsmarine. Dem kommt auch der Drang unserer Jugend entgegen, die alles verstehen will, was mit der Kriegsmarine zusammenhängt."[66]
Aus den oben ausgeführten ideologischen Gründen und wegen des zunehmenden Bedarfs an qualifizierten Fachkräften für die Rüstungsindustrie und für technisches Militärpersonal gewann der nwU während der Zweiten Weltkrieges wieder etwas an Bedeutung, was sich an einer Erhöhung der Stundenzahlen ablesen läßt[67].

Bundesrepublik

1945 – 1960

Nach der Niederlage des Faschismus wurde auch im Schulwesen (im Gegensatz zur DDR) die "Nullpunktchance" verpaßt. Die Anknüpfung an die pädagogische und schulpolitische Tradition der Weimarer Republik[68] äußerte sich in der Erhaltung des starren dreigliedrigen Schulsystems mit niederer (Grund- und Hauptschule, "Volks"schule), mittlerer (Realschule) und höherer Bildung (Gymnasium), das die Schüler (wie sich in schulsoziologischen Untersuchungen herausstellte – gemäß ihrer sozialen Herkunft) praktisch ohne Durchlässigkeit festen beruflichen und damit sozialen Positionen zuwies. Seine theoretische Legitimation bezog dieses System aus einem genetischen Begabungsbegriff. Der inhaltliche Schwerpunkt lag auf der Vermittlung der Kulturtechniken (Lesen, Schreiben, Rechnen) und einer philologisch-historisch orientierten "Bildung". Der Rekurs auf den bürgerlichen Bildungsbegriff hatte seine Ursache in der Annahme, ein allgemein gebildetes Individuum mit festen moralisch-ethischen Grundsätzen biete die beste Gewähr, eine Wiederholung des Erfolgs totalitärer faschistischer Ideologien ebenso zu verhindern wie den Einfluß kommunistischen Gedankenguts abzuwehren.
Für den nwU sah diese Argumentation folgendermaßen aus (aus einem Gymnasiallehrplan von 1945 aus Hessen):

"Der Unterricht in *Mathematik und Naturwissenschaften,* der zu sauberem Denken, zu klarer Anschauung, zu geduldiger Arbeit, zur nüchternen Anerkennung der gegebenen Wirklichkeit und kritischer Prüfung der eigenen Leistung erzieht, hat gerade heute die Aufgabe, allen hohlen Schein und Schwulst der letzten Jahre zu vertreiben."[69]

Ein frommer Wunsch angesichts der oben explizierten Rolle des nwU innerhalb des faschistischen Schulwesens.
Konkreter Ausdruck dieser Reeducation-Strategie im Schulsystem war die Festschreibung des Religionsunterrichts als ordentliches Schulfach und die Einführung politischer Bildung in Form von "Staatsbürgerkunde" o.ä., die eine Identifikation mit den Institutionen des neuen Staatswesens zum Ziel hatte. Diese geisteswissenschaftlich orientierte Schulbildung war blind gegenüber

wirtschaftlichen und politischen Entwicklungen und saß unbekümmert bürgerlichen Ideologien auf, was angesichts der relativ konstanten Qualifikationsstruktur (Prosperität der Rekonstruktionsperiode) und der stabilen politischen Lage des "Kalten Krieges" den Charakter von Schule als abgehobenem gesellschaftlichen Bereich ohne Verbindung zum "Leben" unterstreicht (Schule als Freiraum). Höhepunkt (und gleichzeitig Schlußpunkt) der Überbetonung philologisch-historischer Inhalte und der individuellen Begabungsvorstellung bildete 1960 einerseits ein Gutachten des Deutschen Ausschusses für das Erziehungs- und Bildungswesen, in dem beispielsweise Spezialschulen für besonders Begabte vorgeschlagen wurden, in denen Hochbegabte durch intensive Förderung das Abitur schneller als normal erreichen sollten, und andererseits die Saarbrücker Rahmenvereinbarung der Kultusminister zur Reform der gymnasialen Oberstufe, nach der der Einfluß der mathematisch-naturwissenschaftlichen Fächer in ihrer Bedeutung stark zurückgedrängt wurde. Hiergegen erhoben sich nicht nur die Proteste fachegoistischer Wissenschaftler, sondern auch von Wirtschaftsverbänden, die die Notwendigkeit von naturwissenschaftlich-technischen Qualifikationen insbesondere für die Entwicklung der Wachstumsindustrie (Elektroindustrie, Chemische Industrie) erkannt hatten.

In den Lehrplänen und Lehrbüchern dieser Zeit zeigt sich ein Rückfall in die enzyklopädische Stoffhuberei des beginnenden Jahrhunderts[70]; didaktische Ansätze zur Reduzierung der Stoffülle (wie der des exemplarischen Prinzips) konnten sich noch nicht durchsetzen. Die bereits bekannten Argumentationsmuster — der Nützlichkeitsstandpunkt und die Gottesverehrung — wurden in fast allen Fällen zur Legitimation des nwU herangezogen[71].

1960 – 1970

Das Lamento um die "Bildungskatastrophe" (Picht) und die ersten — eher propagandistisch anmutenden — groben bildungsökonomischen Untersuchungen waren der ideologische Reflex auf die beginnenden Veränderungen der Qualifikationsstruktur, die ihren Ursprung in der Suche nach einem Ausweg aus den sich abzeichnenden Kapitalverwertungsschwierigkeiten hatten: Die Produktionsmittel, mit denen die Produktion nach dem Krieg auf modernstem technologischen Stand aufgenommen worden war, begannen zu veralten; das Lohnniveau, das in den fünfziger Jahren zu den niedrigsten Europas gehört hatte, begann zu steigen; durch den Bau der Mauer in Berlin versiegte der ständige Zustrom hochqualifizierter Facharbeiter aus der DDR. Angesichts des kaum entwickelten bildungsökonomischen Instrumentariums (so gab es weder gesichertes statistisches Material über das Bildungswesen noch Methoden zur Bedarfsprognose) und des Drucks der öffentlichen Meinung ist es nicht verwunderlich, daß der Krise zunächst mit organisatorischen

Maßnahmen zu Leibe zu rücken versucht wurde. Die Einführung der Förder-
bzw. Orientierungsstufe (5. und 6. Schuljahr) und die Erhöhung der Abiturientenzahlen[72] schienen das geeignete Mittel, durch extensive Produktion
von Akademikern den wissenschaftlich-technischen Fortschritt zu forcieren
und sowohl den "technological gap" zu den USA aufzuholen als auch — nach
Sättigung des Binnenmarktes — eine führende Rolle auf dem Weltmarkt zu
spielen. Dem lag die — inzwischen überholte — Auffassung zugrunde, die
absolute Zahl von Wissenschaftlern und Technikern (und sie alleine) sei ein
Gradmesser für die technologische und damit wirtschaftliche Potenz eines
Staates. Die Kurzsichtigkeit dieses Verfahrens zeigte sich bald: Weder stiegen
die Studentenzahlen in den technischen Fächern in dem erwarteten Maße (in
der Schule waren sie schließlich weitgehend auf die Geisteswissenschaften
hin orientiert worden), noch erwiesen sich durch die Universität in erster
Linie theoretisch qualifizierte Akademiker als das erhoffte innovative technologische Potential. (Folgerichtig wurden, um geeignet qualifizierte Arbeitskräfte zu geringen Kosten auszubilden, in der zweiten Hälfte der 60er Jahre
die Ingenieurschulen bzw. Fachhochschulen stark erweitert[73].) Schließlich
machten die hohen Abiturientenzahlen die mangelnde Kapazität und die
autoritäre Struktur der westdeutschen Universitäten überdeutlich; eine Folge
davon war die Politisierung weiter Teile der Studentenschaft in der Studentenbewegung. Mangelnde Planung und eine nur naturwüchsige, durch den
Kulturföderalismus zersplitterte Bildungspolitik hatten u.a. zu einer marxistisch orientierten Radikalisierung der akademischen Jugend geführt, die im
Gefolge der ökonomischen Krise von 1966/67 auf andere Teile der Bevölkerung überzugreifen drohte. Von daher ergab sich für eine an der Erhaltung der
privatwirtschaftlich organisierten Gesellschaftsordnung interessierte Bildungspolitik die Notwendigkeit, eine Neuorientierung der Qualifizierungsfunktio-
nen des Bildungswesens (sowohl auf technisch-instrumentelle und normative
als auch auf kommunikative Qualifikationen bezogen) vorzunehmen.
Die ideologische Struktur und die gesellschaftliche Funktion des nwU in diesem Zeitabschnitt sind anhand von Lehrplänen und Lehrbüchern relativ gut
untersucht[74]. Die Analysen kommen zu folgendem Ergebnis: Im nwU herr-
schen wesentlich zwei ideologische Momente vor, die zur Begründung des
Bildungswertes und zur Bestimmung von Zielen herangezogen werden.
— Das mystifizierend-religiöse Welt, das auf die Schönheit und Ordnung der
   Natur und die Ehrfurcht vor dem Schöpfer rekurriert und
— das wissenschaftlich-moderne Weltbild, das von Objektivitätspostulaten,
   Sachzwangargumentationen und positivistischen Versatzstücken durch-
   drungen ist.
Beide Argumentationsweisen lassen sich klassenspezifisch der Volksschule
(mystifizierend-religiös) und dem Gymnasium (wissenschaftlich-modern)
zuordnen, wobei die Qualifikationsvorstellungen der Lehrpläne und Schul-

bücher offenkundig werden: hier reibungslos funktionierende Befehlsempfänger mit minimalem Kenntnisstand, dort wissenschaftlich-technische Kader mit Vorgesetztenfunktion. (Es muß in diesem Zusammenhang betont werden, daß sich im Rahmen der im folgenden beschriebenen inhaltlichen Veränderungen im nwU das Schwergewicht der Begründung in Richtung auf ein technokratisch-wertfreies Weltbild verschoben hat, das Elemente von Fortschrittsgläubigkeit und Wachstumsideologie enthält[75].)

nach 1970

Zur Anpassung der Qualifikationsstruktur an die Arbeitsplatzstruktur schien eine enge Verschränkung von organisatorischen und inhaltlichen Maßnahmen notwendig, wie sie etwa im "Strukturplan für das Bildungswesen" 1970 oder — allgemeiner — durch die bildungspolitischen Zielsetzungen der Sozialdemokratie beschrieben wurden. Zur organisatorischen Seite gehören etwa:

- Einführung der Gesamtschule zur Ausnutzung von "Begabungsreserven" und zur gleichzeitigen differenzierten Qualifikationsproduktion
- Einbeziehung des Elementarbereichs zur Angleichung der Eingangsvoraussetzungen
- Reform der Oberstufe des Gymnasiums (Kurssystem, weitgehende Wahlmöglichkeiten) zur frühzeitigen Spezialisierung und besseren Vorbereitung auf das Studium

Dazu zählten auch die Anstrengungen zur Intensivierung der Ausbildung durch die Entwicklung und Anwendung von Curriculumelementen[76], Medien und Programmen, die neben ihrer ökonomischen Funktion für die Lehrmittelhersteller und Verlage zur Effektivierung und Rationalisierung des Unterrichts beitragen sollten, also auf genau planbare exakte Qualifikationsvermittlung mit minimalem Aufwand hinzielen.

Zur inhaltlichen Seite zählten

- Einführung neuer Inhalte wie Mengenlehre, Informatik, Schaltalgebra, Quantenmechanik und Relativitätstheorie als Grundlage zum Umgang mit der "verwissenschaftlichten" Produktion
- Frühbeginn des naturwissenschaftlichen Unterrichts (zum Teil bereits in der Primarstufe, meist ab 5. Schuljahr)
- Revision der Lehrpläne und Curricula, z.T. in Form von lernzielorientierten Richtlinien[77]
- Einführung von Leistungskursen und Arbeitsgemeinschaften in den naturwissenschaftlichen Fächern
- Einführung des Faches Arbeitslehre/Polytechnik in den letzten Klassen der Hauptschule zur unmittelbaren Vorbereitung auf produktive Tätigkeiten

— Intensivierung der Lehrerausbildung für die mathematisch-naturwissenschaftlichen Fächer etwa durch Einrichtung fachdidaktischer Lehrstühle
an den Universitäten
Wieweit diese Maßnahmen dem Qualifikationsbedürfnis der Industrie ent-
gegenkommen, zeigt sich an der Übereinstimmung dieser Aufstellung mit
einem Forderungskatalog, der in einem Memorandum des Präsidialarbeits-
kreises für Forschungspolitik des Bundesverbandes der Deutschen Industrie
1970 unter dem Titel "Zur Lage der naturwissenschaftlich-technischen Bildung in der BRD" niedergelegt wurde.
Abgerundet wurde das Bild staatlicher Maßnahmen zur möglichst reibungs-
losen Anpassung der Arbeitskräfte an die wirtschaftliche Bedarfsstruktur
durch die verstärkte Anwendung von Planifikations-, Zentralisations- und
Lenkungsmaßnahmen wie Berufsforschung und daran orientierte Berufs-
beratung, Aufbau von zentralen Curriculumplanungsinstitutionen und zen-
traler Studienplatzvergabe.
Aufgrund des widersprüchlichen Charakters der kapitalistischen Gesellschaftsordnung setzten sich diese Tendenzen jedoch nicht bruchlos durch: Verschiedene Kapitalfraktionen verfolgen durchaus unterschiedliche Interessen, der
Anspruch auf intensivere Ausbildung kollidiert ständig mit der dadurch notwendigen Ausweitung der Bildungsausgaben, und schließlich tritt das individuelle Qualifizierungsinteresse oft genug in Widerspruch mit der gesellschaftlichen Bedarfsstruktur. Zudem ist inzwischen mit guten Gründen bezweifelt
worden, daß Bildungsplanung als Anpassung der Qualifikationsstruktur an die
Arbeitsplatzstruktur überhaupt möglich ist[79].
Inzwischen hat die ökonomische Dauerkrise das "Ende der Reformillusionen"
(Baethge) gebracht. Materielle und politische Restriktionen haben auch die
wenigen Reformvorhaben, die inhaltlich eine Veränderung des nwU über die
beschriebenen technokratischen Ansätze hinaus in Richtung auf mehr Gesell-
schaftsrelevanz und politische Bewußtheit hin anstrebten, weitgehend ge-
stoppt[80]. Trotzdem kann konstatiert werden, daß der nwU in der Zeit nach
der Studentenbewegung erstmals einer wissenschaftskritischen Problematisie-
rung und Analyse unterzogen wurde; an einigen Stellen wurde bereits der
Schritt zur Konstruktion von Alternativen vollzogen[81].

Das Ergebnis unserer historischen Analyse zeigt, daß der naturwissenschaftliche Unterricht stets in der Lage war, sowohl den Qualifikationsbedarf der
materiellen Produktion zu decken als auch seinen ideologischen Beitrag zur
Loyalitätssicherung gegenüber dem herrschenden System zu leisten. Die zum
Teil heftig geführten Auseinandersetzungen um den Bildungswert der naturwissenschaftlichen Fächer lieferten dazu im wesentlichen den ideologischen
Überbau. Veränderungen in diesem Bereich des Schulwesens gingen meist
auf veränderte Qualifikationsanforderungen des Produktionsprozesses (und

damit auch auf veränderte Bedingungen der Kapitalverwertung) zurück, nicht jedoch auf Entwicklungen in der dem Schulfach zugrundeliegenden Wissenschaft.

Anmerkungen

1) Eine ausgezeichnete Analyse für den Mathematikunterricht liefert H. Inhetveen, Die Reform des gymnasialen Mathematikunterrichts zwischen 1890 und 1914 — Eine sozioökonomische Analyse, Bad Heilbrunn 1976, und dies., Zur Geschichte des Mathematikunterrichts, in: F. Rieß (Hrsg.), Kritik des mathematisch-naturwissenschaftlichen Unterrichts, Frankfurt/Main 1977, S. 139—206.
2) vgl. D. Krause-Vilmar, Materialien zur Sozialgeschichte der Erziehung, in: ZfPäd, 18. Jg. 1972, S. 357f.
3) Als Beispiel mögen die Lehrbücher von Blättner, Ruß und Reble genügen.
4) F. Engels/K. Marx, Deutsche Ideologie, in: MEW 3, S. 37f.
5) Die Materialien und Basisinformationen, die W. Schöler wiederentdeckt hat (Briefe, Protokolle und Schülerhefte aus dem Philantropin Dessau und dem Salzmann-Nachlaß) wurden leider nicht veröffentlicht; ihr Wert für eine materialistische Analyse kann nicht überprüft werden, da Schöler sie in seiner Arbeit nicht unter einem solchen Anspruch verwertete. — W. Schöler, Geschichte des naturwissenschaftlichen Unterrichts im 17. bis 19. Jahrhundert, Westberlin 1970.
6) In der historischen Darstellung stützen wir uns — auch soweit nicht wörtlich zitiert wird — auf folgende Quellen: O. Brüggemann, Naturwissenschaft und Bildung, Heidelberg 1967; N. Maaßen/W. Schöler, Geschichte der Mittel- und Realschulpädagogik, 2 Bde., Berlin/Hannover/Darmstadt 1960; F. Pahl, Geschichte des naturwissenschaftlichen und mathematischen Unterrichts, Leipzig 1913; J. Norrenberg, Geschichte des naturwissenschaftlichen Unterrichts an den höheren Schulen Deutschlands, in: O. Schmeil/W.B. Schmidt (Hrsg.), Sammlung naturwissenschaftlich-pädagogischer Abhandlungen, Erster Band, Leipzig/Berlin 1904; F. Paulsen, Geschichte des Gelehrten Unterrichts, 2 Bde., Leipzig [3]1919.
7) Pahl (Anm. 6), S. 133.
8) a.a.O., S. 134. Ähnlich argumentieren Locke und Rauhe.
9) Maaßen/Schöler (Anm. 6), Bd. 1, S. 40.
10) zitiert nach: D. Otten, Kapitalentwicklung und Qualifikationsentwicklung, Westberlin 1973, S. 53.
11) Maaßen/Schöler (Anm. 6), Bd. 1, S. 69, Anm. 1.
12) zitiert nach Pahl (Anm. 6), S. 175f.
13) a.a.O., S. 179.
14) a.a.O., S. 184.
15) a.a.O., S. 205ff.
16) siehe hierzu ausführlich: E. Altvater, Der historische Hintergrund des Qualifikationsbegriffes, in: E. Altvater/F. Huisken, Materialien zur politischen Ökonomie des Ausbildungssektors, Erlangen 1971, S. 83.
17) nach B. Michael/H.-H. Schepp (Hrsg.), Politik und Schule von der Französischen Revolution bis zur Gegenwart, Bd. 1, Frankfurt/Main 1973, S. 526.
18) K. Marx, Das Kapital, Erster Band, MEW 23, S. 510.
19) K. Marx, Grundrisse der Kritik der politischen Ökonomie, Frankfurt o.J., S. 587.
20) Marx (Anm. 18), S. 408
21) a.a.O., S. 511.

22) a.a.O., S. 510.
23) a.a.O., S. 393, Anm. 89.
24) a.a.O., S. 512.
25. Marx (Anm. 10), S. 584.
26) a.a.O., S. 585.
27) Marx (Anm. 18), S. 382.
28) Pahl Anm. 6), S. 269.
29. a.a.O., S. 285.
30) Paulsen (Anm. 6), Bd. 2, S. 556.
31) nach P. Weinrowsky, Physik (Handbuch der Volksschulpädagogik, hrsg. von U. Peters und W. Weimer), Frankfurt/Main 1933, S. 8. (Das Erscheinungsjahr des Buches darf nicht zu dem Irrtum verleiten, es handele sich hier um ein faschistisches Machwerk; P. Weinrowsky war vielmehr ein reformpädagogischer Anhänger des Arbeitsschulgedankens, siehe auch weiter unten.)
32) Otten (Anm. 10), s. 57ff.
33) zitiert nach: Weinrowsky (Anm. 31), S. 8.
34) siehe dazu auch: G. Fieblinger, Das Verhältnis von Naturwissenschaft und gesellschaftlichem Arbeitsprozeß — Qualifikationsanforderungen an den naturwissenschaftlichen/technischen Unterricht, in: M. Ewers (Hrsg.), Naturwissenschaftliche Didaktik zwischen Kritik und Konstruktion, Weinheim und Basel 1975.
35) zitiert nach: Weinrowsky (Anm. 31), S. 9.
36) Pahl (Anm. 6), S. 319f. — Es handelt sich (in der Reihenfolge ihrer Gründung) um folgende Gesellschaften: 1891: Verein zur Förderung des Unterrichts in der Mathematik und in den Naturwissenschaften; etwa zur gleichen Zeit: Verein zur Förderung des physikalischen Unterrichts. 1904: Unterrichtskommission der Gesellschaft Deutscher Naturforscher und Ärzte. 1908: Deutscher Ausschuß für den mathematischen und naturwissenschaftlichen Unterricht (DAMNU); und folgende Zeitschriften: 1870: Zeitschrift für die mathematischen und naturwissenschaftlichen Unterricht. 1887: Zeitschrift für den physikalischen und chemischen Unterricht. 1895: Unterrichtsblätter für Mathematik und Naturwissenschaften. 1906: Abhandlungen zur Didaktik und Philosophie der Naturwissenschaften. 1908: Monatshefte für den gesamten naturwissenschaftlichen Unterricht.
37) Brüggemann (Anm. 6), S. 56.
38) zitiert nach: Michael/Schepp (Anm. 17), S. 414ff.
39) A. Reble, Geschichte der Pädagogik, Stuttgart [10]1969, S. 247ff.
40) Otten (Anm. 10), S. 78f.
41) a.a.O., S. 74f.
42) Weinrowsky (Anm. 31), S. 7. — Zur Illustration dieses Vorwurfs siehe: P. Conrad, Präparationen für den Physik-Unterricht in Volks- und Mittelschulen, Dresden [2]1901.
43) siehe z.B. L. Wunder, Physik für Lehrer aller Schulgattungen (Der naturwissenschaftliche Unterricht auf der Grundlage des Arbeitsschulgedankens, Bd. 1), Hildesheim und Leipzig 1914; H. Hahn, Wie sind die physikalischen Schülerübungen praktisch zu gestalten, in: Abhandlungen zur Didaktik und Philosophie der Naturwissenschaften Bd. 1, Heft 4, Berlin 1906.
44) K. Spahn, Kriegsstoffe für den Unterricht in Physik und Chemie (Hilfsbücher für Kriegsstunden Bd. IX), Straßburg 1916, S. 7.
45) F. Auerbach, Die Physik im Kriege, Jena 1917, S. 5.
46) B. Schmid, Die Naturwissenschaften in Erziehung und Unterricht (Das neue Deutschland in Erziehung und Unterricht, Heft 3), Leipzig 1918, S. 5.
47) siehe hierzu ausführlich: Otten (Anm. 10), S. 84ff.

48) zitiert nach: H. Hettwer (Hrsg.), Lehr- und Bildungspläne 1921—1974, Bad Heilbrunn 1976, S. 25.

49) F.C.G. Müller, Technik des physikalischen Unterrichs, Berlin [2]1926, S. IV.

50) Weinrowsky (Anm. 31), S. 14.

51) a.a.O., S. 16.

52) a.a.O., S. 15.

53) E. Tiedge, Bildungsaufgaben des mathematisch-naturwissenschaftlichen Unterrichts der höheren Schule, Frankfurt/Main 1933, S. 104.

54) a.a.O., S. 106.

55) Otten (Anm. 10), S. 90.

56) zitiert nach: Hettwer (Anm. 48), S. 47f.

57) a.a.O., S. 62.

58) siehe dazu auch: E. Busche, Vererbung bei Krupp, Krause und im Schulbuch oder Warum und wozu reaktionäre Erblehre im Biologieunterricht? in: E. Busche/B. Marquardt/M. Maurer (Hrsg.), Natur in der Schule. Kritik und Alternativen zum Biologieunterricht, Reinbek 1978, besonders S. 43—46.

59) Hettwer (Anm. 48), S. 75.

60) siehe hierzu auch die besonders perfide Ausgeburt faschistischer Naturwissenschaft: Ph. Lenard, Deutsche Physik, München—Berlin 1936; insbesondere die Charakterisierung von Albert Einstein und seinen wissenschaftlichen Ergebnissen auf S. IXf. Bemerkenswert ist in unserem Zusammenhang noch, daß "mangelhaftes Gefühl für Wahrheit" bei "Ariern" auf den "schlechten Zustand des naturwissenschaftlichen Unterrichtswesens" zurückgeführt wird. a.a.O., S. X, Anm. 2.

61) E. Krieck, Nationalpolitische Erziehung, Leipzig 1935, zitiert nach: A. Knappe, Die neue Volksschulphysik. Ein Handbuch für Lehrer, Leipzig 1939, S. 10.

62) Knappe (Anm. 61), S. 13.

63) a.a.O., S. 5f.

64) Hier sehen wir die faschistische Perversion eines dequalifizierenden "Projekt"unterrichts, der auf eine systematische Analyse von Naturzusammenhängen verzichtet.

65) E. Günther, Wehrphysik. Ein Handbuch für Lehrer, Frankfurt/Main 1936, S. V (Hervorhebungen im Original).

66) K. Kreutzer/H. Müller/A. Friedrich, Physik in der Kriegsmarine. Ein Beitrag zur Wehrphysik, Berlin 1942, S. VII.

67) siehe dazu die Statistik bei W. Kroebel, Die Notwendigkeit einer Pflege naturwissenschaftlich-mathematischer Bildung, in: Die Naturwissenschaften, 50. Jg. 1963, S. 109.

68) Bezeichnend für diese Tendenz auch im nwU ist die Wiederherausgabe eines ursprünglich 1932 erschienenen fachdidaktischen Werkes im Jahre 1950: K. Baumann, Physik- und Chemie-Unterricht in der Volksschule, Paderborn [2]1950.

69) zitiert nach: Hettwer (Anm. 48), S. 146 (Hervorhebung im Original).

70) vergl. z.B. den bayerischen Mittelschullehrplan für Physik von 1950, abgedruckt in: a.a.O., S. 125ff.

71) So in den hessischen Lehrplänen von 1957: Amtsblatt des Hessischen Ministers für Erziehung und Volksbildung, 10. Jg. 1957, S. 11 und S. 566, und den Lehrplänen für die höheren Schulen in Rheinland-Pfalz, Grünstadt 1960, S. 217.

72) So stieg der Anteil der Gymnasiasten bis 1970 auf ca. 15,5% (gegenüber ca. 12,5% in den 50er Jahren), während der im gleichen Zeit der Anteil der Volksschüler von ca. 81% auf ca. 75% absank. Errechnet nach: Otten (Anm. 10), S. 94.

73) Nach Otten (S. 95) stieg die Anzahl der Ingenieur-"Schüler" von 39 000 (1958) bis 1970 auf 74 700, eine annähernde Verdoppelung also.

74) siehe dazu: F. Rieß, Zur Kritik des mathematisch-naturwissenschaftlichen Unter-

richts. Kategorien und Ansätze einer ideologiekritischen Analyse, in: Die Deutsche Schule, 64. Jg. 1972, S. 702—717.; ders., Ideologiekritik des naturwissenschaftlichen Unterrichts, in: ders. (Hrsg.), Kritik des mathematisch-naturwissenschaftlichen Unterrichts, Frankfurt/Main 1977, S. 322—340.; M. Maurer, Naturverständnis und Weltanschauungen in Biologieschulbüchern, in: E. Busche u.a. (Anm. 58), S. 57—130.

75) Hinweise darauf enthält: B. Marquardt, Umwelterziehung zwischen Schmutz und Idylle — Politik in Umweltschutzkapiteln, in: E. Busche u.a. (Anm. 58), S. 131—144.

76) siehe hierzu die Curricula für Biologie, Chemie und Physik aus dem Institut für die Pädagogik der Naturwissenschaften (IPN) in Kiel.

77) Inwiefern sich die hessischen Rahmenrichtlinien Physik von den Lehrplänen, die sie ablösten, unterscheiden, wurde untersucht in: F. Rieß, Physik: Alter Wein in neuen Schläuchen, in: betrifft: erziehung, 6. Jg. 1973, H. 4, S. 38—41.

78) abgedruckt in: Physikalische Blätter, 26 Jg. 1970, S. 512—515.

79) C. Offe, Bildungssystem, Beschäftigungssystem und Bildungspolitik. Ansätze zu einer gesamtgesellschaftlichen Funktionsbestimmung des Bildungssystems, in: Deutscher Bildungsrat (Hrsg.), Bildungsforschung. Probleme — Perspektiven — Prioritäten, Stuttgart 1975.

80) Hierunter fallen die "Projektgruppe Integriertes Naturwissenschaftliches Curriculum" (PINC), die Physik- und Chemiegruppe des Deutschen Instituts für Fernstudien (DIFF) und die Projektgruppe "Steuerung und Automation" am IPN.

81) Eine Bestandsaufnahme der gegenwärtigen Lage der nw Fachdidaktik findet sich in F. Rieß, Unterricht im Interesse der Lernenden. Beiträge zur politischen Kritik und Veränderung des naturwissenschaftlichen Unterrichts und seiner Didaktik, Phil. Diss., Oldenburg 1977.

Literaturverzeichnis

E. ALTVATER, Der historische Hintergrund des Qualifikationsbegriffes, in: E. Altvater/ F. Huisken, Materialien zur politischen Ökonomie des Ausbildungssektors, Erlangen 1971.

AMTSBLATT des Hessischen Ministers für Erziehung und Volksbildung, 10. Jg. 1957.

F. AUERBACH, Die Physik im Kriege, Jena 1917.

K. BAUMANN, Physik- und Chemie-Unterricht in der Volksschule, Paderborn[2] 1950.

O. BRÜGGEMANN, Naturwissenschaft und Bildung, Heidelberg 1967.

E. BUSCHE, Vererbung bei Krupp, Krause und im Schulbuch oder Warum und wozu reaktionäre Erblehre im Biologieunterricht?, in: E. Busche/B. Marquardt/M. Maurer (Hrsg.), Natur in der Schule. Kritik und Alternativen zum Biologieunterricht, Reinbek 1978.

P. CONRAD, Präparationen für den Physik-Unterricht in Volks- und Mittelschulen, Dresden[2] 1901.

F. ENGELS/K. MARX, Deutsche Ideologie, in: MEW 3.

G. FIEBLINGER, Das Verhältnis von Naturwissenschaft und gesellschaftlichem Arbeitsprozeß — Qualifikationsanforderungen an den naturwissenschaftlichen/technischen Unterricht, in: M. Ewers (Hrsg.), Naturwissenschaftliche Didaktik zwischen Kritik und Konstruktion, Weinheim und Basel 1975.

E. GÜNTHER, Wehrphysik. Ein Handbuch für Lehrer, Frankfurt/Main 1936.

H. HAHN, Wie sind die physikalischen Schülerübungen praktisch zu gestalten, in: Abhandlungen zur Didaktik und Philosophie der Naturwissenschaften Bd. 1, Heft 4, Berlin 1906.

H. HETTWER (Hrsg.), Lehr- und Bildungspläne 1921—1974, Bad Heilbrunn 1976.

H. INHETVEEN, Die Reform des gymnasialen Mathematikunterrichts zwischen 1890 und 1914. — Eine sozioökonomische Analyse, Bad Heilbrunn 1976.

H. INHETVEEN, Zur Geschichte des Mathematikunterrichts, in: F. Rieß (Hrsg.), Kritik des mathematisch-naturwissenschaftlichen Unterrichts, Frankfurt/Main 1977.

A. KNAPPE, Die neue Volksschulphysik. Ein Handbuch für Lehrer, Leipzig 1939.

D. KRAUSE-VILMAR, Materialien zur Sozialgeschichte der Erziehung, in: ZfPäd, 18. Jg. 1972.

K. KREUTZER/H. MÜLLER/A. FRIEDRICH, Physik in der Kriegsmarine. Ein Beitrag zur Wehrphysik, Berlin 1942.

W. KROEBEL, Die Notwendigkeit einer Pflege naturwissenschaftlich-mathematischer Bildung, in: Die Naturwissenschaften, 50. Jg. 1963.

LEHRPLÄNE für die höheren Schulen in Rheinland-Pfalz, Grünstadt 1960.

Ph. LENARD, Deutsche Physik, München—Berlin 1936.

N. MAASSEN/W. SCHÖLER, Geschichte der Mittel- und Realschulpädagogik, 2 Bde., Berlin/Hannover/Darmstadt 1960.

B. MARQUARDT, Umwelterziehung zwischen Schmutz und Idylle — Politik in Umweltschutzkapiteln, in: E. Busche/B. Marquardt/M. Maurer (Hrsg.), Natur in der Schule. Kritik und Alternativen zum Biologieunterricht, Reinbek 1978.

K. MARX, Das Kapital, Erster Band, MEW 23.

K. MARX, Grundrisse der Kritik der politischen Ökonomie, Frankfurt o.J.

M. MAURER, Naturverständnis und Weltanschauungen in Biologieschulbüchern, in: E. Busche/B. Marquardt/M. Maurer (Hrsg.), Natur in der Schule. Kritik und Alternativen zum Biologieunterricht, Reinbek 1978.

B. MICHAEL/H.-H. SCHEPP (Hrsg.), Politik und Schule von der Französischen Revolution bis zur Gegenwart, Bd. 1, Frankfurt/Main 1973.

F.C.G. MÜLLER, Technik des physikalischen Unterrichts, Berlin [2]1926.

J. NORRENBERG, Geschichte des naturwissenschaftlichen Unterrichts an den höheren Schulen Deutschlands, in: O. Schmeil/W.B. Schmidt (Hrsg.), Sammlung naturwissenschaftlich-pädagogischer Abhandlungen, Erster Band, Leipzig/Berlin 1904.

C. OFFE, Bildungssystem, Beschäftigungssystem und Bildungspolitik. Ansätze zu einer gesamtgesellschaftlichen Funktionsbestimmung des Bildungssystems, in: Deutscher Bildungsrat (Hrsg.), Bildungsforschung. Probleme — Perspektiven — Prioritäten, Stuttgart 1975.

D. OTTEN, Kapitalentwicklung und Qualifikationsentwicklung, Westberlin 1973.

F. PAHL, Geschichte des naturwissenschaftlichen und mathematischen Unterrichts, Leipzig 1913.

F. PAULSEN, Geschichte des Gelehrten Unterrichts, 2 Bde., Leipzig [3]1919.

A. REBLE, Geschichte der Pädagogik, Stuttgart [10]1969.

F. RIESS, Zur Kritik des mathematisch-naturwissenschaftlichen Unterrichts. Kategorien und Ansätze einer ideologiekritischen Analyse, in: Die Deutsche Schule, 64. Jg. 1972, S. 702—717.

F. RIESS, Physik: Alter Wein in neuen Schläuchen, in: betrifft: erziehung, 6. Jg. 1973, H. 4, S. 38—41.

F. RIESS, Ideologiekritik des naturwissenschaftlichen Unterrichts, in: ders. (Hrsg.), Kritik des mathematisch-naturwissenschaftlichen Unterrichts, Frankfurt/M. 1977.

F. RIESS, Unterricht im Interesse der Lernenden. Beiträge zur politischen Kritik und Veränderung des naturwissenschaftlichen Unterrichts und seiner Didaktik, Phil. Diss., Oldenburg 1977.

B. SCHMID, Die Naturwissenschaften in Erziehung und Unterricht (Das neue Deutschland in Erziehung und Unterricht, Heft 3), Leipzig 1918.

W. SCHÖLER, Geschichte des naturwissenschaftlichen Unterrichts im 17. bis 19. Jahrhundert, Westberlin 1970.

K. SPAHN, Kriegsstoffe für den Unterricht in Physik und Chemie (Hilfsbücher für Kriegsstunden Bd. IX), Straßburg 1916.

E. TIEDGE, Bildungsaufgaben des mathematisch-naturwissenschaftlichen Unterrichts der höheren Schule, Frankfurt/Main 1933.

P. WEINROWSKY, Physik (Handbuch der Volksschulpädagogik, hrsg. von U. Peters und H. Weimer), Frankfurt/Main 1933.

L. WUNDER, Physik für Lehrer aller Schulgattungen (Der naturwissenschaftliche Unterricht auf der Grundlage des Arbeitsschulgedankens, Bd. 1), Hildesheim und Leipzig 1914.

Geschichte der Naturwissenschaft und Unterricht – Paradigma Biologie

von

Michael Ewers

Einleitung

Die didaktische Bedeutung der Wissenschaftsgeschichte ist selten reflektiert worden. Historiker naturwissenschaftlicher Disziplinen haben deren Didaktik meistens unberücksichtigt gelassen, und die Didaktiker naturwissenschaftlicher Fächer ziehen es ihrerseits auch heute noch zumeist vor, sich am gegenwärtigen Habitus der Fachsystematik zu orientieren und die geschichtliche Genese derzeit wirksamer Disziplinstrukturen nicht zu hinterfragen. Die Gründe für die Vernachlässigung des Zusammenhangs von Wissenschaftsgeschichte und Didaktik scheinen zum einen bei den Sozialisationsverhältnissen der Wissenschaftler selbst zu liegen, zum andern jedoch mit einem bestimmten Wissenschaftsverständnis verknüpft zu sein. Diese Wissenschaftsauffassung ist ahistorisch und auf naive Weise fortschrittsgläubig zugleich; ihr zufolge sind die jeweils neuesten Standards die allein gültigen und garantieren die internationale "Objektivität" der wissenschaftlichen Aussagen. Wie Theorien entstehen und durch andere abgelöst werden, bleibt hierbei in der Regel ebenso außerhalb des wissenschaftlichen Interesses wie der gesamtgesellschaftliche Verwertungszusammenhang von Wissenschaft. In der Wissenschaftsdidaktik muß sich solche Naivität um so verheerender auswirken, als die überwältigende Mehrzahl ihrer Adressaten selbst niemals an die wissenschaftliche Forschungsfront gelangt, ihr Bild von der Wissenschaft jedoch über didaktische Kanäle strukturiert wird.

Da es in der Didaktik nicht nur um die Vermittlung von Wissenschaftsstrukturen geht, sondern die Qualifizierung der Schüler zur Bewältigung von Lebens-

situationen das maßgebliche Leitziel darstellt, ist eine Integration gesellschaftlicher Komponenten erforderlich, auch wenn diese zur Kritik an Wissenschaft auffordern. Von entscheidender Wichtigkeit ist hier die Reflexion derjenigen Bedingungen, die die Produktion und Verwertung von Wissenschaft
determinieren. Diese Bedingungen sind historisch festzumachen, und deshalb
ist die Einbeziehung der Wissenschaftsgeschichte in die Didaktik erforderlich.

In diesem Aufsatz werde ich mich vor allem auf die Biologiegeschichte beziehen und ihre didaktische Relevanz aufweisen. Die transdisziplinären
Potenzen der Biologie, die sowohl im Altertum als auch in der Gegenwart
deutlich hervortreten, können bei diesem Unterfangen m.E. zum Vorteil
gereichen.

Biologiegeschichte und Biologiegeschichtsschreibung

Die Geschichtsschreibung der Biologie stellt kein einheitliches Wissenschafts-
system dar, sondern variiert je nach Wissenschaftsverständnis der sie betrei-
benden Historiker. So gibt es Biologiegeschichten auf positivistischer, marxistischer und historistischer Basis. Die von Wissenschaftshistorikern rekonstruierten geschichtlichen Ereignisse, Entwicklungen und Zusammenhänge bleiben letztlich der subjektiven Perspektivik des Rekonstrukteurs und der diese
bedingenden gesellschaftlichen Strukturen einer Zeit verhaftet, eine 'objektive' Historie an sich gibt es nicht.

Dennoch ist die Unterscheidung zwischen Biologiegeschichte und Biologie-
geschichtsschreibung gerechtfertigt. Denn trotz aller zeitbedingten Beschrän-
kungen der historischen Optik wird von den meisten Geschichtsschreibern
unterstellt, daß die geschichtlichen Prozesse auch ohne sie ablaufen: Wissenschaftsgeschichtsschreibung wäre demnach der Versuch einer nachgeordneten
Wissenschaft, die Entwicklung einer primären Wissenschaft, in diesem Fall
der Biologie, zu beschreiben. Das wissenschaftliche Objekt des Wissenschafts-
historikers wird hierbei als relativ autonom im Verhältnis zur heteronomen
Position des Historikers selbst angenommen. Allerdings hat sich auch der
Sprachgebrauch eingebürgert, die Termini 'Geschichte' und 'Geschichtsschreibung' synonym zu gebrauchen.

Im folgenden sollen einige charakteristische Auffassungen von Biologiegeschichte erörtert werden. Hierbei wird es erforderlich werden, allgemeinere
wissenschaftstheoretische Reflexionen mit einzuflechten sowie auch die
Geschichtsschreibung der Naturwissenschaften insgesamt zu berücksich-
tigen.

Die in westlichen Ländern vorherrschende Wissenschaftsgeschichtsschreibung
ist historistischen Auffassungen verpflichtet. Kennzeichnend hierfür sind die
Annahmen ideengeschichtlicher Eigendynamik und weitgehender Unabhän-

gigkeit geistiger Entwicklungen von den sozialen und ökonomischen Verhältnissen. Im Konnex mit der Geringschätzung derartiger externen Bezugs-
systeme werden Kriterien zur Qualifizierung von Zuständen und Prozessen
als fortschrittlich, entwicklungshemmend oder restaurativ lediglich an immanenten Gegebenheiten festgemacht, nicht aber als systemtranszendente, an
antizipierten Strukturen ausgerichtete Maßstäbe vorgestellt.
Dementsprechend sind Wertvorstellungen wie Objektivität und Wertneutralität im Historismus üblich, ohne daß der genaue Sinn dieser Formeln in der
Regel expliziert wird. Häufig allerdings wird eine bestimmte ontologische
Konzeption supponiert, wie sie etwa Th. Ballauff andeutet, wenn er im Vorwort zu seiner Biologiegeschichte meint, beim Verfolgen der "Erkenntnis
des Wesens des Organischen im Wandel ihrer Selbstinterpretation und Selbst-
überprüfung" werde sich "überall ... zeigen, wie aus der 'Schau', die das
Denken gewährt, aus der 'Theorie' des Seienden in seiner Wesentlichkeit die
Einsicht in das Lebendige hervorgeht und in der Erfüllung mit sachlichen
Befunden über sich hinausgetrieben wird"[1]. Ballauff grenzt seinen Ansatz
interessanterweise in dreifacher Hinsicht ab, nämlich "1. gegen die Wissenschaftsgeschichte in engerem Sinne", "2. gegen die Kulturgeschichte, die die
wissenschaftliche Einsicht dem 'Zeitgeist' einordnet" und "3. gegen die
Philosophiegeschichte"[2]. Seine eigene Arbeit bezeichnet er als eine "pro-
blemgeschichtliche". Im Widerspruch zur dritten Abgrenzung stellt sich
Ballauffs Werk jedoch als ein durchgehend philosophisch interessiertes
dar.
Historistisch zu nennen sind auch die Arbeiten von E. Ungerer über den
Wandel der Problemlage der Biologie in den letzten Jahrzehnten[3] und K.E.
Rothschuh zur Geschichte der Physiologie[4]. Auch hier wird immanente
Problemgeschichte intendiert, die sozioökonomischen Entwicklungen bleiben
weitgehend ausgeklammert. A.C. Crombie, dessen wissenschaftshistorische
Untersuchung 'Von Augustinus bis Galilei' als Standardwerk gilt[5], bezeichnet
es als "die eigentliche Aufgabe für die Historiker der Naturwissenschaft",
"die Ziele, Vorstellungen und Lösungen der Vergangenheit zu interpretieren,
wie sie in der Vergangenheit erlebt wurden'[6]. "Die Geschichte der Naturwissenschaft" gilt Crombie als "die Geschichte von Denksystemen, die sich
mit der Natur befassen"[7].
Von dieser Auffassung abzusetzen ist die marxistische Wissenschaftsgeschichtsschreibung, die den Wechselbeziehungen zwischen Gesellschaft und
Wissenschaft größte Beachtung schenkt[8]. J.D. Bernal definiert Wissenschaft
als "in einer Hinsicht systematisierte Technik" und "in einer anderen ratio-
lisierte Mythologie"[9]. Ihre Historie ist demgemäß sowohl auf praktisch-
ökonomische als auch ideologische Zusammenhänge verwiesen. Eine Synthese
von Sozial- und Wissenschaftsgeschichte intendiert außer marxistischen auch
eine Reihe kritischer Historiker, wie z.B. W. Büchel[10], der neben der histo-

risch-materialistischen u.a. der psychologisch-soziologischen Methodologie
von Revisoren des Neopositivismus wie Th. S. Kuhn Aufmerksamkeit widmet.
Dem Neopositivismus verpflichtet bleiben letztlich die im Umkreis der sogenannten New Philosophy of Science anzusiedelnden Theoretiker S. Toulmin[11] und I. Lakatos[12]. Trotz ihrer Kritik am Logischen Empirismus ver-
bleiben sie im Fahrwasser des Kritischen Rationalismus Popperscher Prägung
und teilen dessen Ablehnung historistischer und marxistischer Wissenschafts-
auffassungen. Eine Sonderstellung nimmt hier allerdings der ehemalige
Popperianer P.K. Feyerabend ein, der in seinem Versuch, den Einflußbereich
der analytischen Wissenschaftstheorie zu überwinden, nicht davor zurück-
schreckt, die Wissenschaft in die Nähe der Mythologie zu rücken[13] und
speziell Lakatos vorzuwerfen, "die Geschichte der Wissenschaften" zu ver-
fälschen und "nichts als eine Karikatur der großen gesellschaftlichen und
geistigen Umwälzungen" zu liefern[14].
Eine interessante Gestalt zwischen den Fronten von Positivismus und Marxismus ist der zum "linken Flügel" des 'Wiener Kreises' gehörende E. Zilsel.
Als überzeugter Sozialist versuchte er, politische Parteinahme für die Unter-
drückten, sozialwissenschaftlich orientierte Geschichtsschreibung der Naturwissenschaften und das analytische, metaphysikpurgatorische Programm des
'Wiener Kreises' zu vereinbaren. In einem Aufsatz über 'Die Geschichte und
die biologische Evolution' untersucht Zilsel "die Beziehung der Geschichte
zur phylogenetischen Evolution der Menschheit"[15]. Für Zilsel umfaßt "der
Bereich der Geschichte ... die menschlichen Ereignisse und deren Ursachen,
die eine Stufe langsamer sind als die Reaktionen der Individuen und eine
Stufe schneller als die biologische Evolution"[16]. Diese Definition der "Geschichte" bezeichnet er als "behavioristisch, da sie nicht von der geistigen
Welt spricht", und als "nur quantitativ"[17]. Zilsel betont, daß seine "quanti-
tative Definition, die auf den ersten Blick überflüssig und steril erscheinen
mag, die Tatsache auf(deckt), daß Geschichte ein sozialer und nicht ein
individueller Prozeß ist, dessen Geschwindigkeit vom Widerstand der Tradition und nicht der Erbmasse bestimmt ist"[18]

Verhältnis von Biologiegeschichte und Geschichte des Biologieunterrichts

Die Geschichte der Biologie stellt, wie wir sahen, eine je nach der eingenom-
menen wissenschaftstheoretischen Position der Historikers variierende Aufgabe dar. Einzelfakten gewinnen ihre Bedeutung erst im Kontext der sie
ermöglichenden Bedingungen und spezifischen Konsequenzen, die zu rekonstruieren der Wissenschaftshistoriker m.E. der Einbeziehung sozialgeschichtlicher Zusammenhänge bedarf. Wird nun das Interesse über den fachwissenschaftlichen Horizont hinaus auf die Entwicklung des schulischen Unterrichts

in Biologie gerichtet, so wird die Notwendigkeit einer Integration sozio-historischer und wissenschaftshistorischer Aspekte erst recht manifest.

Die Geschichte des Biologieunterrichts ist zweifellos insofern von der Biologiegeschichte abhängig, als im Unterricht Erkenntnisse vermittelt zu werden pflegen, die von der Forschung gewonnen wurden. Schon deshalb ist eine völlige Synchronie von Forschung und Unterricht ausgeschlossen. Die Zeitspannen, die zwischen neuen Entdeckungen und ihrer lehrbuchmäßigen Kanonisierung liegen, pflegen auch in der Gegenwart noch oftmals recht groß zu sein. So soll es z.b. immer noch einige US-amerikanische Bundesstaaten geben, in denen gesicherte Ergebnisse der Deszendenztheorie aus ideologischen Gründen nicht gelehrt werden (dürfen). Dieses Beispiel zeigt allerdings auch, daß eine "wertneutrale" Geschichte des Unterrichts unzweckmäßig bzw. falsch ist und nur ein ideologiekritischer Ansatz zu Aufschlüssen über die maßgeblichen Motive für unterrichtliche Normierungen führen kann. Als weiteres Beispiel, das diese These belegt, sei die Lyssenko-Genetik in der Sowjetunion angeführt[19].

Es läßt sich mit Hilfe derartiger Beispiele auch zeigen, daß eine idealistisch-holistische Auffassung vom Wesen der Biologie und ihrer Geschichte, wie sie von A. Meyer-Abich vertreten wird[20], in ihrem Kompilationsbestreben sämtlicher jemals vertretener philosophischer Sichtweisen des Organischen geeignet ist, historische Widersprüchlichkeiten, Asynchronien und politisch motivierte Verdrehungen zu nivellieren. Deshalb ist Meyer-Abichs Verdikt über die Wahrheit der biologischen Erkenntnis, es sei "das allein ... das Wahre in einer Wissenschaft (was sich geistesgeschichtlich bewährt hat)"[31], nicht mehr als eine Tautologie, in soziohistorischer Hinsicht aber falsch. Denn wenn auch z.B. der Lyssenkoismus sich im Sinne einer bestimmten dogmatischen Ideologie und bei der Herrschaftsbefestigung der russischen Parteibürokratie eine Zeitlang bewährt haben mag, so ist er doch zu keinem Zeitpunkt wissenschaftlich wahr gewesen.

Die didaktischen Konsequenzen, die sich aus der Biologiegechichte für den Biologieunterricht ziehen lassen, sind mit der Möglichkeit der Ideologisierung von Wissenschaft und Unterricht inhaltlich inkommensurabel. Wer aus der Wissenschaftsgeschichte als einem gleichsam offen liegenden Buch Folgerungen für seine Unterrichtspraxis ableiten möchte, tut ja etwas anderes als der Ideologiekritiker, der zwischen Wissenschaft und Unterricht ein permanentes einseitiges Abhängigkeitsverhältnis konstruieren möchte. Natürlich ist die Abhängigkeit unterrichtlicher Inhalte vom fachwissenschaftlichen Erkenntnisstand kein quantitatives Maß für Ideologieanfälligkeit und Dogmatisierbarkeit, sondern qualitativer Art. Soweit Unterricht einseitig auf die Vermittlung fachwissenschaftlicher Erkenntnisbestände ausgerichtet wird, entbehrt er jenes didaktischen Korrektivs, das im formalen Bildungsbegriff des Münsteraner Strukturgitteransatzes wirksam wird[22].

Welche didaktischen Konsequenzen ergeben sich also aus der Biologiege-schichtsschreibung? Zunächst ist offenbar, daß das bildungstheoretische Prinzip der Kritik die Wissenschaftsgeschichte benutzen kann, um das Inter-esse an Wissenschaftskritik einzulösen. Wissenschaftskritik stellt nämlich ein für den didaktischen Strukturgitteransatz konstitutives Interesse dar[23]. Die Einbeziehung wissenschaftshistorischer Fragestellungen in den Biologieunter-richt fördert die Kritikfähigkeit der Schüler, indem sie in die Lage versetzt werden, geistesgeschichtliche und sozialgeschichtliche Voraussetzungen und Folgen wissenschaftlicher Fragestellungen und Entdeckungen zu erkennen sowie die normativen Standards gegenwärtig gültiger Wissenschaftssysteme zu hinterfragen.

Eine andere didaktische Konsequenz biologiegeschichtlicher Problemstellung ergibt sich aus der Korrelation von Wissenschafts- und Unterrichtsgeschichte. Der Biologieunterricht ist stets in schultypenabhängiger Weise jeweiligen disziplinären Trends gefolgt, wenn auch zumeist mit Verspätung und unter Komplexitätsreduktion[24]. Insbesondere stellen in der neueren Lehrplan-geschichte seit der Humboldtschen Universitätsreform die Biologiecurricula der Höheren Schulen eine weitgehende Abhängigkeit von der Universitäts-biologie unter Beweis. Hier lassen sich Unterrichts- und Wissenschaftsge-schichte tendenziell parallelisieren. Andererseits ist aus den Ergebnissen der nationalsozialistischen Indoktrination von Schule und Unterricht und ihrer rassistisch-sozialdarwinistischen Umgestaltung der Biologiedidaktik zu lernen, daß die ideologische Ausrichtung des Biologieunterrichts auch unabhängig von — möglicherweise fehlender — fachwissenschaftlicher Legitimation erfolgen kann.

Paradigma: Biologie seit Darwin

Als eines der wichtigsten wissenschaftlichen Ereignisse des 19. Jahrhunderts ist das Erscheinen von Charles Darwins Werk über 'Die Entstehung der Arten durch natürliche Zuchtwahl' im Jahre 1859 anzusehen. Diese Veröffentli-chung wirkte bahnbrechend nicht nur für die Evolutionsforschung, sondern auf die Gestaltung des wissenschaftlichen und ideologischen Weltbildes über-haupt. Darwins phylogenetische Selektionstheorie wurde u.a. von Marx, Engels, Nietzsche und den "Sozialanthropologen" aufgegriffen, erreichte jedoch alsbald auch in der breiten Öffentlichkeit große Popularität. Daß bei diesen Rezeptionen die Substanz der Darwinschen Theorie vielfach verkürzt oder verzerrt wurde, versteht sich beinahe von selbst. Im übrigen gewann Darwins Lehre erst nach der Wiederentdeckung der Mendelschen Vererbungs-gesetze zu Beginn des 20. Jahrhunderts ihre genetische Fundierung.

Mehr oder weniger spekulative Vorläufer der Deszendenztheorie Darwins gab es schon im Altertum. Im Mittelalter unterband die kirchliche Autorität derartige Lehren. Als wissenschaftshistorische Voraussetzung für die Möglichkeit einer kausalanalytisch-empirischen Evolutionswissenschaft kann die durch Descartes philosophisch neu inaugurierte materialistische Tendenz bei der Analyse der belebten Körper ausgemacht werden, und als allgemeine Rahmenvoraussetzung ist die nachreformatorisch zunehmende Emanzipation der Wissenschaften von Theologie und Philosophie im Zusammenhang mit dem gesellschaftsformativen Transformationsprozeß zu bezeichnen. – Einige Jahrzehnte vor Darwins 'Die Entstehung der Arten durch natürliche Zuchtwahl' hatte Jean Baptiste Lamarck bereits ein lineares System der Arten aufgestellt, demzufolge die phylogenetische Entwicklungsdynamik vermittels Vererbung erworbener Eigenschaften erfolgt. Der "Lamarckismus" gewann seinerseits eigentliche Bedeutung erst in der sowjetrussischen Genetik auf der Basis des Diamat.

Darwin stellte seinem Buch über die 'Entstehung der Arten durch natürliche Zuchtwahl' einen 'geschichtlichen Überblick über die Entwicklung der Ansichten von der Entstehung der Arten' voran, in dem er auch auf Lamarck eingeht. Er würdigt diesen Naturforscher als denjenigen, der "zuerst auf die Wahrscheinlichkeit hingewiesen" hat, "daß alle Veränderungen sowohl der organischen wie der anorganischen Welt die Folgen von Naturgesetzen und nicht das Produkt von Zufälligkeiten im Entwicklungsgang seien"[25]. Lamarck habe die Abänderungsfaktoren in den Lebensbedingungen, in Kreuzungen, im Gebrauch oder Nicht-Gebrauch der Organe sowie in einer allgemeinen Tendenz zur Höherentwicklung gesucht; als Beispiel für Lamarcks Behauptung 'gewohnheitsmäßiger Organanpassung' nennt Darwin hierbei die Halsverlängerung der Giraffe.

Darwins 'Gesetze der Abänderung' beinhalten dagegen: a) Organe werden bei Nichtgebrauch in Verbindung mit natürlicher Zuchtwahl rudimentär[26]; b) bei der Akklimatisiation der Arten ist einiges von der Gewohnheit, anderes von der natürlichen Zuchtwahl abhängig[27]; c) Korrelative Veränderung (Modifikation von Teilen gemäß organisatorischer Wachstums- und Entwicklungsveränderungen anderer Teile[28]; d) Kompensation und Ökonomie des organismischen Wachstums[29]; e) Starke Veränderlichkeit rudimentärer und niedrig organisierter sowie außergewöhnlich entwickelter Teile[30]; f) Artmerkmale sind veränderlicher als Gattungsmerkmale[31]; g) sekundäre Geschlechtsmerkmale sind veränderlich[32]; h) verschiedene Arten zeigen ähnliche Veränderungen, so daß die Varietät einer Art oft das Merkmal einer verwandten Art annimmt oder zu Merkmalen der Stammform zurückkehrt[33].

Die Gesetze der Abänderung und der natürlichen Zuchtwahl[34] werden von Darwin selbst vielfältigen Einwänden ausgesetzt und durch zahlreiche Materialien erhärtet. Er meint, es sei "kaum anzunehmen, daß eine falsche Theorie so ausgezeichnet die verschiedenen angeführten Tatsachen zu erklären vermöchte wie die Theorie der natürlichen Zuchtwahl"[35]. Auf religiöse Gefühle eingehend schreibt Darwin: "Ich sehe keinen vernünftigen Grund, warum die in diesem Werk entwickelten Ansichten irgendwie religiöse Gefühle verletzen sollten"[36]. Es sei "wahrlich etwas Erhabenes um die Auffassung, daß der Schöpfer den Keim alles Lebens, das uns umgibt, nur wenigen oder gar nur einer einzigen Form eingehaucht hat und daß, während sich unsere Erde nach den Gesetzen der Schwerkraft im Kreise bewegt, aus einem so schlichten Anfang eine unendliche Zahl der schönsten und wunderbarsten Formen entstand und noch weiter entsteht"[37]. Daß diese gefühlsmäßig-religiösen Komponenten weder für die Konzeption der Theorie noch das sie weiter vervollständigende Forscherinteresse bedeutsam, sondern eher irrelevant sind und es bei den Darwinisten auch geworden sind, liegt auf der Hand. Wie sonst hätte die Deszendenztheorie vor allem für religiöse Gruppen zum Ärgernis werden können[38].

Gewissermaßen parallel zur Destruktion religiös inspirierter Schöpfungslehren durch Darwins Evolutionstheorie setzte sich in der deutschen Physiologie die materialistisch ausgerichtete experimentell-quantifizierende Methode durch. Im Jahre 1858 wurden an den Universitäten in Berlin und Heidelberg selbständige Lehrstühle für Physiologie eingerichtet, denen in den folgenden Jahren entsprechende an weiteren Universitäten folgten. Der Berliner Physiologe Emil du Bois-Reymond äußerte bereits zehn Jahre zuvor folgende Erwartung: "Betrachtet man den Entwicklungsgang unserer Wissenschaft, so ist nicht zu verkennen, wie das der Lebenskraft zugeschriebene Gebiet von Erscheinungen mit jedem Tag mehr zusammenschrumpft, wie immer neue Landstriche unter die Botmäßigkeit der physikalischen und chemischen Kräfte gelangen. Es kann daher nicht fehlen, um ein in dem Augenblicke, wo ich dieses schreibe, nah liegendes Gleichnis zu wählen, es kann nicht fehlen, daß dereinst die Physiologie, ihr Sonderinteresse aufgebend, ganz aufgeht in die große Staatseinheit der theoretischen Naturwissenschaften, ganz sich auflöst in organische Physik und Chemie"[39].

Dieses Bekenntnis zur objektivierend-quantifizierenden Methode in der Physiologie nach physikalischem Vorbild wurde auch von dem Heidelberger Physiologen Hermann L. von Helmholtz getragen, welcher u.a. erstmals die Geschwindigkeit der Erregungsleitung im Nerven und den Brechungsindex der Augenmedien maß[40].

Die Erklärung biologischer Phänomene mit ausschließlich physikalisch-chemischen Mitteln, wie sie etwa von du Bois-Reymond und v. Helmholtz betrieben wurde, kann als Reduktionismus bezeichnet werden[41]. Dieser Reduktionismus wurde von Rudolph Virchow, einem Kommilitonen du Bois-Reymonds und Helmholtz', umschrieben, wenn er über "die neueste Medizin" erklärte, daß diese "ihre Anschauungsweise als die mechanische" und als "ihr Ziel ... die Festellung einer Physik der Organismen definiert habe". Sie habe "nachgewiesen, daß Leben nur ein Ausdruck für eine Summe von Erscheinungen ist, deren jede einzelne nach den gewöhnlichen physikalischen und chemischen (d.h. mechanischen) Gesetzen vonstatten geht"[42]. Indessen wäre es unzutreffend, Virchow als Inaugurator dieser mechanistischen Wissenschaftsauffassung anzusehen. Virchow war zur gleichen Zeit wie du Bois-Reymond und Helmholtz als Student im Laboratorium des Berliner Physiologen Johannes Müller tätig gewesen, der als "der wichtigste Lehrer in der Physiologie" "der ersten Hälfte des 19. Jahrhundert" gelten darf[43]; Virchow und die anderen waren in jener Zeit vor allem von Theodor Schwann, Müllers damaligem Laboratoriumsassistenten, beeinflußt worden, der durch seine mikroskopischen Forschungen hervorgetreten war und eine physikalisch-biochemische Zelltheorie vertrat[44]. Schwanns Ansatz war es eigentlich, der du Bois-Reymond, Helmholtz und Virchow als Prototyp einer quantitativen Physiologie galt und dessen physikalistischen Reduktionismus sie sich zu eigen machten.

Allerdings zeichnet sich insbesondere Virchows Rezeption und Anwendung des reduktionistischen Programms durch ihre tiefgreifende Verflechtung mit politischen und gesellschaftlichen Anschauungen aus, so daß ihm trotz seines naturphilosophischen Epigonentums eine genuine innovative Leistung nicht abzusprechen ist. Virchow, der in der 48er Revolution auf den Barrikaden kämpfte, brachte nämlich im gleichen Jahre seine Überzeugung von der notwendigen Verschmelzung von Wissenschaft und Gesellschaftspolitik zum Ausdruck, indem er erklärte, "als Naturforscher ... nur Republikaner sein" zu können und sein "medizinisches Glaubensbekenntnis" in sein "politisches und soziales" aufgehen lassen zu wollen[45]. Diesem "Glaubensbekenntnis" entsprechend, gründete Virchow ein medizinisch-politisches Wochenblatt, welches den "Kampf der Kritik gegen die Autorität, der Naturwissenschaft gegen das Dogma, des ewigen Rechts gegen sie Satzungen menschlicher Willkür"[46] offenbar auf möglichst breiter Ebene nachhaltig unterstützen sollte. Das Engagement für Wissenschaftskritik und Aufklärung verband sich also bei Virchow mit einem quasi naturrechtlich argumentierenden Interesse an Gesellschaftsveränderung, wodurch er in gewisser Weise als Prototyp eines "modernen", quantifizierenden und materialistisch eingestellten, politisch engagierten und gesellschaftskritischen Naturforschers gelten kann.

Wenn es berechtigt ist, der Darwinschen Deszendenztheorie eine revolutionierende Wirkung zuzuschreiben oder das mit ihr verknüpfte evolutionstheoretische Konzept mit T.S. Kuhn als ein "Paradigma" zu bewerten, dessen Unverträglichkeit mit älteren und anderen Evolutionstheorien in dem Verzicht auf teleologische Evolutionsfaktoren begründet sei[47], so ist es wohl legitim und notwendig, analogerweise der "reduktionistischen" Physiologie von Schwann, Virchow, du Bois-Reymond, Helmholtz u.a. sowohl "paradigmatischen" als auch revolutionären Charakter zuzusprechen. Freilich ist der Kuhnsche Paradigmenbegriff recht ungeeignet, zum einen die Eigentüm-

lichkeiten und zum andern das strukturell Gemeinsame solcher in inhaltlich
verwandten Disziplinen auftretenden Umschwüngen hinreichend zu erfassen.
Die Wissenschaftsgeschichte als eine mehr oder minder arbiträre Ansammlung
einzelnen Paradigmen zu betrachten, die durch allerlei unlogische und psychologisch vordergründige Mechanismen hervorgebracht, etabliert und dann
wieder abgelöst würden, ist nur dann möglich und nur dann möglicherweise
sinnvoll, wenn Existenz und Wirkmächtigkeit nicht-subjektiver Struktur-
gesetzlichkeiten, die Natur- und Menschengeschichte zugleich determinieren,
in Abrede gestellt werden. Solche strukturellen Gesetzmäßigkeiten, wie sie in
der marxistischen Geschichtstheorie durchschlagen[48] — hingewiesen sei hier
vor allem auf die Kategorie der Gesellschaftsformation —, sind m.E. geeignet,
den gesellschaftlich desorientierten Wissenschaftshistorismus à la Kuhn zu
überwinden. Auf Darwins Evolutionslehre und die Physiologie der Virchow,
Helmholtz et al. bezogen, heißt dies, das ihr Strukturgemeinsames in dem
Begriff der *materialistischen Naturwissenschaft* aufzunehmen wäre, die seit
der Mitte des 19. Jahrhunderts die religiös und idealistisch orientierten Auffassungen von der Natur des Lebendigen in zunehmendem Maße erschüttert
und überwunden hat.
Mit diesen Bemerkungen zur Wissenschaftsgeschichtsschreibung soll indessen
keineswegs (ein falsch verstandener!) wissenschaftshistorischer ''Darwinismus'' in dem Sinne prätendiert werden, daß sich in der Wissenschaftsgeschichte allmählich die ''besseren'' (sprich: fortschrittlicheren) Ideen durchgesetzt und daß die Reduktionismen des 19. Jahrhunderts jener wissenschaftlichen ''Wahrheit'' zum Durchbruch verholfen hätten, in deren Besitz wir uns
heute befänden. Ein solches einseitig ausgerichtetes Wissenschaftsgeschichts-
verständnis verdient fürwahr nicht den Namen 'historischer Materialismus'
und trägt nichts zum Verständnis der wirklichen Entwicklungen bei. Es ist
im übrigen auch unzutreffend, Kuhns Position als ''wissenschaftshistorischen
Darwinismus'' zu charakterisieren, wie es E. Ströker tut, und sie als solchen
zu widerlegen zu suchen[49]. Als entscheidendes Verdienst Darwins — an dem
Kuhn keinerlei Anteil hat! — ist vielmehr die relativ systematische Durchführung einer quantitativ-materialistischen Naturgeschichtsschreibung ohne
Zuhilfenahme teleologischer Erklärungen zu bezeichnen. Die Wissenschaftsgeschichtsschreibung bewegt sich dagegen auf einer Meta-Ebene, auf der sie
in der Regel nicht ohne offene oder versteckte teleologische Erklärungen
auskommt, zumal dann nicht, wenn sie — wie Kuhn — die Wissenschaftsgeschichte vorzugsweise aus sozialpsychologischen Motiven erklärt. —
Wenn ich dieses Kapitel mit ''Paradigma: Biologie seit Darwin'' überschrieben
habe, so möchte ich damit zweierlei zum Ausdruck bringen. Erstens möchte
ich betonen, daß entgegen der von Kuhn et al. betriebenen Aufsplitterung der
Wissenschaftsgeschichte in eine Vielzahl mehr oder weniger unverbundener
Paradigmen wieder stärker auf strukturelle Zusammenfassungen epochaler

Art hingearbeitet werden sollte. Und zwar wäre hier insbesondere die inhaltlich Abhängigkeit der modernen Biologie von Darwin und den physikalistischen Physiologen hervorzuheben, die es erforderlich macht, die Biologiegeschichte der letzten 100 Jahre als *Einheit* zu sehen. So gesehen, handelt es sich dann also im Grunde um nur *ein* "Paradigma", das für die gesamte moderne Biologie maßgeblich geworden ist, und eben nicht um soundsoviele, die für soundsoviele kleine Forschergruppen stehen. Zweitens möchte ich nachdrücklich auf die weltanschaulichen Implikationen und Konsequenzen von moderner Evolutionsforschung und Physiologie hinweisen, die weit über das hinausgehen, was "paradigmatisch" innerhalb der von Kuhn so genannten "Normalwissenschaft" den Bewußtseinsstand einer Wissenschaftlergruppe eventuell zu beeinträchtigen vermag. Die Dimension des Allgemein- und Alltagsbewußtseins breiter Bevölkerungskreise ist doch wohl nur selten durch wissenschaftliche Innovationen, die unmittelbar mit dem Namen ihrer Initiatoren verknüpft blieben, verändert worden; eine derartige Wirkmächtigkeit erreichte sicherlich nicht z.B. Heisenbergs Schrift über die Matrizenmechanik[50], wohl aber der "Darwinismus". Dieser dimensionalen Größenordnung trage ich mit meiner sloganartigen Formulierung "Biologie seit Darwin" bewußt Rechnung.

Die Bedeutung der Biologiegeschichte für die heutige Biologiedidaktik

In der gegenwärtig in Westdeutschland vorherrschenden Biologiedidaktik wird der Biologiegeschichte so gut wie kein Raum zugestanden, ja sie scheint sogar den "führenden" Biologiedidaktikern nicht nur ungelegen, sondern auch fremd zu sein. Dieses Manko dürfte kaum durch Vorschläge von der Art der hier vorgetragenen zu beseitigen sein, sondern wäre erst durch eine radikale Reform bundesdeutscher Biologielehr- und -studienpläne aufzuheben. Solange die gesellschafts- und erziehungswissenschaftlichen, die wissenschaftstheoretischen und wissenschaftshistorischen Studienanteile der Biologielehrerausbildung lediglich an den Universitäten Bremen und Oldenburg teilweise angeboten werden und an den übrigen Hochschulen ausfallen, bleibt die Ausblendung dieser Elemente aus den schulischen Lehrplänen natürlich insofern begründet, als die Biologielehrer keine einschlägigen Qualifikationen auf diesen Gebieten aufweisen und sie folglich nicht unterrichten können.

Da ohne Einbeziehung wissenschaftshistorischer Zusammenhänge in den Biologieunterricht kein geschichtliches Verständnis biologischer Theorien möglich ist, führt ein geschichtsloser Biologieunterricht zu einer falschen Auffassung von Funktion und Erklärungsleistung gelernter biologischer Fakten. Darüber hinaus wird eine richtige Erkenntnis der gesellschaftlichen Produktions- und Verwertungsprozesse von Biologie vom ahistorisch aufgebauten Unterricht unmöglich gemacht.

Sowohl in der Hochschuldidaktik der Biologie als auch in Didaktik und Methodik des Biologieunterrichts ist also, so lautet die Forderung, Biologiegeschichte zu institutionalisieren. Ihre Bedeutung als kritisches Korrektiv und sinnstiftende Perspektive wächst m.E. noch bei zunehmendem Zerfall insbesondere des Oberstufenunterrichts in Einzelkurse sowie in Anbetracht der von gesellschaftlicher Desorientiertheit zeugenden Potenzierung testierbaren Spezialwissens und gleichzeitiger Depotenzierung des philosophischen Reflexionsvermögens.

Anmerkungen

1) Th. BALLAUFF, Die Wissenschaft vom Leben, eine Geschichte der Biologie, Bd. I, Vom Altertum bis zur Romantik. Freiburg—München o.J., S. V.
2) ebd.
3) E. UNGERER, Die Wissenschaft vom Leben, Eine Geschichte der Biologie. Bd. III, Der Wandel der Problemlage der Biologie in den letzten Jahrzehnten. Freiburg— München 1966.
4) K.E. ROTHSCHUH, Geschichte der Physiologie. Berlin 1953. — Ders., Physiologie im Werden. Stuttgart 1969.
5) A.C. CROMBIE, Von Augustinus bis Galilei, Die Emanzipation der Naturwissenschaft. München 1977.
6) ebd. S. 3.
7) ebd. S. 1.
8) J.D. BERNAL, Wissenschaft, Science in History, Bd. 1. Reinbek 1970, S. 58.
9) ebd. S. 11.
10) W. BÜCHEL, Gesellschaftliche Bedingungen der Naturwissenschaft. München 1975.
11) S. TOULMIN, Voraussicht und Verstehen, Ein Versuch über die Ziele der Wissenschaft. Frankfurt 1968.
12) I. LAKATOS, Die Geschichte der Wissenschaft und ihre rationalen Rekonstruktionen. In: W. Diederich (Hrsg.), Theorien der Wissenschaftsgeschichte, Beiträge zur diachronen Wissenschaftstheorie. Frankfurt 1974.
13) s. P.K. FEYERABEND, Wider den Methodenzwang, Skizze einer anarchistischen Erkenntnistheorie. Frankfurt 1976, S. 9.
14) s. ebd. S. 300.
15) R. ZILSEL, Die Geschichte und die biologische Evolution. In: Ders., Die sozialen Ursprünge der neuzeitlichen Wissenschaft. Hrsg. und übersetzt von W. Krohn, Frankfurt 1976. S. 212.
16) ebd. S. 214.
17) ebd.
18) ebd. S. 215.
19) vgl. Sh. A. Medwedjew, Der Fall Lyssenko, Eine Wissenschaft kapituliert. München 1974.
20) A. MEYER-ABICH, Geistesgeschichtliche Grundlagen der Biologie. Stuttgart 1963.
21) ebd. S. 310.
22) vgl. H. BLANKERTZ, Analyse von Lebenssituationen unter besonderer Betonung erziehungswissenschaftlich begründeter Modelle: Didaktische Strukturgitter. In: K. Frey (Ed.), Curriculum-Handbuch, Bd. II. München—Zürich 1975, S. 208.
23) s. M. EWERS, Strukturgitter der Naturwissenschaftsdidaktik. Essen 1977, S. 56.

24) vgl. O. KLAUSING, Biologie in der Bildungsreform. Weinheim 1968.
25) Charles Darwin, Die Entstehung der Arten durch natürliche Zuchtwahl. Stuttgart 1967. S. 12.
26) s. ebd. S. 191ff.
27) s. ebd. S. 197ff.
28) s. ebd. S. 201ff.
29) s. ebd. S. 205f.
30) s. ebd. S. 207ff.
31) s. ebd. S. 212ff.
32) s. ebd. S. 214ff.
33) s. ebd. S. 217ff.
34) s. ebd. S. 120ff.
35) ebd. S. 666.
36) ebd.
37) ebd. S. 678.
38) vgl. T.S. Kuhn, Die Struktur wissenschaftlicher Revolutionen. Frankfurt 1973. S. 224ff.
39) E. du Bois-Reymond, Vorrede zu: Untersuchungen über Thierische Elektrizität, Bd. 1. Berlin 1848. S. XLIX.
40) vgl. K.E. Rothschuh, Ursprünge und Wandlungen der physiologischen Denkweise im 19. Jahrhundert. In: Ders., Physiologie im Werden. Stuttgart 1969. S. 167.
41) vgl. E. Mendelsohn, Revolution und Reduktion: die Soziologie methodologischer und philosophischer Interessen in der Biologie des 19. Jahrhunderts. In: P. Weingart (Ed.), Wissenschaftssoziologie II, Determinanten wissenschaftlicher Entwicklung. Frankfurt 1974. S. 247.
42) R. Virchow, Über das Bedürfnis und die Richtigkeit einer Medizin vom Mechanischen Standpunkt. In: Arch. path. Anat., Bd. 188, 1907. S. 7. Bereits 1845 vorgetragen! Angaben nach Mendelsohn, a.a.O. S. 259, Anm. 14.
43) S. Mendelsohn, a.a.O. S. 252.
44) vgl. ebd. S. 253.
45) s. R. Virchow, Briefe an seine Eltern, 1839 bis 1864, hrsg. von M. Rabl. Leipzig 1907. S. 144ff. Zitiert nach Mendelsohn, a.a.O. S. 241.
46) s. R. Virchow, Gesammelte Abhandlungen auf dem Gebiet der öffentlichen Medizin und der Seuchenlehre, Bd. 1. Berlin 1879. S. 78. Zit. nach Mendelsohn, a.a.O. S. 259, Anm. 8.
47) s. Kuhn op. cit. S. 224f.
48) vgl. H.J. Sandkühler, Praxis und Geschichtsbewußtsein. Frankfurt 1973.
49) s. E. Ströker, Wissenschaftsgeschichte als Herausforderung, Marginalien zur jüngsten wissenschaftstheoretischen Kontroverse. Frankfurt 1976. S. 58.
50) vgl. Kuhn op. cit. S. 118.

Literaturverzeichnis

Th. BALLAUFF, Die Wissenschaft vom Leben, eine Geschichte der Biologie, Bd. I, Vom Altertum bis zur Romantik. Freiburg—München o.J.

J.D. BERNAL, Wissenschaft, Science in History, Bd. 1. Reinbek 1970.

H. BLANKERTZ, Analyse von Lebenssituationen unter besonderer Betonung erziehungswissenschaftlich begründeter Modelle: Didaktische Strukturgitter. In: K. Frey (Ed.), Curriculum-Handbuch, Bd. II. München—Zürich 1975.

E. du BOIS-REYMOND, Vorrede zu: Untersuchungen über Thierische Elektrizität, Bd. 1. Berlin 1848.

W. BÜCHEL, Gesellschaftliche Bedingungen der Naturwissenschaft. München 1975.

A.C. CROMBIE, Von Augustinus bis Galilei, Die Emanzipation der Naturwissenschaft. München 1977.

Charles DARWIN, Die Entstehung der Arten durch natürliche Zuchtwahl. Stuttgart 1967.

M. EWERS, Strukturgitter der Naturwissenschaftsdidaktik. Essen 1977.

P.K. FEYERABEND, Wider den Methodenzwang, Skizze einer anarchistischen Erkenntnistheorie. Frankfurt 1976.

O. KLAUSING, Biologie in der Bildungsreform. Weinheim 1968.

T.S. KUHN, Die Struktur wissenschaftlicher Revolutionen. Frankfurt 1973.

I. LAKATOS, Die Geschichte der Wissenschaft und ihre rationalen Rekonstruktionen. In: W. Diederich (Hrsg.), Theorien der Wissenschaftsgeschichte, Beiträge zur diachronen Wissenschaftstheorie. Frankfurt 1974.

Sh. A. MEDWEDJEW, Der Fall Lyssenko, Eine Wissenschaft kapituliert. München 1974.

E. MENDELSOHN, Revolution und Reduktion: die Soziologie methodologischer und philosophischer Interessen in der Biologie des 19. Jahrhunderts. In: P. Weingart (Ed.), Wissenschaftssoziologie II, Determinanten wissenschaftlicher Entwicklung. Frankfurt 1974.

A. MEYER-ABICH, Geistesgeschichtliche Grundlagen der Biologie. Stuttgart 1963.

K.E. ROTHSCHUH, Geschichte der Physiologie. Berlin 1953.

K.E. ROTHSCHUH, Physiologie im Werden. Stuttgart 1969.

K.E. ROTHSCHUH, Ursprünge und Wandlungen der physiologischen Denkweise im 19. Jahrhundert. In: Ders., Physiologie im Werden. Stuttgart 1969.

H.J. SANDKÜHLER, Praxis und Geschichtsbewußtsein. Frankfurt 1973.

E. STRÖKER, Wissenschaftsgeschichte als Herausforderung, Marginalien zur jüngsten wissenschaftstheoretischen Kontroverse. Frankfurt 1976.

S. TOULMIN, Voraussicht und Verstehen, Ein Versuch über die Ziele der Wissenschaft. Frankfurt 1968.

E. UNGERER, Die Wissenschaft vom Leben, Eine Geschichte der Biologie. Bd. III, Der Wandel der Problemlage der Biologie in den letzten Jahrzehnten. Freiburg-München 1966.

R. VIRCHOW, Briefe an seine Eltern, 1839 bis 1864, hrsg. von M. Rabl. Leipzig 1907.

R. VIRCHOW, Gesammelte Abhandlungen auf dem Gebiet der öffentlichen Medizin und der Seuchenlehre, Bd. 1. Berlin 1879.

R. VIRCHOW, Über das Bedürfnis und die Richtigkeit einer Medizin vom Mechanischen Standpunkt. In: Arch. path. Anat., Bd. 188, 1907 (Bereits 1845 vorgetragen!)

E. ZILSEL, Die Geschichte und die biologische Evolution. In: Ders., Die sozialen Ursprünge der neuzeitlichen Wissenschaft. Hrsg. und übersetzt von W. Krohn, Frankfurt 1976.

Zum geschichtlichen Verhältnis von Biologie und Gesellschaft am Beispiel der Herausbildung der Zellenlehre

von

Holger Jeske

0. Einleitung

Die Frage nach der gesellschaftlichen Bedeutung biologischer Themen ist in der fachdidaktischen Diskussion zunehmend in den Mittelpunkt der Auseinandersetzung geraten. Dabei wird auf die gewachsene Verflechtung von gesellschaftspolitischen Entscheidungen und biologischen Erkenntnissen verwiesen, wie am Beispiel der Umweltproblematik, des Welternährungsproblems. Obwohl nicht bestritten werden soll, daß dieser Zusammenhang heute deutlicher und dringender zutage tritt, soll der folgende Artikel zeigen, daß die Wechselbeziehung von Biologie und Gesellschaft eine lange Geschichte hat. Um übersichtlich zu bleiben, wird exemplarisch nur die Entwicklung der Zellenlehre behandelt. Damit soll ein Beitrag geliefert werden, den historischen Werdegang der Biologie nicht, wie es leider heute noch typisch für Schulbücher ist (vgl. JESKE 1976), als Aufeinanderfolge von genialen Geistesblitzen einzelner hervorragender Persönlichkeiten zu verstehen, sondern ihn in seinen vielfältigen gesellschaftlichen Abhängigkeiten und Wirkungen zu behandeln.

Diese Sichtweise scheint, abgesehen einmal davon, daß sie dem realen Hergang entspricht, zunehmend dringender, um Schülern vermitteln zu können, daß Biologie nichts Abstraktes, von ihnen Entferntes ist, sondern alle Lebensbereiche durchzieht.

Betrachtet man den Ablauf der Biologie wie den jeder Wissenschaft, sollten zwei Komplexe unterschieden werden:

— die *Notwendigkeit* für die Entstehung bestimmter Erkenntnisse und
— die *Möglichkeit* ihrer Herausbildung.

Beide Komplexe sind in der Realität innig miteinander verwoben. Aus Darstellungsgründen sollen sie aber im folgenden getrennt behandelt werden.

1. Notwendigkeiten für die Herausbildung der Zellenlehre

Wie noch zu zeigen sein wird, wurden Zellen in den verschiedensten Zusammenhängen untersucht. Es können drei Gebiete unterschieden werden, die gleichsam die Säulen bilden, auf denen sich die eigentliche Zytologie erhebt:
- die Anatomie und Cytomorphologie
- die Einzellerforschung
- die biochemische Analyse der Zellbestandteile.

Die drei Gebiete haben sich gegenseitig ergänzt und unter Integration von Erkenntnissen anderer Disziplinen, wie Genetik und Pflanzenphysiologie, die Zellenlehre oder Zytologie gebildet. Wie es dazu kam, soll kurz überblickshaft dargestellt werden, bevor die einzelnen Gebiete gründlicher untersucht werden.

1.1. Der zeitliche Ursprung der Zellenlehre

In der landläufigen Darstellung heißt es, die Zellenlehre sei durch HOOKE begründet oder evtl. noch durch SCHLEIDEN und SCHWANN. Damit wird die Entstehungsgeschichte auf die Nennung dreier Namen reduziert. Tatsächlich war die Entwicklung komplizierter, so daß es schwerfällt, einen Zeitpunkt der Begründung anzugeben. Der Begriff "Zelle" wurde zum ersten Mal von HOOKE (1635−1703) geprägt. Als "Zellen" bezeichnete er jene Gebilde, die er mit dem Mikroskop im Kork erkennen konnte. Wir wissen nun, daß er nicht eigentlich "Zellen" im heutigen Sinne beobachtete, sondern lediglich die toten Zellwände. Obwohl also der Begriff von ihm geprägt wurde, kann nicht davon ausgegangen werden, daß er die Zellenlehre begründet hat. Auch seine Nachfolger GREW (1628−1711), MALPIGHI (1628−1694) und LEUWENHOEK (1632−1723) haben häufig Zellen beobachtet, LEUWENHOEK sogar Protozoen und Bakterien, ohne jedoch den Fundamentalsatz der Zellenlehre, daß alle Organismen aus Zellen bestehen oder zusammengesetzt sind, begriffen zu haben. Hervorzuheben ist weiter, daß sie zwar die zellulären Untereinheiten der Gewebe erkannten und beschrieben, daß sie aber nicht im mindesten diese Erscheinungen zum Lebensvorgang in Beziehung setzen konnten. Während des gesamten 18. Jahrhunderts wurden in dieser allgemeinen Frage keine Fortschritte erreicht, wenngleich die Beschäftigung mit "Zellen" vor allem in der Phytopathologie außerordentlich zunahm und zu einer steten Akkumulation von Wissen über diese "Zellen" führte (vgl. SORAUER 1909).

Die These von der Individualität der Zelle und dem Aufbau aller Organismen aus Zellen konnte jedoch erst auf der Basis eines relativ großen Erfahrungsschatzes erfolgen. 1838 formulierte SCHLEIDEN dieses Prinzip für Pflanzen und 1839 SCHWANN — dadurch angeregt — für Tiere. Damit war das Grundproblem vornehmlich anatomisch gelöst. Die Funktionen der Zellbestandteile und der zelluläre Informationsverarbeitungsapparat waren unbekannt. In der zweiten Hälfte des 19. Jahrhunderts setzt auf diesem Gebiet bevorzugt die Forschung ein. V. MOHL (1805—1872) untersucht das Protoplasma (1846), beobachtet zum ersten Mal eine Zellteilung (1835), entdeckt die Mannigfaltigkeit der Chlorophyllkörner und in ihnen Assimilationsstärke.

NÄGELI (1817—1891) beschäftigt sich mit der Richtung der Zellteilung, erforscht Scheitelzellen und die Bildung von Zellwand und Stärkekörnern und stellt Hypothesen über den Micellaren Aufbau von Zellulose und Stärke auf. SCHIMPER prägt den Begriff "Plastid" und weist ihre Kontinuität nach, nachdem SCHMITZ (1810—1885) die Teilung von Chromatophoren beobachtet hat. Darüber hinaus weist er Eiweiß und Farbstoffkristalle in den Plastiden nach und zeigt, daß das Chlorophyll in Tröpfchenform (von MEYER später sog. "Grana") in farblosem Stroma liegt. Mit HABERLANDT (1854—1945) setzt sich die Betrachtungsweise durch, funktionelle und strukturelle Aspekte aufeinander zu beziehen, und KLEBS (1857—1918) zeigt schließlich das Wechselverhältnis von Kern und Protoplasma. Die eigentliche Zusammenfassung der verschiedenen Forschungszweige erfolgt jedoch erst durch STRASBURGER (1844—1912) nach der Wiederentdeckung der MENDEL'schen Gesetze durch CORRENS, de VRIES und TSCHERNAK (1900). 1884 beobachtete er die erste Verschmelzung von Samen und Eizelle, untersuchte die Kern- und Zellteilung und schuf mit der Untersuchung der Chromosomen einen neuen Forschungszweig: die Caryologie. Zuvor hatte FLEMMING (1888) die Chromosomenspaltung nachgewiesen, die Unterteilung des "Kerns" in Chromatin, "Nukleolus" und "Kernsaft" dargestellt und den Begriff "Mitose" geprägt.

Mit STRASBURGER war das Grundgerüst der heutigen Zytologie geschaffen, in dem strukturelle, funktionelle und informationsverarbeitende Aspekte vereint waren. KÜSTER (1874—1953) erweiterte dieses Grundwissen durch die Integration pathologischer Erkenntnisse.

Soll etwas über den zeitlichen Ursprung der Zellenlehre ausgesagt werden, so wird daraus deutlich, daß es sich dabei nicht um einen Zeit*punkt* sondern einen Zeit*raum* handelt. Es wäre derjenige Raum, in dem sich die verschiedenen Disziplinen zu einer einheitlichen Theorie, der sogenannten "modernen Cytologie" entwickeln. Zeitlich entspräche das dem Ende des vorigen Jahrhunderts[1].

1.2. Von der Anatomie zur Cytomorphologie

Bevor überhaupt der Gedanke aufkommen konnte, Organismen seien aus kleineren Untereinheiten aufgebaut, mußten die Organismen zerlegt werden.

Dies war mit der Überwindung verschiedener Tabus verbunden. So hielt LEONARDO da VINCI (1452—1519) die Ergebnisse seiner anatomischen Untersuchungen aus Angst vor der Kirche noch geheim. Erst einhundert Jahre später konnte die erste öffentliche Leichenanatomie-Vorlesung durch BAUHIN (1560—1624) stattfinden.

Wie kam es nun zur Überwindung des Tabus?

Das 15. und 16. Jahrhundert waren durch eine starke Zunahme der Städte gekennzeichnet. Mit der daraus resultierenden Konzentration von Menschen wuchs auch die Ausbreitungsmöglichkeit von seuchenhaften Krankheiten, insbesondere der Pest.

Als Arzt hatte sich BAUHIN mit der Bekämpfung der sich ausweitenden Pestepidemien zu beschäftigen. Auf diesem Hintergrund war die Entwicklung der Medizin um Vielfaches notwendiger geworden als auf der Basis der rein feudal-landwirtschaftlichen Produktionsweise.

Das findet seinen Ausdruck in der Verbreitung der aus Medicinalschulen entstandenen Universitäten und einem Aufschwung der allgemeinen Heilkunde (JESSEN 1863, 135). Mit der Entwicklung der drängenden Notwendigkeiten wird die Einhaltung der Tabus immer mehr zum Hemmschuh, so daß der Anatomie des Menschen der Durchbruch gelang.

Mit der Zunahme der anatomischen Studien wurden die Auflösungsgrenzen des menschlichen Auges deutlich. So war es ein wichtiger Fortschritt, daß die ersten Mikroanatomen GREW (1641—1712), MALPIGHI (1628—1694) und LEUWENHOEK (1632—1723) ein — wenn auch unzulängliches — Mikroskop zur Hilfe nehmen konnten.

Als Leibarzt beim Papst in Rom war MALPIGHIs *Erkenntnis-leitendes Interesse* auf die Untersuchung des *menschlichen Körpers* gerichtet. Darüber hinaus beschäftigte ihn aber auch die Anatomie von Pflanzen und Tieren. Obwohl das treibende Moment die Anatomie aus medizinischen Gründen war, war der Prozeß nicht einheitlich linear, sondern begleitet von vielen Nebenforschungsrichtungen.

GREW dagegen, obwohl Arzt von Beruf, arbeitete forschungsmäßig nur auf dem Gebiet der Pflanzenanatomie. In einem Brief an König Carl II von England begründete er jedoch die Notwendigkeit seiner Forschung mit der Ähnlichkeit der strukturellen Verhältnisse in Pflanzen und Tieren:

"Eure Majestät werden hier sehen, daß in der Pflanze Dinge sichtbar sind, die kaum weniger Bewunderung verdienen, als im Thiere. Daß die Pflanze so gut wie das Thier aus verschiedenen organischen Theilen besteht, von denen man einige füglich ihre Eingeweide nennen kann. Daß jede Pflanze Eingeweide von verschiedenen Arten besitzt, welche verschiedene Arten von Flüssigkeiten führen ... " (nach JESSEN, 1864, 234).

Obwohl LEUWENHOEK demgegenüber kein Arzt war, so ist auch bei ihm medizinisches Interesse festzustellen. Neben der Untersuchung der Tüpfelung der Gefäße im Sekundärholz finden wir Arbeiten über Blut, Kapillaren und Spermatozoen. Von Beruf Brillenschleifer, stand bei ihm die Anwendung neuer Technologie im Vordergrund. Der Inhalt der Untersuchung tritt demgegenüber in seiner Bedeutung zurück.

Zusammenfassend läßt sich dennoch feststellen, daß ein Hauptmoment des erkenntnisleitenden Interesses der Frühphase der Mikroskopie humanmedizinische Probleme waren.

Das zweite erkenntnisleitende Moment im 17. Jahrhundert ist die notwendige Auseinandersetzung mit den Pflanzenkrankheiten.

Schon im 16. Jahrhundert hatte ein Prozeß begonnen, der eine Intensivierung der Landwirtschaft notwendig machte. Mit der Entwicklung der Städte und des Handelskapitals war die Zahl der Arbeitskräfte, die der Landwirtschaft entzogen waren, gewachsen. Obwohl gleichzeitig die absolute Größe der Landbevölkerung stieg, mußte das zum Sinken der Agrarprodukte pro Kopf und zu steigenden Preisen führen, da nunmehr das Verhältnis der in der Landwirtschaft Tätigen zur Gesamtbevölkerung sank (MOTTEK I, 334ff.). Intensivierung der Landwirtschaft war aber nur durch zunehmende Spezialisierung, einschließlich der Tendenz zu Großbetrieben und Plantagenbau (vornehmlich Getreide in den ostelbischen Gebieten, Zucker, Tabak und Baumwolle in den Kolonien), möglich. Das bedeutet zum einen ein Zurückdrängen der Dreifelderwirtschaft (dementsprechend einen stärkeren Entzug von Mineralien aus dem Boden (s. LIEBIG 1876), zum anderen ist Vorbedingung und Folge des Plantagenbaus eine Ausweitung des Fernhandels. Während also einerseits die Notwendigkeit, sich mit Ernährungsphysiologie der Pflanzen zu beschäftigen, wächst (s.u.), bildet der Plantagenbau in Verbindung mit dem Fernhandel optimale Bedingungen für die Ausbreitung von Pflanzenkrankheiten.

Phytopathologische Fragestellungen sind zwar schon aus dem Altertum bekannt (Bibel, ARISTOTELES, besonders THEOPHRASTOS) (vgl. SORAUER 1909), mit der Herausbildung großer Städte und den dadurch verursachten Auswirkungen auf die Landwirtschaft wird jedoch die Notwendigkeit immer dringender, sich mit den Pflanzenkrankheiten auseinanderzusetzen.

So ist es nicht zufällig, daß MALPIGHI einen Teil seiner mikroskopischen Studien auf Blattgallen, krankhafte Geschwülste und Rostpilze konzentrierte. "Ein umfangreiches Kapitel (seiner Anatome plantarum, d.V.) ist den Gallen gewidmet, deren Verursachung durch Tiere klar erkannt wird. Insgesamt beschreibt MALPIGHI über sechzig verschiedene Gallen, darunter auch die Wurzelknöllchen der Leguminosen. In weiteren Abschnitten behandelt er die krankhaften Geschwülste und Auswüchse der Pflanzen, z.B. Kallusbildungen, Äcidien von Rostpilzen, die Wirrzöpfe von Weiden ... Misteln, Flechten, Moose, Schimmelpilze." (MÄGDEFRAU, 73)[2]. Obwohl eine dringende Notwendigkeit zur Beschäftigung mit phytopathologischen Fragen bestand, nimmt dennoch ihre Behandlung einen relativ kleinen Raum im Schaffen MALPIGHIs ein. Wie ist das zu erklären? Deutlicher wird der Zusammenhang von gesellschaftlicher Notwendigkeit und wissenschaftlicher Forschung auf anderen Ebenen. Mit dem 16. Jahrhundert und verstärkt im 17. Jahrhundert nimmt die Anzahl landwirtschaftlicher Werke zu, die sich mit phytopathologischen Fragen befassen (SORAUER, 1909, 41ff.). Grundlage ist dafür zunächst die Rezeption klassischer Autoren (besonders der Römer), später auch die Sammlung praktischer Erfahrungen. Hauptthemen dieser Werke sind Rost, Brand und Mehltau. Es kann davon ausgegangen werden, daß auch die Botaniker dieser Zeit von der Zunahme solcher Literatur beeinflußt wurden und zumindest in Teilen ihre Forschung darauf abstellten. Da aber die Fragestellungen der Praxis sehr komplex und dadurch schlecht analysierbar waren, wurde eine Einschränkung des Forschungsgegenstandes nötig. Diesen Zusammenhang hat MALPIGHI selbst eindeutig formuliert:

"Der Förderung der schönen Künste und Wissenschaften, sehr gelehrte Herren Kollegen, haben, wie ich glaube, die Verheerungen der Kriege und die staatlichen Veränderungen weniger Eintrag getan, als die verkehrte Methode des Studiums und die unpassende Auswahl der Künste. Denn nach der Anschauung des gegenwärtigen Jahrhunderts werden wir, wenn wir uns einmal den Studien gewidmet haben, blindlings nach den Gesetzen der Eltern und Voreltern in die Wissenschaften eingeführt; und kaum haben wir sie von der Schwelle aus begrüßt, so glauben wir schon, sie in ihrem ganzen Umfang durchmessen zu haben, und verschmähen dabei die andauernde und genaue Durchforschung nur eines kleinen Teiles, und deshalb bleiben wir beständig an der Schwelle haften. Da das Wesen der Dinge in Dunkel gehüllt und nur durch Analogien zu erschließen ist, so müssen wir die ganze Reihe der Erscheinungen durchlaufen, um, durch Vermittlung der einfacheren und leichter verständlichen, die schwierigen zu erforschen. Aber gerade das schwierigere und vollkommenere, insofern es notwendiger für den Bedarf der Menschen ist und größere Achtung genießt, zieht zunächst den Eifer der Menschen auf sich; wenn aber im Verlauf der Zeit nach Erschöpfung der körperlichen und geistigen Kräfte der in den Studien eingeschlagene Weg unbrauchbar erscheint, wird von Tag zu Tag ein neuer aufgesucht, und ist er gefunden, so wird er mit der Gleichgültigkeit des Alters verschmäht; so kommt es, daß von einem einzelnen Menschen mit seiner Arbeit keine Wissenschaft gründlich durchstudiert wird, sondern stürmisch und ziellos bald diese, bald jene in Angriff genommen wird. Ich gestehe, daß auch bei mir dies alles vorgekommen ist, hochweise Herrn Kollegen: denn in der Begeisterung der Jugend habe ich mich an die Anatomie gemacht und, obschon ich um etwas Besonderes bemüht war, sie gleich an den höheren Tieren zu erforschen versuchte."

Wenn also bei MALPIGHI die allgemein-anatomischen Fragen einen solchen

Raum einnehmen, so nicht wegen der Verachtung "des praktischen Bedarfs", sondern weil eine Beschränkung auf die (einfacheren) allgemeinen Tatsachen notwendig war. Diese aber waren erst die Voraussetzung dafür, daß im Anwendungsbereich neue Erkenntnisse gewonnen werden konnten. Während die Anatomen des 17. Jahrhunderts große Beachtung in den Geschichtswerken der Biologie fanden, scheint das 18. Jahrhundert keine wesentlichen Fortschritte zu bringen. ASIMOV (1968, 32) spricht vom "Schattendasein" der Anatomie. JESSEN (1864, 233) stellt fest, daß MALPIGHI, GREW und LEUWENHOEK "eine so ausgebildete Pflanzenanatomie" entworfen haben, "daß das folgende Jahrhundert kaum etwas hinzuzusetzen fand". Und er fährt an anderer Stelle fort: "Gleichwohl trat damals eine solche Vernachlässigung dieser Untersuchungsweise ein, daß man das vorige Jahrhundert (18. Jh., d.V.) mit Recht das Mittelalter der *Pflanzenanatomie* genannt hat". (314)

SACHS (1832–1897) geht sogar noch einen Schritt weiter: "Auf diese beiden ... bedeutungsvollen Werke MALPIGHIs und GREWs ist im Laufe der nächsten 120 Jahre kein einziges gefolgt, welches sich irgendwie ebenbürtig an ihre Seite stellen könnte, es erfolgte während dieser langen Zeit nicht nur kein Fortschritt, sondern sogar ein stetiger Rückgang, ... ". (232)

Aus allen diesen Veröffentlichungen spricht das Unverständnis dieser sog. "Pause in der Pflanzenanatomie". Umso erstaunlicher erscheint es dann, wenn "plötzlich" in der Mitte des 19. Jahrhunderts die SCHLEIDEN/SCHWANNsche Zellentheorie wie Phönix aus der Asche auftaucht. Das Dilemma der idealistischen Geschichtsschreibung deutet sich bei SACHS mit den Worten " ... welches sich ebenbürtig (?) an ihre Seite stellen könnte ... " (s.o.) an. Wissenschaft wird als Aneinanderreihung von Gedankenblitzen hervorragender Persönlichkeiten begriffen, nicht als historischer Prozeß, der auch ohne "besondere Exponenten" voranschreitet. Welches waren dagegen die tatsächlichen Gründe der Tendenzwende? Zum einen hatten die drei Klassiker der Anatomie die technischen Möglichkeiten des damals existierenden Mikroskops (noch mit chromatischen Linsen und geringer Auflösung!) weitestgehend ausgenutzt, zum anderen hatten sie ein Maß von allgemeinen Kenntnissen geschaffen, das eine weitere fruchtbringende Beschäftigung mit angewandten Problemen erlaubte. (vgl. die oben angeführte Argumentation MALPIGHIs)

Grundlage für weitergehende Verallgemeinerungen waren aber die Vergrößerung des Erfahrungsschatzes und die Verfeinerung der mikroskopischen Technik. (vgl. MÖBIUS, 1937, 163)

Beides hat im 18. Jahrhundert stattgefunden, jedoch auf neuen Wegen und auf einem geringeren Abstraktionsniveau.

MÖBIUS (1937, 162) gibt einen ersten Anhaltspunkt dafür: "Aus dem 18. Jahrhundert könnte eine ganze Reihe von Mikroskopikern angeführt werden, da aber ihre Untersuchungen meistens nur im Interesse der Physiologie unternommen wurden, sollen sie dort zur Sprache kommen." Demgemäß wäre es falsch, von einem Schattendasein der mikroskopischen Forschung zu sprechen. Ganz im Gegenteil kam es zu einer ausgedehnten Entwicklung vielfältiger Untersuchungen. Dem lagen die verschärften Erfordernisse der Landwirtschaft zugrunde. Die sich im 17. Jahrhundert abzeichnende Tendenz zum Großbetrieb und der damit verbundenen Spezialisierung hatte sich verstärkt. Die Städte verlangten nach mehr Nahrungsmitteln als produziert werden konnten, so daß beispielsweise die Getreidepreise schnell anstiegen (MOTTEK, I, 342). Damit war der ökonomische Anreiz gegeben, nach Neuerungen in der Landwirtschaft zu suchen. Schwerpunkt der Versuche war die Ernährungsphysiologie (s.u.), aber auch die Phytopathologie erhielt einen Aufschwung.

HESZEs und de la QUINTINYEs Untersuchungen über Pflanzenkrebs und -gallen waren Ende des 17. Jahrhunderts der Ausgangspunkt. (vgl. die ausführliche Darstellung von SORAUER, 42ff.)

1712–1715 führt AGRICOLA eine Reihe von Versuchen durch, indem er den Mehltau als "Seuche" erkennt und genaue Analysen des Brandes durchführt. Schon das System von TOURNEFORT (1705) befaßt sich ausführlich mit der Klassifikation der Pflanzenkrankheiten. HALES (1731) entdeckt die Übertragbarkeit des Krebs' durch Veredlung. Es folgen eine Reihe von Versuchen, die bestehenden Krankheiten zu systematisieren. Dabei werden die Grenzen des menschlichen Auges deutlich und die Notwendigkeit der Anwendung von Mikroskopen. Für das Sytem von ADANSON (1763) konstatiert denn auch SORAUER (1909): "Man merkt in der Einteilung bereits die Fortschritte der mikroskopischen Untersuchungen und die steigende Aufmerksamkeit, die den parasitären Pilzen zugewendet wird!" (46) Und er schlußfolgert für 1791: "Durch die Arbeiten der erwähnten Autoren und die Erwartungen auf dem Gebiete des praktischen Gartenbaus ... war die Überzeugung von der wirtschaftlichen Bedeutung der Pflanzenkrankheiten in so weite Kreise gedrungen, daß nunmehr spezielle Bücher über diese Disziplin erscheinen konnten. Schon das Jahr 1791 macht uns mit drei derartigen Werken bekannt." (47)

Demgemäß kann das 18. Jahrhundert vor allem durch den Aufschwung der Mykologie charakterisiert werden. Namen wie GLEDITSCH, BATTARA und v. WILDENOW sind mit dieser Entwicklung verbunden. Neben den bisherigen Krankheiten tritt vor allem das Mutterkorn in den Mittelpunkt des Interesses. Verständlich wird das durch die Ausdehnung des Getreideanbaus vor allem in den ostelbischen Gütern. Das Mikroskop wird zum unentbehrlichen Instrument der Mykologen, obwohl die Optik äußerst ungenügend bleibt (SORAUER, 1909, 51).

"Die Literatur beginnt nun durch Einzelarbeiten und wissenschaftliche sowie praktische, den Acker- und Gartenbau umfassende Handbücher und Schriften, welche die Krankheiten berühren (TESSIER, JÄGER, HOPKIRK, Lehrbücher von WILDENOW, NEES, de CHANDOLLE, ...) derart zu wachsen, daß wir nur noch die für die Geschichte der Pathologie markantesten Erscheinungen hervorzuheben vermögen." (SORAUER, 1909, 51)

Das erste größere Standardwerk erscheint 1841 (MEYEN, Pflanzenpathologie, Berlin). Ein Jahr später erhält die Pflanzenpathologie einen neuen Anstoß durch die verheerenden Auswirkungen der Kartoffelfäule. "Eine der ersten Publikationen darüber verdanken wir MARTIUS, und entsprechend den äußerst schweren Schädigungen des Nationalvermögens durch diese Krankheit folgt von da ab eine Flut von Veröffentlichungen, ...

Daß eine derartige Erscheinung wie die Kartoffelepidemie die Pilzkrankheiten in den Vordergrund drängen und die gesamte Mykologie befruchten mußte, war selbstverständlich, zumal auch die ökonomische Wichtigkeit der Brandpilze immer größere Beachtung zu finden begann." (SORAUER, 1909, 55)

Damit beginnt eine neue Etappe des Wechselverhältnisses von phytopathologischer Wissenschaft und praktischer Landwirtschaft:

"Mit KÜHN's 'Krankheiten der Kulturgewächs' (Berlin 1858) vollzieht sich der von MEYEN bereits angestrebte Zweck der Verschmelzung wissenschaftlicher Studien mit den praktischen Erfahrungen behufs Behandlung der Pflanzenkrankheiten in der glücklichsten Weise. So notwendig und so hervorragend die rein wissenschaftlichen Untersuchungen in den einzelnen Gebieten der Phytopathologie auch immer sein mögen, so erhalten sie doch erst ihre volle Bedeutung durch eine Prüfung im praktischen landwirtschaftlichen Betriebe. Nur in der praktischen Kultur kann man die Hauptfrage lösen, ob die Verhältnisse in der freien Natur dieselbe Entwicklung von Parasiten oder anderen Krankheitserregern ebenso zulassen, wie sie sich im Laboratorium gezeigt hat. Und darum ist es notwendig, daß die Phytopathologie sich auf praktischen Kenntnissen des Acker- und Gartenbaues sowie der Forstwirtschaft aufbaue. Die Unterschiede, die in der Medizin sich herausgebildet haben zwischen dem wissenschaftlichen Forscher und dem praktischen Arzt, müssen notgedrungen auch in der Disziplin der Pflanzenkrankheiten sich ausbilden. Die praktische Seite bezeichnen wir als die Lehre vom 'Pflanzenschutz'." (SORAUER, 1909)

Der Auseinandersetzung mit den Problemen des Pflanzenschutzes des 18.Jahrhunderts entspringen die Erfahrungen und die technischen Verfeinerungen, die in der Mitte des 19. Jahrhunderts zur Verallgemeinerung drängen. Anders wäre die Vervollkommnung des Mikroskops auch nicht denkbar, denn welcher Handwerker würde sich dafür Mühe geben, wenn er keinen Absatz für seine Mikroskope fände. Die phytopathologische Forschung stellte den Markt dar und gab so neue Impulse für die Verbesserung der Technik. Die ständige Beschäftigung mit der Mikrobiologie von Pilzen machte es leicht, sich an den

Gedanken zu gewöhnen, daß Organismen allgemein aus kleineren Unterein-einheiten, nämlich Zellen, aufgebaut sind.
Ohne SCHLEIDENs Verdienste mindern zu wollen, muß festgehalten werden, daß er nicht mehr getan hat, als zu ernten, was andere gesät hatten. Vergleicht man die tatsächliche praktische Arbeit SCHLEIDENs mit seiner Theorie, so wird offensichtlich, daß sie niemals ausgereicht hätte, um die Zellenlehre zu begründen. (vgl. dazu MÄGDEFRAU, 1974, 151, 164)
Sein wesentlicher Ansatz war ein theoretischer, den er durch fleißiges Literaturstudium herausgebildet hatte.
"Jede höher ausgebildete Pflanze ist ein Aggregat von völlig individualisierten, in sich abgeschlossenen Einzelwesen, den Zellen. Jede Zelle führt nun ein zweifaches Leben: ein ganz selbständiges, nur ihrer eigenen Entwicklung angehöriges und ein anderes mittelbares, insofern sie ein integrierter Teil einer Pflanze geworden. Sowohl für die Pflanzenphysiologie wie für die vergleichende Physiologie im allgemeinen muß der Lebensprozeß der einzelnen Zellen die allererste, ganz unerläßliche Grundlage bilden." (SCHLEIDEN 1838, cit. n. MÄGDEFRAU, 1974, 151)
Mit diesem Konzept ist die zweite Etappe der Entwicklung der Cytologie abgeschlossen. Es war nun die Aufgabe, zwei Richtungen weiter zu verfolgen,
1)   die Vielfalt der Einzeller und ihre Lebensäußerungen zu erkunden,
2)   die Rolle der Zelle im Gewebeverband zu analysieren.

1.3. Fortschritte der Einzellerforschung

Die ersten Protozoen hatte bereits LEUWENHOEK im 17. Jahrhundert beschrieben. Aufgrund der mangelhaften Qualität der Linsen konnte er über ihre Morphologie nicht mehr aussagen, als daß es bewegliche Punkte waren. Erst 100 Jahre später war der dänische Mikrobiologe Otto Friedrich MÜLLER (1730—1784) in der Lage, detaillierte Angaben über die Gestalt von Bakterien zu machen. Mitte des 19. Jahrhundert waren die Technik und das Wissen so weit, daß der Grundstein zu einem neuen Wissenschaftszweig, der *Bakteriologie,* gelegt werden konnte. Ausgangspunkt dafür waren wiederum wirtschaftliche Fragestellungen. So untersuchte der Bakteriologe Ferdinand COHN (1828—1898) 1855 die Algenpopulationen auf überschwemmten Kartoffeläckern an der Oder (MÄGDEFRAU, 1974, 172) und entwickelte im folgenden eine Taxonomie der Mikroben, in der er die Bakterien erstmalig neben die Cyanophyceen einordnete. Der eigentliche Aufschwung der Mikrobiologie ist jedoch an das Lebenswerk zweier Forscher geknüpft: an Louis PASTEUR (1822—1895)[3] und COHNs Schüler Robert KOCH (1943—1910)[4]. Wesentliches Verdienst von beiden ist die Entwicklung der Keimtheorie. Noch SEMMELWEIS (1818—1865) war dem Spott der angesehenen Wissenschaft ausgesetzt gewesen, weil er das Kindbettfieber durch Desinfektionsmaßnahmen verhindern wollte. Erst nach seinem Tode fand seine Methode Anerkennung, wofür PASTEUR wesentliches geleistet hat.

Obwohl PASTEUR und KOCH als hervorragende Persönlichkeiten gelten können, wird auch bei ihnen deutlich, wie stark sie in den gesamtgesellschaftlichen Entwicklungsstand der Produktion und Wissenschaft eingebunden waren.

PASTEUR war von seiner Ausbildung her Chemiker. Dies mag dazu beigetragen haben, daß ihm der Zusammenhang von industriellem Nutzen und Wissenschaft deutlicher bewußt war als seinen biologischen Kollegen. Schon bei seiner Antrittsrede als Professor in Lille 1854 erläuterte er: "Es wird in Ihren Kreisen kaum einen jungen Menschen geben, dessen Neugier und dessen Interesse nicht sofort geweckt werden, wenn man ihm eine Kartoffel in die Hand gibt, aus der er Zucker, aus dem Zucker Alkohol und aus dem Alkohol Äther und Essig herstellen kann. Und wer wird sich nicht freuen, wenn er abends seiner Familie erzählt, daß er einen elektrischen Telegraph zu bedienen vermag." (cit. n. PILZ, 1976, (10)).

Seine gesamte Forschungstätigkeit war deutlich von den Bedürfnissen der Industrie, der Tierproduktion und der Medizin geprägt. 1856 wird er von den führenden Alkoholfabrikanten gebeten, sich dem Sauerwerden von Bier und Wein anzunehmen. Auf dieser Grundlage beginnt die Forschung nach Formen und Eigenschaften der Hefe, einem Versuchsobjekt, das auch heute noch zentrale Bedeutung für die Cytologie hat. Der nächste Impuls kommt von der Seidenindustrie, der großer wirtschaftlicher Schaden durch die Krankheiten der Seitenraupen entsteht (1865). 1868 arbeitet PASTEUR seine Methode der Konservierung aus (Pasteurisieren) und schafft damit die Voraussetzung für Frankreichs erhebliche Steigerung des Weinexports. Die Verbesserung der Biergärung beschäftigt ihn noch Jahre, bis er 1873 über dieses Thema einen ersten zusammenfassenden grundsätzlichen Vortrag halten kann.

Seit 1876 lenkt er sein Hauptinteresse auf die Impfstoffherstellung. JENNER (1749–1823) hatte zum ersten Mal eine erfolgreiche Pockenimpfung durchgeführt. Seither hatte die Seuchengefahr durch sprunghafte Entwicklung des Industriekapitalismus zugenommen. Die Städte vergrößerten sich, ohne daß die hygienischen Maßnahmen Schritt halten konnten. Schon 1772 wurde LAVOISIER beauftragt, die Reinigungsmöglichkeiten der Seine in Paris zu untersuchen, weil das Trinkwasser knapp wurde. Mit der Anzahl der Menschen in den Städten nahm auch die der Ratten, parasitären Insekten und sonstiger Infektionsüberträger zu.

1880 stellte PASTEUR den ersten Impfstoff gegen die Hühnercholera her und verstärkte seine Anstrengungen auf dem Gebiet der Virulenzabschwächung von Bakterien, um harmlosere Impfstoffe zu erzeugen. Im gleichen Jahr brach in Rußland die Pest aus. Bevor PASTEUR jedoch Kranke untersuchen konnte, wurde sie durch Quarantänemaßnahmen erfolgreich niedergekämpft. Diese Quarantänemaßnahmen zeigten, wie weit sich die Keimtheorie im Bewußtsein der Ärzte schon durchgesetzt hatte. 1881 kam der gesellschaftliche Impuls von einer anderen Seite. Den französischen Bauern gingen durch das Rinder- und Schafesterben aufgrund von Milzbrand jährlich 10 Millionen Franc verloren (PILZ, 1976, 52). Grund genug für PASTEUR, sich damit zu beschäftigen. Die Entwicklung eines Impfstoffes dagegen verhinderte die ungeheuren finanziellen Verluste. Seit dem Krieg 1870/71 rafften Typhusepidemien jährlich eine Unzahl von Soldaten und Arbeitskräften hinweg. Trotz des erbitterten Widerstandes der traditionellen Mediziner konnte sich jedoch bei diesem Problem die PASTEURsche Infektionslehre durchsetzen. Die Erforschung der Tollwut seit 1880 und die Entdeckung einer Impfung dagegen 1884 sind die Höhepunkte und der Schluß eines Lebens, das voll und ganz der direkten Nutzanwendung der Wissenschaft gedient hat (vgl. d. ausf. Biogr. v. PILZ 1976).

Wie PASTEUR, so drängten auch Robert KOCH gesellschaftliche Notwendigkeiten zur Forschung, allein mit dem Unterschied, daß sein Schwerpunkt — gemäß seiner Arbeit im Gesundheitsamt — deutlicher auf dem medizinischen Bereich lag.

Die starke Entwicklung der mikrobiologischen Forschung entsprach den ökonomischen Bedürfnissen jener Zeit: Mit der Herausbildung des Industriekapitalismus und der damit verbundenen Konzentration von Menschen auf kleinen Arbeitsräumen war die Krankheit neben ihrem humanistischen Aspekt zunehmend ein ökonomischer Faktor geworden. Es wurde nicht mehr nur ein Mensch krank, sondern auch eine Arbeitskraft, wodurch im Produktionsprozeß gerade bei Seuchen erhebliche ökonomische Verluste entstanden. Demgemäß war beispielsweise die Entdeckung des Tuberkelbazillus 1882 nicht nur aus humanitären Gründen wichtig, sondern auch aus ökonomischen.

Bisher wurde ausgeführt, welche Erfolge die einzelnen Sparten der angewandten mikrobiologischen Forschung zeitigten. Um ihre Bedeutung für allgemeinere Fragen nachzuweisen, muß ein Erkenntnistransfer zwischen angewandter und allgemeiner Forschung gezeigt werden. Der Aufschwung der Infektionslehre insgesamt im 19. Jahrhundert hat in vielfacher Weise die Entwicklung der Zoologie und Botanik beeinflußt. Es wurden Kenntnisse angehäuft und Techniken erarbeitet, die zur allgemeinen Ausrüstung der Wissenschaftler wurden. Es gibt die Verknüpfungsstellen zwischen beiden Bereichen aber auch in einzelnen Forscherpersönlichkeiten, die beide Arbeitsgebiete miteinander verbunden haben. Nach MEYEN (1804—1840), der neben der Gewebeeinteilung auch Ergebnisse über den Getreidebrand hervorbrachte, und de BARY (1831—1888), der zur Kenntnis über parasitäre Pilze sowie zur allgemeinen Pilzkunde wesentliches beitrug, waren es vor allem KLEBS (1857—1918) und

SORAUER (1839—1916), die, durch das Problem der Infektion angeregt, weitergehende Studien trieben. Umgekehrt gab es eine Reihe von Wissenschaftlern, die sich um die Umsetzung biologischen Wissens in die landwirtschaftliche Praxis bemühten. Es sei nur auf de CANDOLLE (1778—1841) und KÜHN (1825—1910) verwiesen.

Damit hat sich erstmals ein umfassendes wissenschaftliches Verständnis von Krankheit durchgesetzt. Krankheit hat nichts Mystisches mehr an sich, sondern wird als spezielle Abwandlung des Normalzustandes begriffen, deren Ursache eine jeweils konkrete Wechselwirkung von Ereignissen auf zellulärem Niveau ist. Die Cytomorphologie und -genese des 19. Jahrhunderts hat also nicht nur im Detailbereich nützliche Ergebnisse gebracht, sondern hat allgemein den Grundstein gelegt für die Entwicklung der biologischen und medizinischen Wissenschaft des 20. Jahrhunderts und ihre Erfolge.

1.4. Von der biologischen Alchimie zur molekularen Architektonik der Zelle

Nach der Untersuchung der Geschichte der Entdeckung der morphologischen Strukturen von Zellen wäre nun zu prüfen, wie es zur Aufklärung der diesen Strukturen zugrunde liegenden Bausteine gekommen ist. Damit wird die dritte Säule der Cytologie umrissen.

Als These soll vorangestellt werden, *daß alle Verfahren, die zur Analyse der Bausteine angewandt wurden, auf vorwissenschaftliche Prozeduren zurückzuführen sind, die, lange bevor es zu ihrer wissenschaftlichen Ausnutzung kam, in der gesellschaftlichen Produktion verwandt und dabei verfeinert wurden. Das setzt voraus, daß der praktische Bedarf für ihre Entwicklung das treibende Moment war.*

Von unserer heutigen Sicht aus reicht es nicht, die Strukturen innerhalb einer Zelle zu beschreiben, wir wollen vielmehr wissen, welche Funktionen mit den Strukturen verknüpft sind. Die spezifische Struktur soll mit einer spezifischen Funktion erklärt werden und umgekehrt. Auch dazu ist es nötig, die Zelle zu zerteilen, die Reaktionsmechanismen der Teile zu untersuchen, ihre Bestandteile zu analysieren, um schließlich zu einem Bild des gesamten Reaktionssystems zu kommen.

Zu diesem Zweck werden hauptsächlich folgende Techniken angewandt:
Die Homogenisation von biologischem Material,
die Isolierung von Zellen aus dem Gewebeverband,
die Isolierung von Organellen aus der Zelle,
die Extraktion von Stoffen,
die Auftrennung der Organellen oder extrahierten Stoffe.
Jede dieser Techniken hat ihren geschichtlichen Ursprung und ist in der Zwischenzeit auf vielfältige Weise verfeinert worden. Anhand einiger ausgewählter Stoffe soll dies gezeigt werden.

Zellulose

Die einfachste Möglichkeit, Zellwände zu isolieren, besteht darin, einen Baum von Laub, Ästen und Rinde zu befreien und das Holz zu benutzen. Aber auch verfeinerte Formen der Ausnutzung der Zellwand sind schon seit Jahrtausenden bekannt. Baumwolle wurde 3000 v.u.Z. im Industal und 2500 v.u.Z. in Peru gewonnen und war relativ leicht zugänglich, da sie aus einzelligen Samenhaaren gewonnen wurde (FRANKE, 1976, 392). Hingegen ist die Isolierung der Sklerenchymfasern des Flachses schwieriger. Die Stengel der Pflanze mußten zunächst längere Zeit im Wasser (Wasserröste) oder auf dem Feld liegen (Tauröste), damit Bakterien und Pilze die Mittellamellen enzymatisch zersetzen konnten und so die Sklerenchymfasern freigesetzt werden konnten (ebd. 395). Das gleiche gilt für Hanf, der aus Persien oder Indien stammen soll und nach chinesischer Literatur in China schon 2800 v.u.Z. benutzt worden sein soll (HEUSER, 1927, 3). Seither wurde er als Rohstoff für Stricke verwendet und ist über die ganze Welt verbreitet worden. Für die Faser der Brennessel (Nesseltuch) reicht das Rösten nicht aus, ihr Stengel muß zudem mit Laugen gekocht werden (FRANKE, 1976, 397).

Verfeinert wurden die Methoden der Zellulosegewinnung mit der Papierherstellung (WIESNER, 1928, 674ff.). Besonders die Chinesen haben seit dem 1. Jahrhundert n.u.Z. begonnen, gefilztes Papier herzustellen. Über die Araber (seit 751 n.u.Z.) kam diese Kunst nach Europa. Erst in der Mitte des 18. Jahrhunderts jedoch wurden von SCHÄFER umfangreiche wissenschaftliche Untersuchungen zur Verbesserung der Papierherstellung unternommen, die eine sprunghafte Entwicklung der Papierindustrie im 19. Jahrhundert zur Folge hatte (WIESNER, 1928, 681ff.).

Die Isolation der Zellwand war also von Anfang an geknüpft an die produktive Nutzung ihrer Eigenschaften. In diesem Zusammenhang sind Homogenisations- und Mazerationstechniken entwickelt worden, die erst später (19. Jahrhundert) der "reinen Wissenschaft zugute kamen.

Stärke

Als weitere Kohlenhydrate wurden frühzeitig Stärke und später Zucker isoliert. Die Griechen kannten das Wort Stärke (Amylum, v. griech.: Mühlstein), und CATO hat ihre Aufbereitung (234 v.u.Z.) in seinen landwirtschaftlichen Schriften erwähnt (BREHMER in WIESNER, 1928, S. 1913). DIOSKORIDES und PLINIUS verbreiteten die Kenntnis weiter. Aus dem 8. Jahrhundert n.u.Z. ist bekannt, daß die Araber Stärke als Bindeleim für ihr Papier benutzten, und im Mittelalter wurde sie sogar als Heilmittel gepriesen (ebd. S. 1913). Ihre Blüte erlebte die Stärkeindustrie im 19. Jahrhundert im Zusammenhang mit dem Aufschwung der Textil- und Papierindustrie. Stärke wurde zu diesem Zeitpunkt schon nicht mehr aus Weizen sondern aus Kartoffeln hergestellt. Friedrich der Große hatte per Dekret (1765) die Erzeugung von Kartoffelstärke gefördert. 1811 bestand der erste Industriezweig in diesem Gewerbe, also fast fünfzig Jahre bevor NÄGELI (1852) seine "morphologische, physiologische, chemisch-physikalische und systematisch-botanische Monographie" über "Die Stärkekörner" veröffentlichte.

1825 hatte RASPAIL Gräser und Samen mikroskopisch untersucht und eine Entwicklungsgeschichte der Stärke aufgestellt (JESSEN, 1864, 438). MOHL hat in eingehenden Studien (1837) die Assimilationsstärke in den Chloroplasten lokalisiert. Damit war die erste Verknüpfung von Stärkeproduktion und Photosynthese hergestellt. Der Aufbau der Stärke aus Zucker wurde wiederum in Zusammenhang mit der Industrie entdeckt, als KIRCHHOFF 1811 zeigen konnte, daß bei der Hydrolyse von Stärke Zucker entsteht. Für die Stärke gilt wie für die Zellulose, daß ihre Isolation vornehmlich aus praktischer Notwendigkeit erwuchs.

Zucker

Ähnlich verhält es sich mit dem Zucker. Während in Europa bis ins hohe Mittelalter nur mit Honig gesüßt wurde, gab es Zuckerrohranbau in Asien schon lange vor der Zeitwende (FRANKE, 1976, 119). Alexander der Große fand Zucker am Indus vor, aber erst die Araber — auf die auch die Raffination des Zuckers zurückgeht — brachten die Pflanze nach Westen (700—900 n.u.Z.). Zucker blieb Luxusartikel und war begehrtes Tauschobjekt. Marco Polo (1280) fand den Anbau von Zuckerrohr in China und nutzte es für den Handel. Es beginnt sich danach eine neue Tendenz herauszubilden. Zucker wird nicht mehr nur für den direkten Gebrauch sondern als Tauschobjekt produziert. Die Ausdehnung des Handels in den folgenden Jahrhunderten war demgemäß eine relativ selbständige Triebfeder für die Entwicklung der Zuckerindustrie, infolgedessen der Tauschwert zur charakteristischen Größe des Zuckers wird. Technisch bestand die Zuckerisolation in einer Extraktion mit polarem Lösungsmittel, nämlich Wasser. Die Halme wurden zerquetscht und gepreßt. Aus dem Saft wird der Zucker kristallin ausgeschieden und der Rest, die Bagasse (vornehmlich Zellulose), zur Papierherstellung genutzt. Es schließt sich daran die Raffination der Kristalle an. Damit hatten die Araber schon eine Reihe — wenn auch ungenügender — chemischer Prozeduren vollführt.

Bis ins 18. Jahrhundert war die Zuckergewinnung aus Rohr die einzige Möglichkeit. Da Zucker sehr teuer war, hatte es nicht an Versuchen gefehlt, Zuckerrohr in Europa anzubauen, was aber wegen der klimatischen Verhältnisse meist mißlang. Es bestand also ein wichtiger ökonomischer Anreiz, Zucker in einheimischen Pflanzen zu suchen. Erfolgreich war jedoch erst MARKGRAF 1745 (KALLMANN et al., 1928, 2024f. / LIPPMANN, 1929, 700ff.). Mit mikroskopischen Analysen konnte er in verschiedenen einheimischen Gewächsen größere Mengen Zucker nachweisen, besonders aber in

Rüben. Deren Konzentrationen waren jedoch zunächst so gering, daß dem Rohr-Zucker keine Konkurrenz entstand, weil der Preis für die Isolation bei gleichzeitig schlechterer Qualität zu hoch war. Sein Schüler ACHARD (1753— 1821) setzte sich stark für technische Verbesserungen und Rübenzüchtungen ein, ohne daß der Rüben-Zuckerproduktion allzu große Beachtung geschenkt wurde. Ab 1786 wurden systematische Anbauversuche dennoch durchgeführt. Die wachsende ökonomische Bedeutung dieser Forschung wird erhellt "aus der Tatsache, daß einige Interessenten des englischen Zuckerhandels, die ihm 1800 ein Angebot von 50.000 Talern gemacht hatten, 'falls er öffentlich erkläre, seine Hoffnungen hätten sich nicht erfüllt, und der Rübenzucker vermöge den Rohrzucker nicht zu ersetzen', dieses 1802 auf 200.000 Taler erhöhten!" (LIPPMANN, 1929, 702). Obwohl die englischen Händler also eine Marktgefahr schon frühzeitig witterten, war dennoch der Rübenzucker noch lange nicht rentabel genug, um eine tatsächliche Konkurrenz zu werden, und er hätte sicher nicht so rasch an Bedeutung gewonnen, wenn nicht durch die Kontinentalsperre NAPOLEON's zu Beginn des 19. Jahrhunderts die Preise für Kolonialwaren derartig in die Höhe gestiegen wären, daß es sich nun wirtschaftlich lohnte, Zucker aus Rüben zu isolieren. Ab 1811 veranlaßte NAPOLEON nun gezielt den Rübenanbau und die Zuckerraffination. Gleichzeitig brach aber unter den Lasten des Krieges die deutsche Rübenindustrie fast vollständig zusammen (LIPPMANN, 1929, 703).

Aus der Geschichte des Zuckers wird somit deutlich, daß es auf einer bestimmten Stufe der gesellschaftlichen Produktion *nicht der pure Nutzen* ist, der eine Forschung nötig macht, sondern *der ökonomische.* Damit setzt nun auch für die wissenschaftliche Produktion ein Prozeß ein, im Laufe dessen nicht mehr nur für den direkten Gebrauch, sondern vornehmlich für den Markt produziert wird. Marktmechanismen werden zur Maxime wissenschaftlicher Arbeit.

Das ist nun nicht in dem Sinne zu verstehen, daß das Ergebnis schon vorher feststand. Sehr vielfältig waren die Versuche, die Kolonialwaren zu ersetzen. Wie oben erwähnt, hatte KIRCHHOFF 1815 Stärke hydrolysiert und dabei "Zucker" gewonnen. PROUST hatte zuvor versucht (1806), aus Weintrauben Zucker zu gewinnen, ohne jedoch zu einem rentablen Verfahren zu gelangen.

In der zweiten Hälfte des 19. Jahrhunderts waren nach der Aufhebung der Kontinentalsperre die Technologie und Rübenzüchtung soweit, daß der Rohrzucker vom Markt verdrängt werden konnte. Heute macht der Rübenzucker 45% der Weltzuckerproduktion aus (FRANKE, 1976, 117), und seine Produktion wird noch ständig ausgebaut.

Proteine

Proteine haben, ähnlich wie die Fette, schon lange bevor ihr Name bekannt war, eine zentrale Rolle in der Ernährung der Menschen eingenommen. Die vorwissenschaftlichen Verfahren zu ihrer Aufarbeitung waren einfach und bestanden im wesentlichen im Kochen und Braten. Die Herstellung einer Brühe war die erste Extraktionsmethode, die später dann sogar wissenschaftlichen Rang bekam (s.u. LIEBIGs Fleischextrakt). Dieses vorwissenschaftliche Stadium im Umgang mit Eiweißen wurde erst zu Beginn des 19. Jahrhunderts verlassen. Die sozialökonomischen Veränderungen im Zuge der Industrialisierung erforderten mehr Nahrungsmittel und Nahrungsmittel besserer Qualität. Hinzu kamen die verheerenden Wirkungen der Napoleonischen Kriege, die zu einem Grad an Unternährung in der Bevölkerung führten, daß auf der einen Seite die Wiederherstellung der Arbeitskraft nicht gewährleistet war, auf der anderen Seite es zu heftigen politischen Auseinandersetzungen kam. In dieser Situation beauftragte die Französische Regierung eine Kommission unter der Leitung des Physiologen MAGENDIE (1783—1855), "zu prüfen, ob gehaltvolle Nahrungsmittel aus einem Stoff hergestellt werden könnten, der ebenso billig und leicht erhältlich wie Gelantine war" (ASIMOV 1968, 78). Damit ist der Beginn der modernen Lebensmittelchemie anzusetzen. Es setzte eine rege Forschungtätigkeit ein. 1844 konnte BOUSSIGAULT schon eine Liste von Nahrungsmitteln aufstellen, die als Eiweißquelle dienen konnten.

In Deutschland sah sich LIEBIG 1847 veranlaßt, "eine Betrachtung über die Zubereitung des Fleisches und der Fleischbrühe als Nahrungsmittel anzustellen und Hausfrauen und Köchen wissenschaftlich fundierte Hinweise für die Herstellung guter Fleischbrühen bzw. guten Kochfleisches zu geben". Auf seine Initiative hin wurde "LIEBIGs Fleischextrakt" in Deutschland in vielen Apotheken geführt, und in Uruguay (wegen der großen Viehherden) entstand innerhalb von zwei Jahren ein großes Aktienunternehmen mit dem Namen "Liebigs extract of meat company". Die Zahl der Schlachtungen stieg von 1865 bis 1906 um 786% (STRUBE, I., 1973, 95).

In diesem Zusammenhang bildete sich auch das Bewußtsein über die generelle Bedeutung der Proteine heraus. Als BERZELIUS zu Mitte des 19. Jahrhunderts den Begriff "Protein" (griech. der erste) vorschlug, erläuterte MULDER: "Es gibt in Pflanzen und Tieren eine Substanz, die ... zweifellos die bedeutendste aller bekannten Substanzen der lebenden Materie ist und ohne die Leben auf diesem Planeten unmöglich wäre. Dieser Stoff ist Protein genannt worden." (cit. n. MOORE 1967, 94)

Damit war der Durchbruch zur wissenschaftlichen Betrachtung der Proteine geschafft. (Die weitere Aufklärung der Struktur in ihrem Zusammenhang zur ernährungsphysiologischen und medizinischen Problematik ist von MOORE 1967 ausführlich abgehandelt worden, vgl. auch ASIMOV, 1968, 133ff.).

Aber auch von einer anderen Seite her wurde die soziale Bedeutung der Proteinchemie aufgegriffen. Mangelhafte Ernährung führte nicht nur zu verminderter Arbeitsleistung, sondern förderte auch die Ausbreitungen von Seuchen, speziell Tuberkulose und Typhus. Während KOCH und PASTEUR

vorwiegend das Problem von der Infektionsseite her betrachteten (s.o.), hob VIRCHOW die konstitutionelle Bedingtheit von Krankheiten hervor. Nach den großen schlesischen Typhusepidemien 1848 schreibt er: "Denn daran läßt jetzt nichts mehr zweifeln, daß eine solche epidemische Verbreitung des Typhus nur unter solchen Lebensverhältnissen, wie sie Armuth und Mangel an Cultur in Oberschlesien gesetzt hatten, möglich war. Man nehme diese Verhältnisse hinweg, und ich bin überzeugt, daß der epidemische Typhus nicht wiederkehren würde ...
... Die Medicin hat uns unmerklich in das sociale Gebiet geführt und uns in die Lage gebracht, jetzt selbst an die großen Fragen unserer Zeit zu stoßen. Bedenke man wohl, es handelt sich für uns nicht mehr um die Behandlung dieses oder jenes Typhuskranken durch Arzneimittel und Regulierung der Nahrung, Wohnung und Kleidung; nein, die Cultur von 1 1/2 Millionen unserer Mitbürger — die sich auf der untersten Stufe moralischer und physischer Gesunkenheit befinden, ist unsere Aufgabe geworden."
Damit bildete sich ein neuer Wissenschaftszweig heraus: die Sozialmedizin, für den das Wissen über die medizinische und ernährungsphysiologische Bedeutung von Zellinhaltsstoffen von grundlegender Bedeutung war. Die Erkenntnis biologischer Zusammenhänge lieferte den Schlüssel zur Analyse gesellschaftlicher Verhältnisse.
Die Analyse der Proteine wurde aber noch aus einem zweiten Zweig gespeist. Seit den Arbeiten von REAUMUR 1752 über den Magensaft waren immer wieder vereinzelt Untersuchungen über die Verdauung vorgenommen worden (vgl. ASIMOV 1968, 44f.). Dabei ging der Streit zwischen Vitalisten und Materialisten dahin, ob Verdauung an lebende Objekte gebunden ist. Der Streit blieb bis zum Ende des 19. Jahrhunderts spekulativ und damit unentschieden, bis der "praktische Bedarf" wieder einmal zur Lösung drängte. MOORE (1967, 92) stellt das erkenntnisleitende Interesse des jungen BUCHNER, der später den zellfreien Enzymextrakt aus Hefe isolieren sollte, folgendermaßen dar: "Im Jahre 1896 besuchte Eduard Buchner, der Leiter der Analytischen Abteilung des Chemischen Instituts der Universität Kiel, während der Herbstferien seinen Bruder Hans, den Direktor des Hygiene Instituts München. Das Institut beschäftigte sich mit tierischen und landwirtschaftlichen Untersuchungen, und Eduard sprach seinem Bruder gegenüber die Vermutung aus, daß man aus Hefe ein Arzneimittel gewinnen könne ... Schon seit seinem elften Lebensjahr, seit dem Tode seines Vaters, war er seinen eigenen Weg gegangen, und er glaubte, daß die Gärung ein wichtiges Arbeitsgebiet sei. Sein erstes Interesse daran war erwacht, als er während seines Studiums vorübergehend in einer Konservenfabrik arbeitete."
Sieht man einmal von der personifizierenden Darstellung der Wissenschaftsentwicklung durch MOORE ab, so wird deutlich, daß es Probleme der Nahrungsmittelgewinnung und -aufbereitung waren, die auf eine Lösung des Enzymproblems drängten.

Wie innig Fragestellungen der Medizin und der Produktion besonders von Nahrungsmitteln, später auch von Medikamenten, mit dem Fortschritt neuer biochemischer Erkenntnisse über Proteine, später auch über Nukleinsäure, verbunden sind, wird aus der weiteren Entwicklung bis heute hin deutlich (vgl. dazu MOORE 1967, 147ff., ASIMOV 1968, 133ff.).

Drogen

Während die Isolation von Kohlenhydraten, Fetten und Eiweißen relativ einfache technische Möglichkeiten erforderte, waren die Drogen eine Gruppe von Pflanzenstoffen, die größere Erfahrungen auf diesem Gebiet erforderten. Darunter fallen Heil- und Genußmittel, die zum überwiegenden Teil zu den Alkaloiden gehören. Die älteste Methode, eine "Droge" zu isolieren, besteht in der Extraktion mit heißem Wasser. Seit 2700 v.u.Z. wurde in China zunächst von Mönchen Tee gekocht. Dabei wurden die Teeblätter direkt gekocht, und erst zwischen 600—900 n.u.Z. setzte sich die verfeinerte Extraktionsmethode durch: der Aufguß. Damit wurde erreicht, daß optimale Mengen von Coffein extrahiert wurden und Tannine möglichst in den Blättern verblieben. Während der erste Tee, der über Karawanen nach Europa transportiert wurde, noch grün und unbehandelt war, wurde später auf dem Seeweg aus Indien ein schwarzer Tee eingeführt, der zuvor fermentiert worden war, so daß ein Teil der Gerbsäure abgebaut wurde. Neben der Extraktion wurde also auch schon früh die enzymatische Spaltung als Isolierungsmittel unbewußt eingesetzt (FRANKE, 1976, 312). Einen wesentlichen Schritt vorwärts in der Präparationstechnik machten allerdings erst die Araber mit der Erfindung der Destillation. Diese Entdeckung war getragen von dem hohen Entwicklungsstand der Medizin zu der Zeit und damit der Notwendigkeit, Heilmittel in größerem Umfange und besserer Qualität zu gewinnen (JESSEN, 1864, 237ff.). In die gleiche Richtung zielte ein Auftrag der französischen Akademie der Wissenschaften 1676 an die damals bekannten Alchimisten, die Pflanzen zu analysieren. Folgende Ergebnisse sollten erzielt werden:
"1. Beschreibung der Pflanzen
2. Abbildung der Pflanzen
3. Culturregeln
4. Festsetzung der Heilkräfte"
(JESSEN, 1865, 239).
Auf der Grundlage dieser Ausschreibung setzte eine rege Forschertätigkeit ein, die bis heute angewachsen ist. Im 16. Jahrhundert war die Wasserdampfdestillation entwickelt worden. Es hatte vereinzelte Nachweise von Stoffen gegeben (1546 Bernsteinsäure durch AGRICOLA, 1556 Benzoesäure durch NOSTRADAMUS, ätherische Öle durch VALERIUS, im 17. Jahrhundert Thymol und Anisöl durch CORDUS, u.ä. (ROSENTHALER, 1928, 5).
Nach der Ausschreibung der französischen Akademie wurden in 25—30 Jah-

ren allein 1.400 Pflanzen und Pflanzenprodukte analysiert. 100 Jahre danach waren die Kenntnisse so weit, daß ein neuer Wissenschaftszweig begründet werden konnte: Mit SCHEELEs Aufklärung der wichtigsten Pflanzensäuren (1769) war die Pflanzenchemie geboren (ROSENTHALER, 1918). Im 19. Jahrhundert setzte dann die exakte Forschung auf dem Gebiet der Alkaloide ein:

Glanzperiode der Alkaloidentdeckungen

1819	Brucin	PELLETIER u. XAVENTOU
	Piperin	OBERSTED
	Delphinin	BRANDES u. LASSAIGNE
1820	Chinin	PELLETIER u. XAVENTOU
	Coffein	RUNGE
	Solanin	DESFOSSES
1824	Surinamin	HÜTTENSCHMID
	Chelidonin	CODEREOY
1825	Sinapin	HENRY u. GAROT
1826	Corydalin	WACKENRODER
	Berberin	CHEVALIER u. PELLETAN
	Coniin	GIESECKE
1828	Nicotin	POSSELT u. REIMANN
1829	Curarin	ROULIN u. BOUSSAINGAULT
1830	Buxin	FAURE
1831	Atropin	MEIN
1832	Codein	ROBIQUET
	Carcein	PELLETIER
1833	Chinidin	HENRY u. DELONDRE
	Hyoscyamin	GEIGER u. HESSE
	Aconitin	ders.
	Colchicin	ders.
1834	Bebeerin	RODIE
1835	Thebai	PELLETIER
	Pseudomorphin	ders.
1837	Jervin	SIMON
	Harmalin	GOEBEN

In der zweiten Hälfte des 19. Jahrhunderts wurden dann die Phenole, Aldehyde, Ketone und Terpene isoliert (ebd., 9). Damit wird nicht nur eine weitere Grundlage für die Erklärung zellphysiologischer Zusammenhänge gelegt, sondern es entsteht gleichzeitig eine neue Wissenschaft, die Pharmakologie.

2. Die Möglichkeit der Entstehung der Cytologie

Es gab in der Geschichte der Cytologie zu jedem Zeitpunkt bestimmte ideelle und materielle Bedingungen, die erfüllt sein mußten, bevor ein notwendiger Schritt auch gemacht werden konnte. Die meisten dieser Bedingungen sind allgemeiner Natur und betreffen nicht nur die Cytologie sondern die gesamte Biologie oder gar die gesamte Naturwissenschaft, wie philosophisch-ideologische Voraussetzungen, allgemeiner Stand der Produktivkräfte, kriegerische Auseinandersetzungen usw. Dabei gab es sowohl fördernde Bedingungen als auch hindernde. Diese allgemeinen Voraussetzungen sind ausführlich bei BERNAL (1970) dargestellt. Im folgenden sollen deshalb nur diejenigen Bedingungen ausgeführt werden, die spezifisch für die Entwicklung der Cytologie sind. Jedem fällt dabei zunächst die Entwicklung der *Mikroskopiertechnik* ein. Keine andere materielle Voraussetzung hat die Cytologie so bestimmt wie die Verfügbarkeit genügender optischer Geräte.

Das erste Mikroskop wurde von zwei Brillenschleifern, Hans und Zacharias JANSEN, 1590 hergestellt. Das war möglich auf einer entwickelten Basis des Handwerks und der Erfahrungen, die beim Bau von Brillen und, im Zusammenhang mit der Ausweitung der Seeschiffahrt auf die Weltmeere, von Fernrohren gemacht worden waren. Im 17. Jahrhundert entstanden dann vielfältige Gesellschaften, die sich der Förderung der Mikroskopie widmeten. Zu einer von ihnen gehörte auch GALILEI, und DESCARTES erkannte schon früh die Bedeutung der Mikroskopie für die Biologie und Medizin (BERG und FREUND 1963). So führte denn auch die Ähnlichkeit der optischen Probleme bei Fernrohren und Mikroskopen zu ihrer gemeinsamen Entwicklung.

Die Physik jener Zeit erwies sich jedoch bald als Hemmschuh, da sie sehr auf die NEWTONsche Korpuskulartheorie vom Licht eingeengt war. Die Linsen blieben relativ ungenügend weil chromatisch. Das änderte sich erst, als EULER (1707–1783) HUYGENs Wellentheorie vom Licht zum Durchbruch verhalf. Die Erfahrungen der Praxis, sowohl der handwerklichen als auch der physikalischen, hatten ein neues Modell des Lichtes erfordert. Infolgedessen konnten die ersten achromatischen Fernrohre in der zweiten Hälfte des 18. Jahrhunderts hergestellt werden und weitere Verfeinerungen durchgeführt werden (FRAUENHOFER, GAUSS). Diese Fortschritte bezogen sich zunächst nur auf Fernrohre. Bei Mikroskopen wurde die richtige Linsenkombination immer noch durch das handwerkliche Geschick beim ''Pröbeln'' bestimmt. Erst zu Mitte des 19. Jahrhunderts war die handwerkliche Kunst (Optiker, Glasbläser, Mechaniker) auf der einen Seite und die physikalische Theorie auf der anderen Seite so weit, daß eine fruchtbare Synthese erfolgen konnte (ZEISS/ABBE/SCHOTT) (vgl. dazu VOLKMANN 1966, BERG und FREUND 1963, BOEGEHOLD 1963).

Neben der optischen spielte vor allem die chemische Industrie eine zentrale Rolle bei der Herausbildung der Cytologie. Quasi als Abfallprodukte erhielten die Zellforscher all die Farbstoffe, die sie zum Anfärben von Zellstrukturen brauchten. Innerhalb von 50 Jahren stand eine ganze Palette von Anilinfarben bereit. Eine ganze Reihe von technischen Neuerungen wäre aufzuführen, vom Mikrotom, der Mikrophotographie, dem Polarisations-, Phasenkontrast- und schließlich Elektronenmiskroskop, um verständlich zu machen, wie abhängig der einzelne Cytologe im Laufe der Zeit von der Arbeit der in der Industrie Beschäftigten wurde, ohne die auch nicht ein Ergebnis zustande gekommen wäre. Der Einsicht in diese Zusammenhänge hat Ernst ABBE dadurch Rechnung getragen, indem er das ZEISS-ABBEsche Unternehmen in eine gemeinnützige Stiftung umwandelte.

3. Zusammenfassung

Die Herausbildung der Zellenlehre war nicht das Verdienst eines Einzelnen, sondern ein komplexer gesellschaftlicher Vorgang. Demgemäß ist es unzulässig, von HOOKE oder SCHLEIDEN/SCHWANN als Begründer der Zellenlehre zu sprechen. Weiterhin ist aus diesem Grund kein Zeit*punkt* ihrer Begründung zu nennen. Vielmehr muß der Integrationsprozeß der drei Quellen Cytomorphologie, Physiologie und Genetik in der zweiten Hälfte des 19.Jahrhunderts als der Zeit*raum* betrachtet werden, in dem die moderne Cytologie heranreifte.

Von den ersten Anfängen an war die Zellenlehre auf das Innigste mit der Lösung praktischer Probleme verbunden. Es ist deshalb falsch, die ersten Mikroskopiker als weltfremde Hobby-Bastler hinzustellen. Sofern Objekte erforscht wurden, deren praktische Bedeutung nicht offensichtlich war, handelte es sich um Modelle, deren Bearbeitung notwendig war, um die Verhältnisse bei für die Praxis bedeutsameren Gegenständen besser verstehen zu können. Die praktischen Probleme lieferten zunächst die Fragestellungen der wissenschaftlichen Forschung, die Umsetzung von wissenschaftlichen Erkenntnissen in die Praxis führten zur Verfeinerung der Erfahrungen und zur Zunahme des Wissens, und schließlich ergaben sich aus diesem Prozeß neue Probleme.

Drei Aufgaben der Praxis waren eng mit der Herausbildung der Zellenlehre verknüpft:

— Die Produktion von Nahrungsmitteln und anderen Rohstoffen,
— die Verhinderung des Verlustes an Nahrungsmitteln und Rohstoffen (Phytopathologie, Tiermedizin),
— der Erhalt der menschlichen Arbeitskraft (Humanmedizin und Hygiene).

Die *Herstellung von Produkten* und die *Wiederherstellung der Arbeitskraft*

ergaben die Notwendigkeit zur Entwicklung der Cytologie und nicht der
Forscherdrang einzelner hervorragender Wissenschaftler. Die Möglichkeit zu
ihrer Herausbildung war, neben allgemeinen Voraussetzungen der Biologie und
Naturwissenschaften schlechthin, vor allem die Entwicklung des optischen
Handwerks und die Entstehung der chemischen Industrie.
Die Cytologie selbst hat wieder auf die gesellschaftlichen Verhältnisse zurück-
gewirkt, indem sie ganzen Industriezweigen den Markt für ihre optischen,
chemischen und elektronischen Produkte bot. Sie hat sozialwissenschaftliche
Einsichten gefördert, indem sie den Zusammenhang von sozialer Lage und
Krankheitszustand in der Bevölkerung wissenschaftlich begründete.
Somit ist die Cytologie von ihrer Entstehung wie von ihrer Wirkung her aufs
Engste mit gesellschaftlichen Problemen verknüpft gewesen.

Anmerkungen

1) Eine detaillierte Darstellung des Integrationsprozesses hin zur modernen Cytologie
in der zweiten Hälfte des 19. Jahrhunderts findet sich bei KÜSTER (1938).

2) Diesem Aspekt der Arbeiten MALPIGHIs wird in den meisten Botanikgeschichten
geringe Bedeutung beigemessen, wenn er überhaupt aufgeführt wird. Das wird
zu allererst daran liegen, daß seine phytopathologischen Studien nicht so umwäl-
zend gewesen sind wie die allgemein anatomischen. Biologiegeschichtlich erhält
dieser Aspekt jedoch neue Bedeutung.

3) Biographie: PILZ, 4: Louis PASTEUR, Leipzig 1976

4) Biographie: COCHALLI, R.: Robert KOCH, Stuttgart 1954.

4.   Literaturverzeichnis

ASIMOV, I.: Geschichte der Biologie. Frankfurt 1968.
BALLAUFF, T.: Die Wissenschaft vom Leben − Eine Geschichte der Biologie.
München 1954.
BERNAL, J.D.: Wissenschaft, 4 Bde., Reinbek 1970.
BOCHALLI, R.: Robert Koch (Biogr.). Stuttgart 1954.
BOEGEHOLD, H.: Ernst Abbe. In: Geschichte der Mikroskopie. a.a.O. 45−64.
FRANKE, W.: Nutzpflanzenkunde. Thieme, Stuttgart 1976.
GENSCHOREK, W.: Robert Koch. Hirzel, Leipzig 1976.
Geschichte der Mikroskopie. Leben und Werk großer Forscher. (H. Freund, A. Berg,
ed.). Frankfurt 1963.
HEUSER, O.: Die Hanfpflanze. In: Technologie der Textilfasern (R.O. Herzog ed.)
Bd. 5, 2. Teil. Berlin 1927.
JESKE, H.: Das Weltbild von Biologie-Schulbüchern. Das Argument 96/1976.
JESSEN, K.F.W.: Botanik der Gegenwart und Vorzeit. Leipzig 1864.
KALLMANN, O., W. KRÜGER, F. SCHNEIDER: Zucker. In: Die Rohstoffe des
Pflanzenreichs. (Wiesner, J., ed). Leipzig 1928.
KLEBS, G.: Über den Einfluß des Kernes in der Zelle. Biol. Centralblatt 7, Nr. 6,
161−168, 1887.
KÜSTER, E.: Die Pflanzenzelle − Vorl. über normale und pathologische Zyto-
morphologie und Zytogenese. Jena 1935.

164

KÜSTER, E.: Georg Klebs. Ber. Dt. bot. Ges. **36**, (90)–(116) (Anhang) 1918.
KÜSTER, E.: Die Entwicklung der Lehre von der Pflanzenzelle. In: Hundert Jahre Zellforschung (Aschoff, L., Küster, E., W.J. Schmitt ed). Protoplasma-Monographien **17**, Berlin 1938.
LIEBIG, J. v.: Die Chemie in ihrer Anwendung auf Agricultur und Physiologie. Braunschweig 1976[9].
LIPPMANN, E.O. v.: Geschichte des Zuckers. Berlin 1929[2].
MARTIUS, C.F.Ph. v.: Augustin Pyrammus de Candolle. Flora **25**, 1–44, 1842.
MÄGDEFRAU, K.: Geschichte der Botanik. Leben und Leistungen großer Forscher. Stuttgart 1973.
MEYER, E.H.F.: Geschichte der Botanik. Königsberg 1854 (4 Bde.).
MÖBIUS, M.: Geschichte der Botanik. Von den ersten Anfängen bis zur Gegenwart. Jena 1937.
MOORE, R.: Die Lebensspirale – Die großen Entdeckungen der Naturwissenschaften. Stuttgart 1967.
MOTTEK, H., W. BECKER, A. SCHRÖTER: Wirtschaftsgeschichte Deutschlands. Berlin 1969.
NÄGELI, C.: Die Stärkekörner. Zürich 1858.
PILZ: Louis Pasteur. Leipzig 1976.
ROSENTHALER, L.: Grundzüge der chemischen Pflanzenuntersuchung. Berlin 1928.
SACHS, H.: Geschichte der Botanik vom 16. Jahrhundert bis 1860. München 1860.
SCHMUCKERT, T.: Geschichte der Biologie. Göttingen 1936.
SORAUER, P.: Geschichtliches. In: Handbuch der Pflanzenkrankheiten. Vol **1**, 37–68 (Sorauer ed.) 1909.
STRUBE, I.: Justus v. Liebig. Leipzig 1976.
VOLKMANN, H.: Zum 150. Geburtstag des Gründers der Zeiss-Werke. In: Beiträge zur Licht- und Elektronenmikroskopie. Carl Zeiss Oberkochen. Württ. 1966.
WIESNER, J. v.: Die Rohstoffe des Pflanzenreichs. Leipzig 1928.
WINTER, K.: Rudolf Virchow. Leipzig 1976.

Die Unattraktivität und Wirkungslosigkeit des Physikunterrichts — Realität ohne Ausweg?

von

Jens Pukies

1. Der derzeitige Zustand

Der Unterricht der Naturwissenschaften wird für die Schüler immer unattraktiver. Wo sie wählen können, wie z.b. in der Sekundarstufe II, wählen sie insbesondere Physik ab[1]. Als Gegenmittel wird empfohlen, mit dem an der Struktur der Wissenschaft orientierten, hohes Abstraktionsvermögen voraussetzenden Unterricht von Physik, Chemie usw. immer früher schon in der Primarstufe zu beginnen[2], in der die Schüler — wie einleuchtende psychologische Untersuchungen gezeigt haben[3] — noch gar nicht in der Lage sind, solche Abstraktionen begreifen zu können. Resultat: Weitere Frustrationen und durch Nichtverstehenkönnen Ohnmachtsgefühle, Unmündigkeit und verkümmertes Selbstbewußtsein und Selbständigkeit, verursacht durch das Erkennen des Unvermögens, sich des eigenen Verstandes zu bedienen. Als ein weiteres Gegenmittel gegen das Nichtwählen von Physikkursen haben sich einige Leute was ganz besonderes ausgedacht: Abschaffung der Wahlmöglichkeiten der Schüler[3a]. Resultat: Freudige Begeisterung bei allen Schülern, engagiertes und fröhliches Lernen im Physikunterricht.

Woher kommen die Schwierigkeiten der Schüler mit dem Unterricht der Naturwissenschaften? Mir scheint einer der Hauptpunkte zu sein, daß die Schüler die Naturwissenschaften im Unterricht erleben als zum einen abgehoben von der Natur, von ihrer natürlichen Umgebung, von der gesellschaftlichen Realität und zum anderen als eine Sammlung partikularer Aussagen, Definitionen, Axiomen, Gesetzen, die verstehbar sind und einen Zusammenhang erkennen lassen nur in einer undurchschauten Systematik. Diese Aussagen müssen sie auswendig lernen, sie werden ihnen vom Lehrer, von den Schulbüchern dogmatisch verkündet. Die Schüler erfahren nur die *Ergebnisse* der Forschung innerhalb der abgeschlossenen Systematik; sie erfahren aber nichts von dem *Prozeß,* der zu dem Ergebnis geführt hat, sie erfahren nichts von den Entstehungsbedingungen der Wissenschaft und von den gesellschaftlichen Einflüssen, die konstitutiv gewesen sind für das So-geworden-Sein der Wissenschaft. Sie erleben die Wissenschaft nicht als etwas Lebendiges, als Produkt menschlicher, gesellschaftlicher Arbeit, als Resultat produktiver Einbildungskraft, sondern als etwas Totes, Fertiggemachtes, Unveränder-

liches, von der Gesellschaft Abgehobenes, Getrenntes. Was langsam und müh-
selig im gesellschaftlichen Entwicklungsprozeß entwickelt wurde, erscheint
losgelöst von diesem Prozeß, abgenabelt von den Entstehungsbedingungen;
die Wissenschaft erscheint als Resultat, in dem all das, was sie bedingt hat,
verschwunden ist, ohne eine Spur zu hinterlassen: wissenschaftliche Resultate,
Aussagen, haben den Charakter von Waren bekommen, die Wissenschaft ist
fetischisiert. Und die Schüler konsumieren diese Ware Wissenschaft wie jede
andere Ware auch, wobei diese Ware aber extrem unattraktiv ist, da meist
unverständlich und weit entfernt von den eigenen Interessen und Erfahrungen; die Schüler werden dadurch nicht fähig, die Wissenschaft in ihrer Rolle
in der Gesellschaft zu verstehen, die Begriffe, Prinzipien, Theorien der Wissenschaft zu verstehen, die Rolle der Wissenschaft zu reflektieren. Sie werden
so erzogen zur Reflexions- und Kritiklosigkeit, zu Unmündigkeit und Unselb-
ständigkeit. Und der Unterricht der Naturwissenschaften ist langweilig, da
unverständlich und unsinnig, unsinnig in der Art, daß in ihm kein Sinn, kein
Bezug zur Wirklichkeit gesehen wird.

Als Möglichkeit, diese Verständnisschwierigkeiten und diese Unsinnigkeit zu
überwinden, bietet sich an, die Naturwissenschaften eben nicht als von ihrer
Entstehung abgenabelte Einzelaussagen zu lernen, sondern sie aus ihren Entstehungsbedingungen heraus zu entwickeln, ihren Warencharakter aufzuheben. Da, wo philosophische, gesellschaftliche und/oder ökonomische
Implikationen konstitutiv für die Entstehung wissenschaftlicher Begriffe und
Theorien waren, müssen sie auch konstitutiv für den Unterricht dieser Wissenschaft sein. Solch ein historisch-genetischer Unterricht ist machbar, auch
unter den Randbedingungen des derzeitigen Schulsystems der BRD. Und er
kann erfolgreich sein, wie meine eigenen Erfahrungen zeigen.

Ziele solch eines Unterrichts sind:

1. Das Verstehen der Naturwissenschaften als systematisierte Wissenschaft,
    die Überwindung der Verständnisschwierigkeiten der Schüler bei ihrer
    Auseinandersetzung mit dem Gegenstandsbereich der Naturwissen-
    schaften.

2. Das Verstehen der Naturwissenschaften als gesellschaftliche Tätigkeit, als
    vom gesellschaftlichen Denken beeinflußt und dieses beeinflussend,
    verändernd.

2. Gründe für diesen Zustand

Das Zur-Ware-Werden der Wissenschaft, das Herausreißen der naturwissenschaftlichen Theorien, Prinzipien, Fakten aus ihren Entstehungszusammen-
hängen und das dadurch verursachte reflexionslose Konsumieren dieser
Wissenschaft geschah ursprünglich nicht blind und unbewußt, sondern stützte

sich auf eine Wissenschaftstheorie, wurde und wird auch heute von der herrschenden Wissenschaftstheorie der Naturwissenschaften legitimiert: dem Positivismus. In einer Zeit, als während der industriellen Revolution die Naturwissenschaften ihren Charakter als Erkenntniswissenschaft verloren und Produktivkraft wurden, als die gesellschaftliche Funktion der Naturwissenschaften und die der Naturwissenschaftler einem grundlegenden Wandel unterworfen war, als die Naturwissenschaftler ihre revolutionäre Vorreiterfunktion des fortschrittlichen Bürgertums verloren und unter die Herrschaft des Kapitals gezwungen wurden, schenkten die Philosophen Saint-Simon und Comte den Naturwissenschaftlern zu Beginn der industriellen Revolution eine Ideologie, die sie ihre objektive Funktion, ihren Wertzerfall verdrängen ließ, indem sie naturwissenschaftliche Tätigkeit als Wert an sich hinstellte, als fortschrittliche Tätigkeit überhaupt: Comtes Philosophie, der Positivismus, stellte fest, daß die Geschichte sich über drei Stadien vom religiösen über das metaphysische hin zum positiven Stadium bewegt. Dies positive Stadium ist das der Naturwissenschaft. Hier gilt nur positives, empirisches Wissen, aus der Erfahrung, der Beobachtung erwachsenes und überprüfbares Wissen, alles metaphysische Spekulieren ist überwunden, abgeworfen; so wie eine Schlange ihre nach der Häutung abgeworfene Haut liegenläßt und in ihrer neuen Haut unabhängig von der alten lebt, so haben die Naturwissenschaften ihre metaphysische Haut abgestreift und leben weiter als positive Wissenschaft, unabhängig und losgelöst von ihrer Geschichte. Die geschichtliche Entwicklung ist nach dieser Auffassung in den modernen Naturwissenschaften nicht etwa dialektisch aufgehoben, sondern vorbei, verloren und vergessen, nicht mehr existent. Es zählt nur noch das fertige Ergebnis, die Systematik, die Theorie, die Fakten, die gültig sind unabhängig von ihrer Entstehung.

Der Positivismus, aufbauend auf dem Empirismus Francis Bacons, folgert weiter: Alle Resultate wissenschaftlichen Denkens und Arbeitens, von der Theorie bis zu einfachen Fakten, sind aus der Beobachtung gewonnen, sind daher gültig unabhängig von ihrer Entstehung. Da die Resultate naturwissenschaftlicher Forschung, die Theorien, Prinzipien und Begriffe demnach Produkte empirischer Beobachtung sind, sind in sie keine Wertungen eingeflossen: Die Naturwissenschaften erscheinen daher notwendig als objektiv gültig und als eine wertfreie, von Meinungen, Normen unabhängige und unbeeinflußte, unbeeinflußbare Wissenschaft.

Diese Auffassung von den Naturwissenschaften hat erhebliche Konsequenzen für den Unterricht:

●   Der Unterricht wird entweder empirisch-induktiv oder axiomatisch-deduktiv durchgeführt. Obwohl ein induktiver Unterricht weder logisch oder wissenschaftstheoretisch möglich ist, noch auch dem historischen Prozeß entspricht[4], erwächst im Unterricht die Erkenntnis aus dem Experiment, werden naturwissenschaftliche Theorien, Prinzipien induktiv hergeleitet.

Dabei werden dann reine Spekulationsbegriffe wie z.b. Trägheitsprinzip oder
Energie oder Atom empirisch eingeführt, obwohl diesen abstrakten Begriffen
keine empirischen Gegenstände korrelieren. Dadurch, daß diese Begriffe nicht
aus ihrer Entstehung erklärt werden, sondern durch falsch interpretierte
Versuche empirisch-induktiv eingeführt werden, dadurch, daß diese Produkte
spekulativen Denkens als empirische Begriffe hingestellt werden, die als
empirische Dinge an sich Geltung haben, erhalten die naturwissenschaftlichen
Begriffe den Charakter von Dingen, deren Ursprung nicht erkennbar ist: Sie
sind fetischisiert, Waren. Die Begriffe sind dadurch unverständlich, da sie
zum einen unlogisch eingeführt und zum anderen mit einem falschen, ihnen
nicht zustehenden Charakter belegt sind.

Der axiomatisch-deduktive Unterricht zeitigt dasselbe Ergebnis: Er geht aus
von einer fertigen, von ihrer Entstehung losgelösten Systematik, setzt Axiome
voraus, ohne daß deren Bedeutung einleuchtend wird, da das, was Produkt
von Denken ist und am Ende eines Forschungsprozesses stand und nur stehen
konnte, als Voraussetzung zu der Theorie selbst voraussetzungslos an den
Anfang der Theoriebildung gesetzt wird, erklärt diese Axiome als aus der
Erfahrung gewonnen, obwohl dies in der Regel nicht der Fall ist, und leitet
aus dieser axiomatischen Systematik die Gegenstandsbereiche der Naturwissenschaften ab.

Als Paradebeispiel axiomatischer Naturwissenschaft gilt die Newtonsche
Mechanik, wobei diese Axiome Erfahrungsurteile seien. Diejenigen, die dies
behaupten, können sich dabei auf Newton selbst berufen. Newton betont,
daß Beobachtung und Experiment die einzige Quelle seiner Gesetze seien:

"1. Regel (zur Erforschung der Natur). An Ursachen zur Erklärung natürlicher Dinge
nicht mehr zuzulassen, als wahr sind und zur Erklärung jener Erscheinungen ausreichen.
4. Regel (später hinzugefügt): In der Experimentalphysik muß man die, aus den Erscheinungen durch Induction geschlossenen Sätze, ... für wahr halten, bis andere Erscheinungen eintreten, durch welche sie ... größere Genauigkeit erlangen."[5]

Diese Newtonschen Behauptungen und sein Satz "hypotheses non fingo —
Hypothesen erdenke ich nicht"[6] wurden in der Folgezeit zu Losungen eines
beschränkten Induktionismus, eines empirischen Positivismus. Nun zeigt aber
Newtons eigener Forschungsprozeß, daß er keineswegs auf Hypothesen ver-
zichtete, sondern ganz im Gegenteil von spekulativen Hypothesen, die zunächst gänzlich unbegründet waren, ausging und danach versuchte, diese
Hypothesen plausibel zu machen und zu begründen, indem er eine in sich
geschlossene und widerspruchsfreie Systematik des Gegenstandsbereichs
entwickelte, mit deren Hilfe er die Vorgänge in der Natur erklären konnte.
Diese Erklärungsmächtigkeit erst erhob die Hypothesen in den Zustand von
Axiomen und den Gegenstandsbereich in den der Theorie. Newtons Mechanik
stützt sich auf die abstrakten Begriffe des Raumes, der Zeit, der Masse, der
Kraft, der Trägheit, die unmöglich rein induktiv aus bestimmten Experimen-

ten zu gewinnen sind. "Deshalb entspricht die Legende der analytischen Ableitung der Gesetze aus dem reinen Experiment ... nicht dem wirklichen Wege des Aufbaus der Newtonschen Mechanik"[7]. Newton hat erst später, am Ende seines Denk- und Forschungsprozesses, als er im Besitz der durch naturphilosophische Spekulation, durch Denken gewonnenen Erkenntnis der Axiome war, diese an den Anfang seines Werkes gesetzt und dann behauptet, er habe sie empirisch gewonnen.

Zum Verständnis dieser Axiome ist es notwendig, deren Entstehungsprozeß zu rekonstruieren. Geht man aber im Unterricht so vor, daß die Axiome, ohne ihren Ursprung zu erklären, einfach an den Beginn gestellt werden und dann aus ihnen der Gegenstandsbereich der Wissenschaft deduktiv abgeleitet wird, dann ist es dem Schüler nicht möglich, diesen Gegenstandsbereich zu verstehen. Da die Axiome nicht verstanden, nicht eingesehen werden können, erhalten sie und damit die Naturwissenschaften den Charakter geoffenbarter Wahrheiten, der naturwissenschaftliche Unterricht rückt in den Bereich des dogmatischen Religionsunterrichts. Der Schüler kann gar nicht anders, als die Fakten zur Kenntnis zu nehmen und ihre Richtigkeit zu glauben.

• Die Naturwissenschaften seien empirische Wissenschaften, Resultate wissenschaftlicher Forschung wie Theorien, Prinzipien, Gesetze seien erwachsen aus der Beobachtung der Natur. Folgerichtig sind die naturwissenschaftlichen Gesetze unabhängig von gesellschaftlichen Zuständen allgemeingültig, folgerichtig entwickeln sich die Naturwissenschaften unabhängig von gesellschaftlichen Bedingungen: Die Naturwissenschaften erscheinen statisch, unveränderbar, von gesellschaftlichen Einflüssen abgehoben, naturwissenschaftliche Forschung erscheint wertfrei, von gesellschaftlichen Normen unabhängig, da ja aus der Erfahrung, der Beobachtung der Natur gewonnen. Naturwissenschaftliches Tun erhält den Charakter eines von gesellschaftlicher Verantwortung losgelösten, an sich schon fortschrittlichen, positiven Tuns; positiv, da nützlich für die Gesellschaft. Die Naturwissenschaften erscheinen als eine Ansammlung partikularer Einzelphänomene, beliebiger Fakten, als unmittelbare Tatsachen, zusammengehalten und verständlich nur innerhalb einer von der Natur und der Gesellschaft abgehobenen, absolut gesetzten Theorie.

Resultat solch einer Vorstellung vom naturwissenschaftlichen Forschungsprozeß ist technokratische Wissenschaftsgläubigkeit, Reflexions- und Kritiklosigkeit, Verkennung und Unterdrückung des emanzipatorischen Potentials der Naturwissenschaften, das darin liegt, daß es den Menschen mit Hilfe naturwissenschaftlicher Erkenntnisse im Laufe der Geschichte immer wirksamer gelang, sich von unbegriffenen Naturmächten zu befreien, und daß es den Menschen auf diese Weise gelang, sich zu einem eigenverantwortlichen, vernunftbegabten, selbstbewußten und autonomen, mündigen Wesen zu entwickeln. Durch die Darstellung der Naturwissenschaften als eine empirische Wissenschaft verkümmern diese im Bewußtsein der Schüler dagegen zur Tätigkeit reflexionsloser empirischer Datensammler und zur Produktionsstätte beliebiger, isolierter Fakten.

• Die Auffassung, die Naturwissenschaften seien unbeeinflußt und unbeeinflußbar von gesellschaftlichem Denken, rechtfertigt jede Art wissenschaftlicher Forschung, entbindet den Naturwissenschaftler — auch in seinem eigenen Bewußtsein! — von gesellschaftlicher Verantwortung (Forschungsergebnisse und -methoden unterliegen nur der internen Bewertung der Wissenschaftler), enthebt ihn jeder gesellschaftlichen Kritik und macht ihn dadurch zu einem vorzüglichen Instrument der jeweils herrschenden Klasse, die sich seine Ergebnisse zur Verwertung aneignet, ohne daß der Naturwissenschaftler darauf Einfluß nehmen könnte (oder wollte).

Dieselben Vorstellungen beherrschen die Arbeiten von Ingenieuren, wenn sie Maschinen konstruieren und völlig davon absehen, daß die so konstruierten Maschinen einmal die Umwelt vergiften und zum anderen die an diesen Maschinen Arbeitenden einem ohrenbetäubenden Lärm, giftigen Gasen und Dämpfen, Schmutz und Kommunikationslosigkeit ausliefern. Diese Praxis, die im naturwissenschaftlich-technischen Unterricht vermittelt wird, versteht sich allein als technische Ausführung abstrakter, wertfreier naturwissenschaftlicher Erkenntnisse, nicht aber als eine Praxis, die naturwissenschaftliche Erkenntnisse zur Befreiung des Menschen von den Zwängen der natürlichen Umwelt einsetzt.

Adorno hat dieses Denken und Handeln mit dem verdinglichten Bewußtsein in Verbindung gebracht:

"Weiter sollte man im Zusammenhang mit dem verdinglichten Bewußtsein auch das Verhältnis zur Technik genau betrachten ... Die Menschen sind geneigt, die Technik für die Sache selbst zu halten. Die Mittel — und Technik ist ein Inbegriff von Mitteln zur Selbsterhaltung der Gattung Mensch — werden fetischisiert, weil die Zwecke — ein menschenwürdiges Leben — verdeckt und vom Bewußtsein der Menschen abgeschnitten sind ... Keineswegs weiß man bestimmt, wo die Fetischisierung der Technik in der individuellen Psychologie der einzelnen Menschen sich durchsetzt, wo die Schwelle ist zwischen einem rationalen Verhältnis zu ihr und jener Überwertung, die schließlich dazu führt, daß einer, der ein Zugsystem ausklügelt, das die Opfer möglichst schnell und reibungslose nach Auschwitz bringt, darüber vergißt, was in Auschwitz mit ihnen geschieht."[8]

• Der angeblich empirische Charakter der Naturwissenschaft und die Trennung zwischen reiner, wertfreier Forschung und Verwertung naturwissenschaftlicher Ergebnisse verhindert auch jedes Denken über eine alternative Naturwissenschaft und Technologie, einer Naturwissenschaft und Technik, die nicht der Ausbeutung der Natur dient, die nicht den Menschen zur Natur sieht im Herr- und Knechtverhältnis. Auch der Versuch, die Naturwissenschaften allein von ihrem Verwertungsaspekt her zu erklären, der Versuch, die Naturwissenschaften allein als Produkt und Folge ökonomischer Interessen darzustellen, die Naturwissenschaften allein als Produktivkraft zu sehen, verhindert das Denken eines alternativen Verständnisses des Verhältnisses des Menschen zur Natur: Einmal gelingt es nicht, die Begriffe und Theorien aus den ökonomischen, aus den Verwertungsinteressen heraus zu erklären, so daß die Schüler den Begriffen genauso verständnislos, reflexionslos und unmündig gegenüberstehen wie im empiristischen Unterricht[9], und zum anderen ist eine Alternative zum gegenwärtigen Zustand von Naturwissenschaft und Technik bedingt durch die Herrschaft des Kapitals über Natur, Naturwissenschaft und Technik nicht denkbar, wenn nicht gesehen wird, welche Rolle die Naturwissenschaften einmal im Emanzipationsprozeß der Menschheit gespielt haben und wie es zu der Unterordnung der Naturwissenschaften unter das Kapitalinteresse gekommen ist. Die Verwertungsaspekte naturwissenschaftlicher Ergebnisse sowie Bestimmung wissenschaftlicher Forschung durch das Verwertungsinteresse können nur verstanden, kritisiert, überwunden und aufgehoben und damit für eine Behandlung im Unterricht legitimiert werden, wenn sie aus den Entstehungsbedingungen der Wissenschaft heraus erklärt werden, und nicht einfach die ökonomische Verwertung als sich selbst befruchtende Mutter aller naturwissenschaftlichen Erkenntnis inthronisiert wird, was im übrigen etwa so wahr ist wie die These von der Genese der Reformation aus der Krise des englischen Wollmarkts[10].

Werden die Naturwissenschaften weiter positivistischer Anschauung entsprechend so dargestellt, daß naturwissenschaftliche Ereignisse und Prozesse unabhängig von gesellschaftlichen Einwirkungen, Anstößen und Folgen erscheinen, dann besteht weiter der Zustand einer Technokratie, in der nicht die Gesellschaft über die Technik herrscht, sondern die mit Hilfe der Technik gemachten Verhältnisse diese Gesellschaft beherrschen. Gelingt es nicht, die naturwissenschaftlichen Denkformen und technologischen Aspekte der Produktivkräfte innerhalb der gesellschaftlichen Entwicklung zu erkennen und zu vermitteln, dann wird es der Gesellschaft auch in der Zukunft nicht gelingen, sich der Naturwissenschaften und der Technik zu ihrem Nutzen zu bedienen und damit die gesellschaftliche Entwicklung bewußt zu lenken.

Der jetzige Zustand der rücksichtslosen kolonialistischen Ausbeutung der Natur kann nur überwunden werden in einer Gesellschaft, in der die Menschen, sozial mit sich vermittelt, eingebaut sind in die Natur, in der die Technik mit der Natur vermittelt ist. "Also die Gesellschaft ist die vollendete Wesenseinheit der Menschen mit der Natur, die wahre Resurrektion der Natur, der durchgeführte Naturalismus des Menschen und der durchgeführte Humanismus der Natur."[11]

Der naturwissenschaftliche Unterricht kann dadurch, daß er das emanzipatorische Potential der Naturwissenschaften aufzeigt, beim Schüler die prinzipielle Bereitschaft erzeugen, über eine alternative Naturwissenschaft zu reflektieren, die das Herr- und Knechtverhältnis des Menschen zur Natur

aufhebt, indem sie dazu beiträgt, eine Gesellschaft zu bilden, in der der
Mensch naturalisiert und die Natur humanisiert ist, in der Mensch und Natur
eine neue Allianz, eine "Naturallianz"[12] eingehen.
Daß Naturerkenntnis und eine auf dieser Erkenntnis aufbauende Technik
nicht *notwendig* bürgerliches Denken und kapitalistische Produktionsweise
zur Voraussetzung hat, daß dies auch geschehen kann, wenn sich der Mensch
nicht als Subjekt gegen das Objekt Natur stellt, sondern sich verbunden sieht
mit dieser Natur, das zeigen die enormen Fortschritte in Naturwissenschaft
und Technik, die in China bis zum 16. Jahrhundert erreicht wurden. Wie
insbesondere Needhams[13] Forschungen zeigen, waren bis zu dieser Zeit die
Chinesen den Europäern weit voraus, nicht nur was das Schießpulver, Porzel-
lan und den Kompaß anbetrifft, sondern auch die Entwicklung so essentieller
Meßinstrumente wie z.b. genau gehende Uhren oder das Erdenken theoretischer Begriffe wie Feld- und Wellentheorie, von der Chemie und den Kraft-
werken ganz zu schweigen. Und dies geschah in China in einer Haltung zur
Natur, die charakterisiert werden kann als nicht-interventionistisch, da der
Mensch sich sah als organischen Teil dieser Natur. "Der Mensch war gehalten
zu versuchen, so weit wie möglich in die Mechanismen der natürlichen Welt
einzudringen und ihre Kraftreserven auszunutzen, dabei aber so wenig wie
möglich in diese Prozesse einzugreifen und sich einer 'Handlung auf Distanz'
zu befleißigen."[14]   Ziel war genau wie bei den Europäern die Beherrschung
der Natur, aber nicht durch Ausbeutung, sondern durch Anpassung: "Der
Weise folgt den Wegen der Natur, damit er sie kontrollieren kann" (Kuan
Tzu)[15]. Diese Einstellung der chinesischen (taoistischen) Naturphilosophen
entsprach genau der Francis Bacons, der halb noch in der scholastischen
Tradition stand, halb schon Teil der neuen bürgerlichen Wissenschaft war:
"Denn der Natur bemächtigt man sich nur, indem man ihr nachgibt."[16]
Dieses noch bei Bacon anklingende der Natur freundlich gesonnene Moment
wurde von der industriellen Entwicklung überrollt, die Natur wurde Objekt,
freigegeben zur maßlosen und unbegrenzten Ausbeutung. In China wurde die
großartige, mehr als 2 Jahrtausende währende kontinuierliche Entwicklung
der Naturerkenntnis unterbrochen durch den europäischen Imperialismus.
Es ist müßig, darüber zu spekulieren, wie die chinesische Entwicklung ohne
diese Unterbrechung weitergegangen wäre, ich möchte aber Needham zustim-
men, wenn er sagt: "Doch über jene Naturwissenschaft, die dann entwickelt
worden wäre, läßt sich lediglich sagen, daß sie zutiefst organisch und nicht
mechanisch gewesen wäre."[17]
Aus dem bisher Ausgeführten läßt sich schließen: Ein alternativer Unterricht
der Naturwissenschaften, der die Schüler zu autonomem Denken und Handeln, zu Selbstbewußtsein, zur Reflexionsfähigkeit und Kritikfähigkeit, zur
Mündigkeit erziehen will, muß die Verständnisschwierigkeiten, bedingt durch
den Warencharakter der derzeitigen Naturwissenschaft und den angeblich

empirischen Charakter der Naturwissenschaft aufheben und muß daher die Naturwissenschaften als einen Prozeß aufzeigen, der — neben der internen Entwicklung — auch gesellschaftlich bedingt und gesteuert ist. Das bedeutet, das dialektische Verhältnis von externer und interner Wissenschaftsentwicklung muß aufgezeigt werden bzw. das undialektische Denken, das eine Trennung macht zwischen externer und interner Entwicklung, muß überwunden werden, da es diese Trennung nicht gibt: jedes Denken unterliegt externen Einflüssen, jede interne und externe Entwicklung ist beeinflußt und bedingt von internen und externen Einflüssen, so daß es unsinnig, d.h. undialektisch ist, beide zu trennen. Ein Unterricht, dessen Ziel das Verstehen der Wissenschaft ist, muß dialektisch sein, die Begriffe und Theorien müssen aus ihren Entstehungsbedingungen heraus entwickelt werden: Der Warencharakter, die Fetischisierung bei der Darbietung des naturwissenschaftlichen Lehrstoffs muß aufgehoben werden.

3. Lösungsmöglichkeiten

Die Aufhebung des Warencharakters in der Darbietung des naturwissenschaftlichen Lehrstoffs kann nun nicht einfach dadurch geschehen, daß man im Unterricht die Geschichte der Naturwissenschaften lehrt. Erstens geht dies aus Zeitgründen nicht, zum anderen ist der historische Entwicklungsprozeß so kompliziert, daß dem Schüler die Wissenschaft noch undurchschaubarer und damit unverständlicher erscheint. Außerdem ist die Motivation der Schüler, sich im Unterricht der Naturwissenschaften mit Geschichte zu befassen, in der Regel nicht nur sehr klein, sondern eher sogar negativ. Man kann die Schüler aber die rationale Rekonstruktion des historischen Erkenntnis- und Entwicklungsprozesses nachvollziehen lassen, ohne daß dabei das Gefühl aufkommt, sich mit alten, überholten Sachen befassen zu müssen. Man muß nur das realisieren, was angeblich Basis und Quelle naturwissenschaftlicher Erkenntnis ist: aus der Beobachtung der Natur Schlüsse ziehen. Man läßt die Schüler die Natur beobachten, zeigt, daß die Resultate dieser Beobachtungen zu Widersprüchen führen, erklärt, daß diese Widersprüche nicht einfach durch weitere Beobachtungen aufgehoben werden können, sondern nur durch das Erdenken von Prinzipien, die nicht einfach notwendige Folge der Beobachtung sind, wohl aber geeignet, Beobachtungen erklären zu können. Wie dies im Unterricht geschehen kann, habe ich an anderer Stelle ausführlich am Trägheits- und Energieprinzip erläutert[18]; ich will hier nur ein einfaches Beispiel anführen, das zum einen deutlich macht, wie schwierig es war, sich von der Beobachtung der Natur und daraus resultierenden, durchaus einleuchtenden und vernünftigen Ergebnissen zu lösen, um zu den modernen, von der "natürlichen" Natur abstrahierten Naturwissenschaft zu kommen, und zum anderen zeigt, wie man im historisch-genetischen Unterricht vorgehen kann.

Dieses einfache Beispiel zeigt nur die Darstellung des internen Erkenntnisprozesses; die gesellschaftliche Dimension des Erkenntnisprozesses kann hier
aus Platzgründen nicht entfaltet werden, ich verweise hierzu auf die Literatur
in Anm. 18.

Die Beobachtung: Ein Gegenstand, der fällt, wird immer schneller, je weiter
bzw. je länger er fällt. Die Geschwindigkeit, definiert als das Verhältnis des
durchlaufenen Weges zur Zeit, ist nicht konstant, sondern die Bewegung ist
beschleunigt. Wie kann die Beschleunigung definiert werden? Aus der Beobachtung: je *weiter* der Körper fällt, desto schneller fällt er, d.h. desto größer
ist seine Geschwindigkeit, kann man die Definition a = $\Delta v/\Delta s$ ableiten. Diese
Definition ist vernünftig, sie wurde auch z.b. von Leonardo da Vinci und
seinen Vorgängern benutzt. Schauen wir uns diese Definition einmal genauer
an: aus ihr folgt: je länger der Weg, desto größer die Geschwindigkeit, wobei
angenommen werden soll, daß die Beschleunigung a konstant ist. Zu Beginn
des Falls sei die Geschwindigkeit 0, nach dem Fall der Strecke s = 1 sei sie
v_1, nach der doppelten Strecke s = 2 ist sie dann der Definition entsprechend
2 v_1, usw. Die folgende Abbildung zeigt dies:

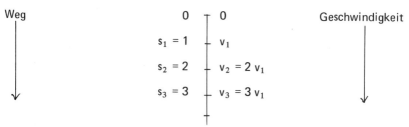

Weg   0 ⊤ 0   Geschwindigkeit

                              $s_1 = 1$ ⊦ v_1

                              $s_2 = 2$ ⊦ $v_2 = 2 v_1$

                              $s_3 = 3$ ⊦ $v_3 = 3 v_1$

Für die Fall*zeiten* gilt dann:

$$t = \frac{s}{v_D} \qquad v_D = \text{Durchschnittsgeschwindigkeit}$$

$$v_D = \frac{v_A + v_E}{2} \qquad v_A = \text{Anfangsgeschwindigkeit}$$

$$v_E = \text{Endgeschwindigkeit}$$

Da $v_A = 0$, folgt $v_D = \dfrac{v_E}{2}$ und

$$t = \frac{s}{\frac{1}{2} v_E}$$

Danach ist die Fallzeit t_1 für die Strecke 1

$$t_1 = \frac{1}{\frac{1}{2}v_1} = \frac{2}{v_1}$$

und t_2 für die Strecke 2

$$t_2 = \frac{2}{\frac{1}{2} \cdot 2v_1} = \frac{2}{v_1} \qquad\qquad t_3 = \frac{3}{\frac{1}{2} \cdot 3v_1} = \frac{2}{v_1}$$

Hieraus folgt nun:
$$t_1 = t_2 = t_3 = \ldots$$

Das heißt, der Körper braucht für die verschiedenen Strecken immer die gleiche Zeit. Dies aber ist unmöglich, die — plausible — Definition der Beschleunigung als das Verhältnis der Geschwindigkeit zum Weg führt zu einem unsinnigen Ergebnis und muß daher aufgegeben werden.

Es muß jetzt eine andere Definition gefunden werden. Aus der Beobachtung, je *länger* ein Körper fällt, desto größer ist die Geschwindigkeit, kann als Definition für die Beschleunigung geschlossen werden: $a = \Delta v / \Delta t$.

Diese Definition ist genau so plausibel wie die soeben als unbrauchbar erkannte. Sehen wir uns nun diese Definition genauer an. Aus ihr folgt: die Geschwindigkeit des fallenden Körpers wächst proportional zur Fallzeit: $v \sim t$ oder $v/t = $ const. Da v per Definition s/t, folgt $s/t^2 = $ const.

Ob diese Definition brauchbar ist, muß am Beispiel erprobt werden. Vernünftigerweise, da Ausgangspunkt der Überlegungen, nimmt man den freien Fall als Beispiel.

Hypothese: Die freie Fallbewegung ist eine gleichförmig beschleunigte Bewegung.

Definition: Beschleunigung $a = v/t$, wobei v die Geschwindigkeit zur Zeit t ist. Diese, die Momentangeschwindigkeit, läßt sich aber direkt nicht messen. Aber es läßt sich aus ihr, wie oben angeführt, eine Schlußfolgerung ziehen.

Schlußfolgerung aus der Definition: $s/t^2 = $ const.

Der Weg und die Zeit können gemessen werden, nur ist die freie Fallbewegung zu schnell, um im Unterricht genau genug gemessen werden zu können (falls man nur Instrumente und Geräte nimmt, die die Schüler durchschauen und damit verstehen können; elektronische Meßgeräte und Lichtschranken zähle ich nicht dazu). Man muß sich also ein Experiment ausdenken, das durchführbar ist und geeignet ist, die aufgeführte Schlußfolgerung zu überprüfen. Man muß die Fallbewegung also verlangsamen, ohne den Charakter der Bewegung zu verändern. Der freie Fall kann verglichen werden mit dem Schwingen

eines Pendels. Die Pendelbewegung kann übertragen werden auf das Herunterrollen einer gleichmäßig runden, schweren Eisenkugel auf einer glatten
schiefen Ebene. Da die Bewegung auf der schiefen Ebene analog der des freien
Falls ist, muß das Verhältnis s/t^2 konstant sein unabhängig von der Neigung
der schiefen Ebene. Das wiederum kann geschlossen werden aus der Beobachtung, daß ein Pendel auch dann wieder die gleiche Höhe erreicht, wenn
durch das Hereinbringen eines Nagels z.b. in den Weg des Pendelfadens die
Kugel gezwungen wird, steiler heraufzuschwingen.

Ersinnen eines Experiments: Kugel rollt eine schiefe Ebene herab, das Verhältnis s/t^2 wird gemessen.

Durchführung des Experiments: Die Kugelbewegung wird bei verschiedenen
Neigungen der schiefen Ebene (ca. 4⁰ bis 10⁰) gemessen.

Resultat des Experiments: s/t^2 ist je nach Neigung der schiefen Ebene verschieden, aber das Verhältnis ist bei jeder einzelnen Neigung selbst immer
konstant. Daraus kann man schließen: auch bei einer Neigung von 90⁰ ist
s/t^2 const., dies aber ist der freie Fall. Dies ist kein induktiver Schluß von einer
Neigung von 4⁰ und 10⁰ auf 90⁰, solch ein induktiver Schluß wäre unzulässig;
vielmehr ist die Schlußfolgerung deshalb zulässig, weil vorher (s.o.) die Analogie vom freien Fall und der Bewegung auf der schiefen Ebene unabhängig von
ihrer Neigung (über das Schwingen eines Pendels) festgestellt worden war. —
Aus der Konstanz von s/t^2 folgt:

1.   Die Definition der Beschleunigung mit $a = v/t$ ist vernünftig, da sie zu
      brauchbaren Ergebnissen führt, und
2.   die freie Fallbewegung ist eine gleichförmig beschleunigte. Für diese
      Bewegung gilt: $s = \text{const.} \cdot t^2$.

4.   Schlußfolgerungen

Das soeben geschilderte Vorgehen entspricht genau dem historischen Erkenntnisprozeß, von Galilei in seinem Discorsi[19] geschildert, nur rational
rekonstruiert und in unsere heutige Sprache übersetzt (s. unten). Dies Vorgehen hat etliche Vorteile gegenüber dem empirisch-induktiven bzw. dem
axiomatisch-deduktiven Unterricht: Die Schüler erkennen den Erkenntnisprozeß von der Beobachtung der Natur zum Naturgesetz. Sie erkennen den
Wert genauer und richtiger Definitionen und den Wert der Mathematisierung
der Naturwissenschaften. Ohne Mathematik wäre es nicht gelungen, die eine
Definition der Beschleunigung, die den Fortschritt in der Erkenntnis der Natur behinderte, als unrichtig zu erkennen. Die Schüler erkennen, daß Definitionen weder als dogmatische Verkündigungen vom Himmel herabfallen, noch
immer richtig sein müssen, auch wenn sie vernünftig und logisch richtig erscheinen. Hätte Galilei die derzeit herrschende Definition der Beschleunigung

nicht angezweifelt, wäre er nicht zur Erkenntnis des Fallgesetzes gekommen.
Die Schüler erkennen, daß die Naturwissenschaften — wie die Sozial- und Geisteswissenschaften — Resultate durchaus widerstreitender Meinungen sind und
daß es ein schwieriger, aber nachvollziehbarer Prozeß ist, der zur entwickelten
Theorie geführt hat. Die Schüler erkennen, daß sie Aussagen wie "die Wissenschaft hat erkannt" skeptisch gegenüberstehen müssen, wenn diese Aussagen
mit dem Anspruch daherkommen, unabänderlich richtige, wahre Aussagen
zu sein. Und die Schüler erkennen, daß die Naturwissenschaften *nicht* empirische Erfahrungswissenschaften sind. Nicht aus Meßergebnissen folgen Theorien oder Definitionen oder Hypothesen, sondern umgekehrt: aufgrund
hypothetischer Annahmen werden Schlußfolgerungen gewonnen, die dann
experimentell unter ganz bestimmten Bedingungen überprüft werden können.
Experimente sind nicht Quellen der Erkenntnis, Experimente können erst
ausgedacht werden aufgrund hypothetischen Denkens und ausgeführt werden unter Einhalten von aus diesen Hypothesen folgenden Randbedingungen.
Die Schüler erkennen, daß die Erkenntnis nicht induktiv gewonnen wird, daß
Gesetze nicht aus der Verallgemeinerung empirischer Daten folgen. Sie erkennen weiter, daß die Erkenntnis auch nicht deduktiv gewonnen wird, denn
deduziert wurden nur die Schlußfolgerungen aus der Hypothese und das zur
Überprüfung der Hypothese ausgedachte Experiment. Mit das Entscheidende
bei diesem Beispiel ist das Erkennen der richtigen Definition der Beschleunigung, und dies war kein Akt der reinen Empirie und auch keiner der reinen
Axiomatik.
Wie die Schüler die Bedeutung des Denkens, des Spekulierens in der Entwicklung der Naturwissenschaften erkennen, wird noch deutlicher, wenn man
dieses Beispiel nicht isoliert sieht, sondern in den Zusammenhang des Unterrichts stellt. Vor dem geschilderten Beispiel müssen die Schüler verstehen, daß
alle Körper im Vakuum gleich schnell fallen, obwohl es in der sie umgebenden
Natur kein Vakuum gibt und obwohl alle empirischen Tatsachen gegen diese
Hypothese sprechen: ein Blatt fällt langsamer als ein Kork und dieser langsamer als ein Stein. Die Überwindung des Luftwiderstandes gelang nicht
durch die experimentelle Herstellung eines Vakuums, sondern durch Denken[18]. Das Fallgesetz war lange schon gesicherte Erkenntnis, bevor ein
Vakuum hergestellt werden konnte. Und dieser Weg von der Natur zu einer
abstrakten Aussage über etwas, das es in der Natur gar nicht gibt aber trotzdem konstitutiv für die Natur*wissenschaft* ist, muß dem Schüler einsichtig
und verstehbar werden. Sonst wird er nie begreifen, was denn nun die Naturwissenschaft mit der Natur noch zu tun hat. Die Naturwissenschaft erscheint
ihm sonst losgelöst von dieser Natur, als eine zweite, von dieser getrennten
Natur. Will man zeigen, daß die Naturwissenschaft die Wissenschaft von der
Natur ist, dann muß dieser Weg von der Natur zur Abstraktion der Theorie

deutlich und verstehbar werden. Und dieser Weg ist kein induktiver und kein deduktiver, er ist Resultat menschlichen Denkens und Spekulierens über die Phänomene der Natur; nicht Widerspiegelung der Phänomene im Hirn der Menschen, sondern Abstrahieren von den Phänomenen durch produktive Einbildungskraft. Wobei dieses Denken nicht idealistisches Spekulieren ist, sondern Arbeit, gesellschaftliche Arbeit. (Entgegen der Auffassung bestimmter Materialisten ist nicht nur das Arbeit, was ausschließlich mit den Händen gemacht wird. Außerdem ist gerade in der Arbeit des Naturwissenschaftlers die Trennung zwischen Hand- und Kopfarbeit aufgehoben, indem in dieser Arbeit das von ihm Erdachte in der experimentellen Überprüfung praktisch wird[19a]).

Wagenschein versucht, dasselbe zu tun, wie hier beschrieben, nämlich Galileis Weg mit den Schülern nachzuvollziehen[20], wobei er allerdings Galilei gründlichst mißversteht und so zu Ergebnissen kommt, bei denen die Schüler nur noch staunen können, sich wundern und dem Lehrer glauben, daß es so sei (Bemerkungen von Wagenschein). Aber Ziel des Unterrichts kann nicht Staunen, Wundern und Glauben sein, sondern Verstehen, Einsicht. Wagenschein stellt sich hier sein sonst gar nicht so ausgeprägtes Verständnis vom empirischen Charakter der Naturwissenschaften in den Weg, er glaubt, daß das Fallgesetz durch empirische Versuche gewonnen wurde, und wundert sich, daß Galilei keine Meßergebnisse angegeben hat. Dabei ist das gar kein Grund zum Wundern, denn Galilei hat schlicht keine Experimente gemacht, konnte deshalb auch keine Meßergebnisse angeben. Das Fallgesetz hat er trotzdem gefunden.

Wagenschein läßt die Schüler Kugeln die schiefe Ebene herunterrollen, ohne ihnen zu sagen, warum sie das tun sollen. Messen die Schüler nach gleichen Zeiten die jeweils durchlaufenen Strecken, dann verhalten sich diese ungefähr wie 1 : 3 : 5 : 7. Die Schüler machen immer genauere Messungen, die Werte nähern sich immer mehr den ganzzahligen Verhältnissen 1 : 3 : 5 : 7, aber es wird nie ganz genau. Der Lehrer verkündet daher: wenn wie noch genauer messen würden, würde es genau sein. "Dieses letzte ist nun schon eine Mitteilung des Lehrers. Denn die noch viel genaueren Versuche kann er nicht in der Schule machen ... Aber die Schüler werden es ihm unbedingt glauben ... "[21]. Dann meint er noch, wenn die Schüler halt nicht 1 : 3 : 5 gemessen hätten, sondern 1 : 3,12 : 4,98, "dann würden wir *das* lernen in den Schulen, und *das* wäre dann das 'Fallgesetz' ".[21].

Hier wird das ganze m.E. unvertretbar, um den Fetisch "empirische Erfahrungswissenschaft" zu retten, werden die Schüler zum Lernen von Unsinn gezwungen. Genauso schlimm ist es, daß die Schüler überhaupt nicht verstehen können, wieso es denn überhaupt zu so einem Zahlenverhältnis kommen kann. Den Schülern bleibt tatsächlich nichts weiter als Staunen und Sichwundern. "Es ist das Wunder der 'Mathematisierbarkeit' ... Das Staunen wird kaum verkleinert."[21]

Dabei ist alles sehr einfach und leicht verständlich, wenn man nicht nur sagt, man ginge vor wie Galilei, sondern wenn man dies auch tut.

Galilei, Discorsi[19] S. 153: Nach Erörterung des Problems wird die Beschleunigung definiert: "Einförmig beschleunigte Bewegung ist eine solche, bei welcher die Geschwindigkeit wächst proportional der zurückgelegten Strecke." Diese Definition wird von Salviatis (Galileis) Gesprächspartnern akzeptiert. Darauf Salviati: "Und dennoch sind sie dermaassen falsch und unmöglich, wie wenn jede Bewegung instantan wäre. Wenn die Geschwindigkeiten proportional den Fallstrecken wären, die zurückgelegt worden sind oder zurückgelegt werden sollen, so werden solche Strecken in gleichen Zeiten zurückgelegt; wenn also die Geschwindigkeit, mit welcher der Körper vier Ellen überwand, das doppelte der Geschwindigkeit sein solle, mit welcher die zwei ersten Ellen zurückgelegt wurden, so müssten die zu diesen Vorgängen nöthigen Zeiten einander ganz gleich sein; aber eine Ueberwindung von vier Ellen in derselben Zeit wie eine von zwei Ellen kann nur zu Stande kommen, wenn es eine instantane Bewegung giebt; wir sehen dagegen, dass der Körper Zeit zum Fallen gebraucht, und zwar weniger für zwei als für vier Ellen Fallstrecke; also ist es falsch, dass die Geschwindigkeiten proportional der Fallstrecke wachsen." (S. 153/154)

In unsere Sprache übersetzt, ergibt sich die oben angeführte Argumentation mit dem Resultat, daß die Fallzeiten unabhängig von den Fallstrecken sind: $t_1 = t_2 = t_3$.

Darauf (S. 155) folgt die zweite Definition: "Die gleichförmig oder einförmig beschleunigte Bewegung ist eine solche, bei welcher in gleichen Zeiten gleiche Geschwindigkeitsmomente hinzukommen." Nach dieser Definition erfolgen zwei Schlußfolgerungen:

1. Theorem I. Propos. I. (S. 158)

"Die Zeit, in welcher irgendeine Strecke von einem Körper von der Ruhelage aus mittelst einer gleichförmig beschleunigten Bewegung zurückgelegt wird, ist gleich der Zeit, in welcher dieselbe Strecke von demselben Körper zurückgelegt würde mittelst einer gleichförmigen Bewegung, deren Geschwindigkeit gleich wäre dem halben Betrage des höchsten und letzten Geschwindigkeitswerthes bei jener ersten gleichförmig beschleunigten Bewegung."

Galilei leitet diese Beziehung geometrisch her, da dies zu seiner Zeit anders nicht möglich war. Übersetzt man seine Ableitung in Algebra, so ergibt sich:

wenn $a = \dfrac{v_E}{t}$ = const., dann ist

$$v_D = \frac{v_A + v_E}{2} = \tfrac{1}{2} v_E \; ; \; da\ v_A = 0.$$

Und weiter:

$$t = \frac{s}{v_D} = \frac{s}{\frac{1}{2}v_E}$$

2. Theorem II. Propos. II. (S. 159)

"Wenn ein Körper von der Ruhelage aus gleichförmig beschleunigt fällt, so verhalten sich die in gewissen Zeiten zurückgelegten Strecken wie die Quadrate der Zeiten."

Galileis geometrische Ableitung wieder in Algebra übersetzt: Aus

$$v_E = a \cdot t \quad \text{(Definition)}$$

und

$$s = \frac{1}{2} v_E t \quad \text{(Theorem I)}$$

folgt

$$s = \frac{1}{2} a t^2$$

oder

$$\frac{s}{t^2} = \frac{1}{2} a = \text{const}$$

Nach diesen Ableitungen erst beschreibt Galilei sein Experiment: freier Fall → Pendel → schiefe Ebene (S. 162/3).

Und jetzt wird auch plausibel, daß sich die Strecken im Verhältnis 1 : 3 : 5 : 7 verhalten, denn dies folgt ja aus der Theorie bzw. aus den Folgerungen aus der Definition der Beschleunigung. Und jetzt braucht sich auch kein Schüler mehr zu wundern und zu staunen, denn er versteht, warum das Zahlenverhältnis so ist, und er versteht, daß Abweichungen von dem erwarteten ganzzahligen Verhältnis in der Meßungenauigkeit liegen. Und er versteht, daß das Fallgesetz nicht gefunden wurde aufgrund empirischer Messungen. Und er versteht, warum Galilei keine Experimente zu machen brauchte, um trotzdem zur Erkenntnis des Fallgesetzes zu kommen. Wobei es selbstverständlich ist, daß nach Erkenntnis des Fallgesetzes die Schüler Experimente zur Überprüfung des Gesetzes machen sollen.

Anmerkung: Mir ist klar, daß die Beschreibung des Erkenntnisweges durch den, der diese Erkenntnis gewann, noch nicht notwendig ein Beweis dafür ist, daß dieser Mensch gerade so zur Erkenntnis gekommen ist. Der Erkenntnisweg wird, falls überhaupt, häufig logischer dargestellt, als er in Wirklichkeit abgelaufen ist. D.h. Galileis Beschreibung in den Discorsi ist nicht notwendig ein Beweis dafür, daß die Fallgesetze tatsächlich nicht aufgrund empirischer Meßergebnisse gefunden wurden. Nur: die Denktradition der Naturphilosophen vor, um und nach Galilei bis z.b. Robert Mayer zeigt ganz eindeutig, daß deren Denken philosophisch-spekulativ strukturiert war, keineswegs empiristisch[18]. Und der Erkenntnisprozeß, wie ihn Galilei aufzeichnet, ist einleuchtend und plausibel, der empirische dagegen ist nicht zwingend, läßt viele Fragen offen. Warum sollte es also anders gewesen sein als von Galilei beschrieben?

Anmerkungen

1) G. Born, M. Euler, "Physik in der Schule", Bild der Wissenschaft, 2/1978, S. 74; s. auch R. Brämer, "Wieviel Naturwissenschaft braucht hier der Mensch?", päd. extra 4/1978, S. 42.
2) Siehe z.B. K. Spreckelsen, "Sachunterricht in der Grundschule", b:e, 3/1978, S. 76.
3) Siehe z.B. H. Ginsburg, S. Opper, "Piagets Theorie der geistigen Entwicklung", Klett 1975; L.S. Wygotski, "Denken und Sprechen", Fischer 1974.
3a) S. Anm. 1. Nach einer Meldung der Frankfurter Rundschau vom 29.6.78 haben hessische Eltern mit Unterstützung des hessischen Elternvereins Verfassungsbeschwerde gegen das Gesetz über die Neuordnung der Sekundarstufe II beim Bundesverfassungsgericht in Karlsruhe eingelegt. Zugleich erhoben sie Grundrechtsklage beim hessischen Staatsgerichtshof in Wiesbaden. "Der Elternverein vertritt die Auffassung, das Gesetz verletze das verfassungsrechtlich garantierte Elternrecht, es schreibe keinen verbindlichen Fächerkanon vor, sondern öffne der Wahl- bzw. Abwahlmöglichkeit von Fächern durch die Schüler Tür und Tor."
4) Siehe dazu z.B. K. Popper, "Logik der Forschung", Tübingen 1966; W. Stegmüller, "Das Problem der Induktion: Humes Herausforderung und moderne Antworten", in H. Lenk (Hrsg.) "Neue Aspekte der Wissenschaftstheorie", Braunschweig 1971, S. 13; I. Lakatos, "Popper zum Abgrenzungs- und Induktionsproblem", in H. Lenk, a.a.O., S. 75.
5) I. Newton, "Mathematische Prinzipien der Naturlehre", Berlin 1872, S. 380, 381 (nachgedruckt Darmstadt 1963).
6) I. Newton, a.a.O., S. 511.
7) B.G. Kuznecov, "Von Galilei bis Einstein", Braunschweig 1970, S. 117.
8) Th.W. Adorno, "Erziehung zur Mündigkeit", Suhrkamp 1975, S. 99.
9) Die ökonomische Erklärung der Naturwissenschaften hat dieselben Verständnisschwierigkeiten zur Folge wie die positivistisch-empirische, denn sie ist, obwohl sie sich auf den historischen und dialektischen Materialismus beruft, zutiefst undialektisch. Undialektisch nenne ich diese Methode, da sie die Marxsche These, das gesellschaftliche Sein bestimmt das gesellschaftliche Bewußtsein (K. Marx, Die deutsche Ideologie, MEW 3) einseitig und unkritisch auf die Erkenntnisgewinnung in den Naturwissenschaften überträgt. Als Resultat dieser Betrachtung erscheinen die Naturwissenschaften als das, was sie auch bei den Empiristen, Positivisten und Kritischen Rationalisten sind: als Folge empirischer Einzelerfahrungen, als Erfahrungswissenschaften. Da das spekulative Moment, das die Naturwissenschaften viel weiter vorangebracht hat als alle Einzelbeobachtungen überhaupt, sich im Bewußtsein abspielt, wird es folgerichtig geleugnet und (als metaphysisch) aus den Natur-

182   J. PUKIES:

wissenschaften verbannt: Wie bei den Positivisten. Eine Kritik dieser Auffassungen ist gleichzusetzen einer Kritik der Widerspiegelungstheorie und der Naturdialektik, der Funktion dieser Philosophie zur Legitimierung der gesellschaftlichen Praxis in den sozialistischen Ländern. S. dazu z.B.: O. Negt, "Marxismus als Legitimationswissenschaft. Zur Genese der stalinistischen Philosophie", in: A. Deborin u. N. Bucharin, "Kontroversen über dialektischen und mechanistischen Materialismus", Frankfurt 1969, S. 33.

10) Das Zitat stammt sinngemäß aus einem Rundfunkinterview mit Ernst Bloch. — Der Projektunterricht, der die Naturwissenschaften aus ihren Verwertungsaspekten heraus beschreibt und zu erklären versucht, wird sehr scharf kritisiert von P. Bulthaup (Fachsystematik und didaktische Modelle, in M. Ewers, "Naturwissenschaftliche Didaktik zwischen Kritik und Konstruktion", Weinheim 1975, S. 54). Bulthaup hat m.E. sicher recht, wenn er diese Art von Projekten kritisiert. Ich meine aber, daß auch im naturwissenschaftlichen Projekt die Wissenschaft in emanzipatorischer Absicht gelehrt und gelernt werden kann; somit trifft wohl Bulthaups Kritik die am häufigsten realisierte Art des Projektunterrichts (als eines der neuesten Beispiele, auf die Bulthaups Kritik zutrifft, s. M. Daxner, K. Oostlander "Naturwissenschaft und Technik im Lehrerstudium", Rossa 1977), nicht aber die Projektmethode allgemein.

11) K. Marx, "Ökonomisch-philosophische Manuskripte", Leipzig 1970, S. 186.

12) J.R. Bloch, "Der qualitative Naturbegriff und seine didaktische Bedeutung", chimica didactica, 1/1978, S. 6.

13) J. Needham, "Wissenschaftlicher Universalismus", Suhrkamp 1977.

14) a.a.O., S. 79.

15) a.a.O., S. 110.

16) F. Bacon, "Novum Organum", nachgedruckt Darmstadt 1974, S. 26.

17) J. Needham, a.a.O., S. 291.

18) J. Pukies, "Über das Verstehen der Naturwissenschaften", erscheint Frühjahr 1979 bei Westermann; s. auch zum Fallgesetz und zum Trägheitsprinzip: Neue Sammlung 2/1978, S. 132; zum Energiebegriff: chimica didactica 2/1976, S. 197, Chemie in unserer Zeit 11/1977, S. 45.

19) G. Galilei, "Unterredungen und mathematische Demonstrationen über zwei neue Wissenszweige, die Mechanik und die Fallgesetze betreffend", nachgedruckt Darmstadt 1973.

19a) Die bei bestimmten Materialisten übliche Diffamierung des Denkens als idealistisch, das Denunzieren eines Physikunterrichts, der die Rolle des Denkens, des Spekulierens herausstreicht und sinnlich erfahrbar macht und so den Erkenntnisprozeß begreifbar macht, als idealistische Ideenlehre, erfährt die beste Antwort bei Marx selbst: "Die Frage, ob dem menschlichen Denken gegenständliche Wahrheit zukomme, ist keine Frage der Theorie, sondern eine praktische Frage. In der Praxis muß der Mensch die Wahrheit, i.e. Wirklichkeit und Macht, Diesseitigkeit seines Denkens beweisen. Der Streit über die Wirklichkeit des Denkens — das von der Praxis isoliert ist — ist eine rein scholastische Frage." (K. Marx, MEW Bd. 3, S. 5) Für die Naturwissenschaften gilt, daß die Wahrheit des Denkens sich in der experimentellen Praxis und in der gegenständlichen Produktion erweist: Die Wahrheit des Denkprodukts Atom erweist sich in der Synthese und Produktion einer organischen Substanz, die nur möglich ist aufgrund der Gültigkeit der Atomtheorie.

20) M. Wagenschein, "Die pädagogische Dimension der Physik", Westermann, 4. Aufl. 1976, S. 288.

21) a.a.O., S. 292.

Literaturverzeichnis

ADORNO, Th.W., "Erziehung zur Mündigkeit", Suhrkamp 1975.

BACON, F., "Novum Organum", nachgedruckt Darmstadt 1974.

BLOCH, J.R., "Der qualitative Naturbegriff und seine didaktische Bedeutung", chim. did. 1/1978, S. 1.

BORN, G. u. EULER, M., "Physik in der Schule", Bild der Wissenschaft 2/1978, S. 74.

BRÄMER, R., "Wieviel Naturwissenschaft braucht hier der Mensch?", päd. extra 4/1978 S. 42.

BULTHAUP, P., "Fachsystematik und didaktische Modelle", in: Ewers, M. (Hrsg.), "Naturwissenschaftliche Didaktik zwischen Kritik und Konstruktion", Weinheim 1975, S. 41.

DAXNER, M. u. OOSTLANDER, K., "Naturwissenschaft und Technik im Lehrerstudium", Rossa 1977.

GALILEI, G., "Unterredungen und mathematische Demonstrationen über zwei neue Wissenszweige, die Mechanik und die Fallgesetze betreffend", nachgedruckt Darmstadt 1973.

GINSBURG, H. u. OPPER, S., "Piagets Theorie der geistigen Entwicklung", Klett 1975.

KUZNECOV, B.G., "Von Galilei bis Einstein", Braunschweig 1970.

LAKATOS, I., "Popper zum Abgrenzungs- und Induktionsproblem", in H. Lenk (Hrsg.), "Neue Aspekte der Wissenschaftstheorie", Braunschweig 1971, S. 75.

MARX, K., "Die deutsche Ideologie", MEW 3.

MARX, K., "Ökonomisch-philosophische Manuskripte", Leipzig 1970.

MARX, K., "Thesen über Feuerbach", MEW 3.

NEEDHAM, J., "Wissenschaftlicher Universalismus", Suhrkamp 1977.

NEGT, O., "Marxismus als Legitimationswissenschaft", in: Deborin, A. u. Bucharin, N., "Kontroversen über dialektischen und mechanistischen Materialismus", Frankfurt 1969.

NEWTON, I., "Mathematische Prinzipien der Naturlehre", nachgedruckt Darmstadt 1963.

POPPER, K., "Logik der Forschung", Tübingen 1966.

PUKIES, J., "Über das Verstehen der Naturwissenschaften", Westermann 1979.

PUKIES, J., "Naturphilosophische Implikationen der Naturwissenschaften und daraus resultierende Folgen für den Unterricht. Beispiel Thermodynamik", chim. did. 2/1976, S. 197.

PUKIES, J., "Wie entstehen naturwissenschaftliche Konzepte? Das mechanische Wärmeäquivalent und die Entstehungsbedingungen der Thermodynamik", ChiuZ 11/1977, S. 45.

PUKIES, J., "Über die Aufhebung des Warencharakters in der Darbietung des naturwissenschaftlichen Lehrstoffs", Neue Sammlung 2/1978, S. 132.

SPRECKELSEN, K., "Sachunterricht in der Grundschule", b:e 3/1978, S. 76.

STEGMÜLLER, W., "Das Problem der Induktion: Humes Herausforderung und moderne Antworten", in: Lenk, H. (Hrsg.), "Neue Aspekte der Wissenschaftstheorie", Braunschweig 1971, S. 13.

WAGENSCHEIN, M., "Die pädagogische Dimension der Physik", Westermann 1976 (4. Aufl.).

WYGOTSKI, L.S., "Denken und Sprechen", Fischer 1974.

Das historische Experiment im Physikunterricht

Wissenschaftstheoretische Betrachtungen und praktische Beispiele

von

Jürgen Teichmann

Die Ausführung von Experimenten im Physikunterricht der Schule, die seit Anfang des 20. Jahrhunderts sehr rasch zunahm, hat eine seltsame Konsequenz gehabt: Sie führte zu einer Diskrepanz zwischen der Praxis des Schulunterrichts und der systematischen Reflexion von Fachwissenschaftlern und Wissenschaftstheoretikern über die Bedeutung des Experiments, wie sie in der empiristisch-rationalistischen Wissenschaftstheorie[1] gepflegt wurde. Da der Systemcharakter von Physik auf der Schule nicht weit genug vorgeführt werden kann (d.h. der axiomatische Aufbau der Mechanik, der Elektrodynamik etc.), bekam und bekommt ein Experiment mitunter eine Eigenbedeutung, die gegenüber seiner wissenschaftstheoretischen Einordnung unangemessen scheint. Der Zeitaufwand, der für Experimente im Vergleich zu theoretischen Entwicklungen im Physikunterricht nötig ist, verstärkt für Lehrer und Schüler diese Bedeutung. Dazu sind Experimente für die meisten Schüler oft viel eingängiger als theoretische Überlegungen. Für einen Fachmann dagegen, der die Entdeckungswege verfolgt, erscheinen beide Entwicklungen zumindest gleich kompliziert und darüber hinaus eng miteinander verschlungen. Nur so ist übrigens immer wieder das Staunen von Schülern, aber auch von Lehrern und Wissenschaftlern zu erklären, wenn sie zum ersten Mal mit der wirklichen Entstehungsgeschichte z.B. des Ohmschen Gesetzes (in Teilen ab Henry Cavendish 1773!) konfrontiert werden[2].
Bei der "klinisch" reinen Durchführung von Experimenten im Unterricht kann ferner nie festgestellt werden, welch eingeschränkte Bedeutung bestimmte Gesetzmäßigkeiten im Gesamtsystem haben, z.B. das Ohmsche Gesetz im System der Elektrodynamik, dann auch in der Praxis der modernen Elektronik. Ebensowenig wird bemerkt, welch hypothetische und für das neuzeitliche Abendland sehr charakteristische Bedeutung das Newtonsche Gesetz Kraft = Masse x Beschleunigung mit den historischen Grundbegriffen Kraft und Masse weit über die experimentelle Bestätigung durch die Luftkissenfahrbahn hinaus hat[3]. Man wird als Lehrer mitunter — störend — daran erinnert, wenn ein intelligenter Schüler nach dem Wesen etwa der Massenanziehung weiterbohrt. Es ist dann unehrlich, die Antwort Galileis zu geben: die neuzeitliche Physik interessiere nur das Wie und nicht das Warum. Damit gelang Galilei gerade keine für Erde *und* Himmel gleich gültige

Mechanik. Man täte sich leichter und für die Schüler fruchtbarer, wenn man von den höhnischen Einwendungen des Descartes gegen die okkulte scholastische Qualität der Gravitation bei Newton wüßte, oder von der Tatsache, daß die Newtonianer nicht erklären konnten, warum nicht alle Massen des Weltalls aufeinander zufielen (die Eigenbewegung der Sterne war noch nicht entdeckt), oder von der populären Verbreitung und philosophischen Durchdringung, die Voltaire der Newtonschen Physik im 18. Jahrhundert verschaffte. Physik war und ist eben ein wesentlicher konstitutiver Faktor (nicht nur ein Teil!) der gesamtkulturellen Entwicklung unserer Neuzeit.

Diskrepanzen zwischen Schulpraxis und empiristisch-rationalistischer Wissenschaftstheorie zeigen sich ferner vor allem bei der Benutzung des Begriffs "experimentum crucis". Es wird meist als *das* entscheidende Experiment strapaziert, das den gordischen Knoten eines theoretisch formulierten Problems mit einem Schlage löste, etwa die Frage nach der Änderung der Lichtgeschwindigkeit beim Übergang vom optisch dünneren ins optisch dichtere Medium durch Foucault 1851, das Problem der Elementarladung durch Millikan ab 1909. Dabei wird nicht deutlich, welch eingeschränkte Bedeutung solche Experimente im komplexen Wechselwirkungssystem Hypothese — Experiment — Theorie — Wissenschaftlergemeinschaft haben. Sie können sicher nicht Beweis im Sinne der Logik sein, wie es etwa bei einem geometrischen Beweis möglich ist. Diese Schwierigkeiten haben die empiristisch-rationalistische Theorie dazu geführt, den Hauptzweck von Experimenten in der Wissenschaft in deren Möglichkeit zu sehen, Hypothesen zu falsifizieren. Das heißt, soviel Experimente auch eine bestimmte Hypothese "bestätigen" können, ein einziges widersprechendes genügt zum Umwerfen alles Vorhergehenden. Aber was und wie weit haben dann alle vorhergehenden Experimente bestätigt? Daß hier sehr grundsätzliche Probleme bei der Definition einer Erfahrungswissenschaft liegen, zeigte auch die jahrzehntelange Diskussion um den Unterschied zwischen Erfahrungsbegriffen und theoretischen Begriffen (so ist z.B. die Lichtamplitude keiner direkten Messung zugänglich, im Gegensatz zur Intensität, die damit als Begriff weniger theoretisch ist).

Ein Beispiel: Was bestätigen eigentlich alle Versuche seit Millikan 1909? Sie beweisen jedenfalls nicht, daß elektrische Ladung einen bestimmten Minimalwert *hat*. Sie konstatieren höchstens, daß unter den bis heute möglichen Bedingungen Ladung nie in kleineren Portionen als der Elementarladung festgestellt werden konnte. So kann man ja auch aus der Folge von Tropfen konstanter Größe aus einem Wasserhahn nicht folgern, daß Wasser aus Bausteinen dieser Minimalgröße aufgebaut sei. Daß andere hypothetische Möglichkeiten existieren, zeigt in der Mikrophysik die Quarktheorie. Sie hebt Millikan nicht auf — es können eben "verborgene" Parameter (wie Wasserdruck und Hahngeometrie im Modellbeispiel) Naturgesetze vortäuschen. Ähnlich fest wie noch vor kurzem die Elementarladung nahm man ja bis 1938 den inneren Zusammenhalt der materiellen Atomkerne an (bis dahin waren nur Anlagerungen bzw. Abtrennungen kleinerer Teile gelungen). Das "Zerspalten" durch Otto Hahn kam so unerwartet, daß Hahn selbst in seiner ersten Veröffentlichung diese These, zu der er sich als "Chemiker" gezwungen sah, als "Kernchemiker" für unannehmbar kühn hielt. — Die Mikrophysik hat allerdings bis heute noch kein ähnliches Experiment für die Zerlegung der Elementarladung liefern können.

Zu dem Problem des experimentum crucis erhält die Stellungnahme des französischen Physikers und Wissenschaftstheoretikers Pierre Duhem (1906 veröffentlicht[4]) im nachhinein fast prophetischen Klang. Er urteilte über die Bedeutung des Foucaultschen Experiments von 1851 als "Beweis" der Lichtwellentheorie:

"Daraus kann man mit Foucault schließen, daß das System der Emission, d.h. die Korpuskulartheorie des Lichts mit den Tatsachen unvereinbar sei.

Ich sage, das *System* der Emission, und nicht die Hypothese der Emission, denn es ist in der Tat die ganze Gruppe der von Newton, ebenso wie nachher von Laplace und Biot anerkannten Lehrsätze, in der das Experiment einen Fehler aufgewiesen hat. Es ist die ganze Theorie, aus der die Beziehung zwischen dem Brechungsindex und der Lichtgeschwindigkeit in verschiedenen Medien abgeleitet wird. Aber indem das Experiment dieses System als ganzes verwirft, indem es erklärt, daß es mit einem Fehler behaftet sei, sagt es nichts darüber, wo dieser Fehler liegt. Liegt er in der fundamentalen Hypothese, daß das Licht aus Projektilen besteht, die mit großer Geschwindigkeit von den leuchtenden Körpern weggeschleudert werden? Liegt es in irgendeiner anderen Annahme über die Wirkungen, die die leuchtenden Teilchen von seiten der Medien, in deren Innern sie sich bewegen, erfahren? Wir wissen darüber nichts. Es wäre verwegen zu glauben, wie Arago gedacht zu haben scheint, daß das Experiment von Foucault unwiderbringlich die Emissions-Hypothese selbst, die Ersetzung eines Lichtstrahles durch einen Schwarm von Projektilen, vernichte. Wenn die Physiker einen Preis auf die Aufstellung eines optischen Systems, das auf diese Annahme gegründet und dabei mit dem Experiment von Foucault in Übereinstimmung steht, gesetzt hätten, würden sie sicher eine derartige Arbeit erhalten haben.

All dies zusammengefaßt ergibt sich, daß der Physiker niemals eine isolierte Hypothese, sondern immer nur eine ganze Gruppe von Hypothesen der Kontrolle des Experiments unterwerfen kann. Wenn das Experiment mit seinen Voraussagungen in Widerspruch steht, lehrt es ihn, daß wenigstens eine der Hypothesen, die diese Gruppe bilden, unzulässig ist und modifiziert werden muß.

Wir befinden uns da recht weit von der experimentellen Methode, wie sie gerne jene Leute, die ihrer Funktion fremd gegenüberstehen, auffassen. Man denkt gewöhnlich, daß jede Hypothese, deren sich die Physik bedient, isoliert genommen und der Kontrolle des Experiments unterworfen werden kann. Wenn dann verschiedene und vielfache Prüfungen den Wert derselben konstatieren ließen, kann sie in definitiver Weise in dem System der Physik ihren Platz finden. In Wirklichkeit ist es nicht so. Die Physik ist keine Maschine, die sich demontieren läßt. Man kann nicht jedes Stück isoliert untersuchen und voraussetzen, daß nur genau auf ihre Festigkeit geprüfte Stücke montiert werden. Die physikalische Wissenschaft ist ein System, das man als Ganzes nehmen muß, ist ein Organismus, von dem man nicht einen Teil in Funktion setzen kann, ohne daß auch die entferntesten Teile desselben ins Spiel treten, die einen in höherem, die anderen in geringerem, aber alle in irgend einem Grade. Wenn irgend eine Störung, irgend eine Beschwer-

de in seiner Funktion auftritt, so ist sie in der Tat durch das gesamte System hervorge-
rufen, und der Physiker muß das Organ finden, welches in Ordnung gebracht oder modifiziert werden muß, ohne daß es ihm möglich wäre, dieses Organ zu isolieren und es
einzeln zu prüfen. Der Uhrmacher, dem man eine Uhr gibt, die nicht geht, nimmt alle
Räder derselben heraus und prüft jedes einzeln, bis er das gefunden, welches fehlerhaft
oder gebrochen ist. Der Arzt, der einen Kranken untersucht, kann diesen nicht zerschnei-
den, um seine Diagnose aufzustellen. Er muß den Sitz und die Ursache des Übels einzig
und allein durch die Feststellung der Unregelmäßigkeiten, die am Körper als Ganzes
auftreten, erkennen. Diesem und nicht jenem gleicht der Physiker, der eine lahme Theorie wieder auf die Beine bringen soll ...
Aber nehmen wir einen Augenblick an, daß in jedem dieser Systeme alles folgerichtig,
alles von logischer Notwendigkeit sei mit Ausnahme einer einzigen Hypothese; nehmen
wir demzufolge auch an, daß die Tatsachen, indem sie einem dieser beiden Systeme
widersprechen, auch mit Sicherheit die einzig zweifelhafte Annahme, die es enthält,
verwerfen. Ergibt sich nun aber daraus, ebenso wie in der Geometrie, in der man, wenn
man einen geometrischen Lehrsatz ad absurdum führt, die Gewißheit des widersprechen-
den erhält, daß man auch im *experimentum crucis* ein unwiderlegliches Verfahren
besitzt, um eine der beiden vorliegenden Hypothesen in eine bewiesene Wahrheit zu
verwandeln? Neben zwei Theoremen der Geometrie, die einander widersprechen, gibt es
keinen Platz für ein drittes Urteil; wenn eines falsch ist, ist das andere notwendigerweise
richtig. Bilden zwei physikalische Hypothesen jemals einen derartig strengen Doppel-
schluß? Würden wir jemals zu behaupten wagen, daß keine andere Hypothese denkbar
sei? Das Licht kann ein Schwarm von Projektilen, es kann eine Schwingungsbewegung,
deren Wellen sich in einem elastischen Medium fortpflanzen, sein; ist es ihm deshalb
verboten, irgend etwas beliebig anderes zu sein? ...
Der Physiker ist nun niemals sicher, alle denkbaren Annahmen erschöpft zu haben."

Duhem's Schluß lautet also: es gibt überhaupt kein experimentum crucis in
der Physik[5]. Die von ihm angedeuteten anderen Möglichkeiten zu einer Erklärung der Natur des Lichts statt Wellen oder Korpuskeln hatten sich gleichzeitig mit der Arbeit an seinem Werk gezeigt! Einstein wandte 1905 die Quantenhypothese auf den lichtelektrischen Effekt an.
Eine neuere Entwicklung in der Wissenschaftstheorie, die geschichtlich-
dynamische Wissenschaftstheorie[6], ging ähnlich wie Duhem stärker auf die
historische Entwicklung als von hypothetischen Ansätzen geprägt ein, wandte
sich nun vor allem umfassender gegen die Allgemeingültigkeit von falsifizie-
renden Experimenten als wesentlichen Elementen eines linearen wissenschaftlichen Fortschritts. Es ist hier nicht der Ort, diese Theorie in ihrer Bedeutung
für die Didaktik ausführlich zu würdigen bzw. zu kritisieren[7]. Sie weist der
Wissenschaftlergemeinschaft als den Begriff Wissenschaft und dessen Inhalt
prägende und ständig verändernde Gruppe einen entscheidenden Platz in
wissenschaftstheoretischen Untersuchungen zu. Nach ihr gibt es keine vollständig rational abgesicherte Systemstruktur. Jeder Wissenschaftler in seiner
Gemeinschaft kann zäh an bestimmten Vorstellungen hängen, gegen die
einzelne falsifizierende Experimente nichts ausrichten können[8], ehe größere
Änderungen allgemeiner Art stattgefunden haben (siehe etwa die Geschichte
der Durchsetzung der Quantenhypothese von Max Planck 1900 bis zu Comp-

ton 1922). Ob eine neue Hypothese, z.B. die Quarkhypothese, über Anfangserfolge hinaus fruchtbar ist oder nicht, kann man nicht zeitlos und allgemeingültig sagen, selbst im nachhinein oft nicht, ob sie es war (etwa aus der Sicht des 19. Jahrhunderts über die Emissions-, d.h. Korpuskulartheorie des Lichtes im 17./18. Jahrhundert). Ob ein Experiment und inwieweit etwas Entscheidendes bringt, ist auch aus der Sicht verschiedener Wissenschaftlergemeinschaften (geographisch, zeitlich) verschieden beurteilbar. Es sind dann außerwissenschaftliche Gründe — im empiristisch-rationalistischen Sinn — die festlegen, was man weiterforschen will bzw. darf. Doch gilt das selbstverständlich nicht für alle theoretischen und experimentellen Teile eines Bereichs in gleicher Stärke.

Gegenwart und gegenwärtige Physik wird jedenfalls in dieser Theorie als schmaler Grat zwischen Vergangenheit und Zukunft begriffen, ausreichend verständlich nur als Entwicklungsprozeß.

Man kann nun für die Didaktik nicht so einfach versuchen, in "Physik lernen" — das enthält die sicheren in der Praxis der Wissenschaft und des Alltags brauchbaren Modelle, Kalküle, Experimentierschritte etc. — und "über Physik lernen" — das enthält die Reflexion — aufspalten[9]. Nur nach der empiristisch-rationalistischen Theorie ist es möglich, zwischen Sprache und Metasprache und das heißt auch zwischen Systemen einschließlich ihres Inhalts und der Entstehung dieser Systeme scharf zu trennen. Auf der allgemeinbildenden Schule bestätigt jeder Unterricht, daß alles Physiklernen für die meisten Schüler doch nur Lernen über die Physik bleibt. D.h. was sie davon behalten, ist nur eine ausgesprochene Abneigung gegenüber der Physik überhaupt. Und die für die Physik interessierten Schüler identifizieren Physik meist völlig mit dem, was sie an sicheren Kalkülen etc. lernen.

Welche Rolle spielt nun aber das Experiment in der Physik? Die Antwort ist eben nicht allgemein zu geben, etwa: das ist ein besonders stark bestätigendes Experiment, weil es schon zig-tausendmal durchgeführt wurde (z.B. zur Bestimmung der spezifischen Leitfähigkeit von Kupfer bestimmter Reinheit), oder: das ist ein besonders wichtiges Experiment, weil es entscheidend zum Fallenlassen einer Hypothese und damit Entstehen einer bedeutenden Theorie beitrug (z.B. das Experiment von Michelson und Morley gegen die Aether-Hypothese). So vorgeführt, bringt man nur unreflektierte Geschichte, obwohl man glaubt, gerade "systemimmanent" fortschrittlich zu sein. Man ist dann in der gleichen Position wie die Verteidiger des Ptolemäischen Systems während der langen Zeit von dessen allgemeiner Gültigkeit, als sie unter den vielen "Beweisen" dafür auch die fehlende Fixsternparallaxe als schon zig-mal durchgeführten Versuch aufführten. Oder man ist auch nur in der Lage wie Arago, der mit dem allgemein anerkannten Foucaultschen Experiment die Korpuskulartheorie des Lichtes widerlegt sah.

Und wenn die Zukunft auch Bedeutungen unangetastet lassen sollte, so kann sie doch deren Stellenwert verschieben.

Jeder Vorgang in der Physik — in Forschung und Lehre — enthält Geschichte, wieviel und wie angreifbar kann zumindest die eigene Gegenwart kaum sehen. Umso wichtiger ist es, wesentliche Experimente im Physikunterricht in ihren realen historischen Kontext zu stellen, d.h. etwa in die Entwicklung der Meßtechnik, in die Diskussion um Interpretationen und Gegeninterpretationen, zu vergleichbaren Vorgängen aus anderen Bereichen dieser Zeit. Das kann natürlich bei der Kürze der Unterrichtszeit nur exemplarisch erfolgen.

Ein weiterer Einwand gegen Geschichte im Unterricht, entscheidend für die Lehre zumindest sei eben die eigene Gegenwart (welche übrigens? — die des Lehrplanbauers oder die des Schülers nach Abschluß der Schule; diese ist doch noch gar nicht verfügbar) und was in ihr als gültig anerkannt werde, verträgt sich weder mit dem Ideal einer wissenschaftlichen Fachbildung, die auch die Grenzen des Faches deutlich machen muß (im Gegensatz zu einer engeren beruflichen *Aus*bildung), noch mit dem einer Allgemeinbildung, die mehr sein will als nur Warenhaus voneinander unabhängiger Fachbereiche. Natürlich muß von dieser Gegenwart ausgegangen werden (als Bezugsrahmen, nicht unbedingt immer im konkreten Unterrichtsgang), muß Sicherheit im Umgang mit bestimmten Begriffen, Zusammenhängen, experimentellen Fertigkeiten und Übersichten gegeben werden, und das zu einem großen Prozentsatz der Unterrichtszeit, aber gerade das Absetzen von Geschichte ist nur durch bewußtes Rekurrieren auf Geschichte zu erreichen, und die Infragestellung von Gegenwart muß zumindest im Ansatz jedes wissenschaftlichen Unterrichts als Möglichkeit enthalten sein. D.h. es muß nicht unbedingt immer eine direkte Verunsicherung angestrebt werden. Diese ist tatsächlich viel schwieriger sinnvoll durchzuführen als im Elementarunterricht anderer nicht so stringenter Wissenschaftsbereiche wie etwa der Psychologie.- In der Physik sollten bei der Abwägung solcher Beiträge starke Unterschiede zwischen den verschiedenen Schulstufen und Unterrichtsarten (Grundkurs, Leistungskurs in der Kollegstufe etc.) gemacht werden. D.h. übrigens nicht, daß die Sekundarstufe I stärker ausgeschlossen bleiben soll. Über die affektive und genetische Komponente sind geschichtliche Inhalte gerade hier leicht wirksam zu machen. Die Bereitschaft, Wissen als veränderbar anzusehen, kann gerade hier gesät werden, wenn auch fruchtbare Reflexion erst später erfolgen wird.

Geschichte kann übrigens auch nur als Steinbruch benutzt werden, um vergessene modern didaktisch nutzbare Ideen wieder lebendig zu machen, wie die folgenden Beispiele zeigen werden. Es wäre nach den obigen Ausführungen jedoch schade, wenn es nur dabei bliebe.

Versuchen wir, folgende didaktische Möglichkeiten der Geschichte zusammenfassend zu skizzieren:

1. Geschichte liefert als "Steinbruch" ausgezeichnete didaktische Ideen für Experimente, Beobachtungen, Auswertungen.

2. Geschichte macht Ähnlichkeiten und Differenzen zwischen gerade gültigem Wissen und andersartigem dazu besonders deutlich, sowohl im Inhalt wie in der Methodik. Sie hilft damit zur Problemerkenntnis für den Schüler.

   Hinweise zu den nachfolgenden Beispielen: das Verhältnis von Wirklichkeit und Modell in der Antike; die experimentellen und theoretischen Voraussetzungen für eine Entdeckung um 1745 und 200 Jahre später; das Experiment bei Galilei: Fehlen von Meßreihen und Fehlerbetrachtung, trotzdem sehr große Ähnlichkeit zu unserer Gegenwart im Vergleich zur Antike.

3. Mit Geschichte wird die besondere Dynamik von Naturwissenschaft als neuer menschlicher Erfahrung deutlich, vor allem gegenüber sämtlichen Lebensbereichen in vorneuzeitlichen Kulturen. (Im affektiven Bereich: Naturwissenschaften als "Abenteuer".) Hier spielt der Bezug zur Technik eine wesentliche Rolle. Es wurden andersartige Begabungen bevorzugt, umgekehrt veränderte sich durch Naturwissenschaft die Sicht von Natur durch Auswahl bestimmter Aspekte von Natur (quantitativ-operational-instrumentale).

   Hinweise zu den nachfolgenden Beispielen: der Himmel als berechenbares Modell, nicht als Ansammlung willkürlich handelnder Götter und Dämonen; Galilei und sein Kampf um die Einführung einer neuen Astronomie und Physik.

4. Die historische Entwicklung eines Problems führt mitunter zu größerer Klarheit als die systematische, weil die Schwierigkeiten in der Geschichte ähnlich gelagert sein können wie die Verständnisschwierigkeiten beim eigenen Lernen.

   Hinweis zu den nachfolgenden Beispielen: das geozentrische Weltbild ist immer noch erste Erfahrung bei jedem Lernen; Ladungstrennung, Kraftwirkungen, Stromkreis bieten heute ähnliche Schwierigkeiten im Unterricht wie 1745 in der Forschung.

5. Geschichte kann lehren, daß naturwissenschaftliches Wissen nicht endgültig sein muß, aber auch: wie schwierig eine Infragestellung von der eigenen Gegenwart aus ist, weil die logische Geschlossenheit und empirische Absicherung dieses Wissen allzu selbstverständlich erscheinen lassen. Sogenannte Irrtümer in der Entwicklung der Naturwissenschaften waren auch einmal wissenschaftliche Selbstverständlichkeiten.

   Hinweise zu den nachfolgenden Beispielen: das geozentrische Weltbild bei Eudoxus, Aristoteles und später Ptolemäus; das Nichtwissen der Elektrizitätsforscher um Stromkreis und Kondensatorprinzip vor 1745/46.

6. Geschichte ist für Prognosen brauchbar, da sie Ansätze liefert, die zumindest die Ursachen für Schwierigkeiten einer gegenwärtigen Entwicklung mitverdeutlichen, aber auch neue Entwicklungen einleiten können.

Hinweise zu den nachfolgenden Beispielen: Galilei fehlte zur Interpretation seiner Versuche einiges theoretische Wissen (über die Rotationsenergie, über die Differential- und Integralrechnung); 1745/46 fehlte zur Weiterentwicklung ein — theoretisch unvorhersehbarer — experimenteller "Sprung".

7. Geschichte kann an besonders einfachen Beispielen deutlich machen, daß Naturwissenschaft, Technik und Gesellschaft nicht als voneinander unabhängige Bereiche betrachtet werden können und wie weit die Wechselwirkung zwischen diesen Bereichen geht.

Hinweise zu den folgenden Beispielen: Galileis Interesse zu solchen Versuchen stammte auch aus der Technik (Kriegstechnik: Flugbahn von Geschossen), die Forderung nach dem Experiment als Richter über alle philosophischen Fragen stand in Wechselwirkung mit der Veränderung der europäischen Gesellschaft des 17. Jahrhunderts; D'Alemberts Wort über Franklin: "Dem Himmel entriß er den Blitz, den Tyrannen des Szepter", zeigt, wie im 18. Jahrhundert die Entwicklung von Naturwissenschaften/Technik und von Gesellschaft analog gesehen wurde.

Im Deutschen Museum wurde ein Anzahl historischer Experimente rekonstruiert, wobei zwei Interessen zusammenwirkten: das wissenschaftliche zur Gewinnung neuer Erkenntnisse über den Ablauf vergangener Forschungsprozesse und das didaktische zur Verwendung dieser Rekonstruktionen im Unterricht.

Beides bestimmte auch die Erprobung dieser Rekonstruktionen in der Lehrerfortbildungsarbeit des Kerschensteinerkollegs am Deutschen Museum. Sie werden — unter anderen didaktisch nutzbaren Inhalten der Geschichte — in ein Projekt am Deutschen Museum eingebracht, das ab 1979 Buch- und Diamaterialien für die Hand des Lehrers zur Verfügung stellt (unterstützt von der Stiftung Volkswagenwerk).

Drei Beispiele sollen nun vorgestellt werden: Eine Rekonstruktion von homozentrischen Sphären zur Theorie der Sonnen- und Planetenbewegung nach Eudoxus (4. Jahrhundert vor Chr.), der Nachvollzug eines 1973 bekanntgewordenen neuartigen Experiments von Galilei (zwischen 1604 und 1609) zur schiefen Ebene, einschließlich Hinweisen auf den Nachvollzug des klassischen Experiments dazu aus seinen Discorsi (veröffentlicht 1638), ferner die Rekonstruktion der Erfindung der "Kleist'schen" oder "Leidener Flasche" (1745/46), die bekanntlich Benjamin Franklin zur Entdeckung des Kondensatorprinzips und zum Vorschlag des Blitzableiters führte.

Sonnen- und Planetenbewegung nach Eudoxus

Das älteste geschlossene mathematisch-mechanische Modell des Himmels, das versuchte, allen vorhandenen Beobachtungen gerecht zu werden, ist von Eudoxus von Knidos (um 400 bis 350 v. Chr.) überliefert. Wie kam es zu dieser Entwicklung? Es war ein entscheidender Schritt, den die griechische Astronomie wahrscheinlich im 5. Jahrhundert v. Chr. begonnen hatte, als sie anfing, das Himmelsgeschehen als Ganzes zu betrachten, d.h. die vielfältigen Beobachtungsdaten, deren periodische Zusammenhänge schon den Babyloniern approximative Schlüsse erlaubt hatten, mit einem geschlossenen kinematischen Modell zu erklären. Das bedeutete einen höheren Abstraktionsgrad, denn

- Kreise, wie Himmelsäquator, Ekliptik etc. kann man am Himmel nicht sehen, und schon gar nicht die wirkliche Bewegung der Wandelsterne als Zusammensetzung der Einzelbewegungen dieser Kreise erkennen.
- sphärische Geometrie, die zur mathematischen Behandlung erforderlich war, war wesentlich komplexer als arithmetische Approximation aus einzelnen Beobachtungsdaten.

Eudoxus setzte nun (in seinem Werk "Über Geschwindigkeiten", von dem wir leider nur Berichte aus fremder Hand überliefert haben) die Gesamtbewegung der fünf sternförmigen Wandelsterne Merkur, Venus, Mars, Jupiter, Saturn aus mehreren Einzelkomponenten zusammen, um vor allem die auffälligen Stillstände und Schleifen am Himmel zu erklären. Bei Sonne, Mond und Fixsternhimmel konnte er auf schon länger vorhandene Vorstellungen zurückgreifen. Seine Lösung ist recht überzeugend, wenn man die theoretischen Voraussetzungen bedenkt, die für ihn verbindlich waren. Da gab es vor allem zwei Forderungen Platons (als Zeitgenosse von Eudoxus etwas älter — um 400 v. Chr.):

Die Gestirne müssen sich auf Kreisen um die Erde bewegen.

Die Bewegung in diesen Kreisen muß mit gleichförmiger Geschwindigkeit erfolgen.

Diese Forderungen wuchsen aus dem allgemeinen griechischen Verständnis von Einfachheit und Harmonie. Und dieses Verständnis hing wiederum eng mit der Entwicklung von exakter Wissenschaft, d.h. zunächst von Geometrie und deren symbolischer Bedeutung bis zu Euklid um 300 v. Chr. zusammen.

Die Geometrie wurde damit zur "Modellwissenschaft" weit über den heutigen Bereich von Wissenschaft hinaus auch für die Vorstellungen in der Philosophie, Kunst und Politik! Damit erhielten auch geometrische Figuren einen besonderen Symbolwert. So galt der Kreis z.b. als besonders vollkommen und einfach. Andererseits ist nicht zu leugnen, daß sich der Kreis zur Erklärung der Form von Himmelsbewegungen zum Teil unmittelbar aufdrängte und so die Betonung seiner Funktion in der Geometrie unterstützt wurde.

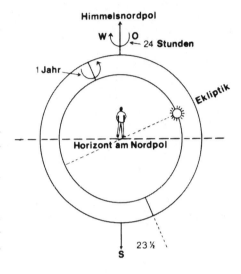

Die verschiedenen Erklärungsmechanismen des Eudoxus für Sonne und Planeten sahen folgendermaßen aus:
Bei der Sonne mußten (mindestens) zwei Kreisbahnen mit täglicher und jährlicher Periode um die Erde angesetzt werden — als Bewegung von unsichtbaren Kugelsphären gedacht, auf deren einer die Sonne befestigt war. Die Achsen dieser Sphären mußten entsprechend der Neigung des Himmelsäquators zur Ekliptik einen Winkel von 23,5 Grad zueinander bilden (Abb. 1).
Es läßt sich dazu ein einfaches Modell bauen, das statt Kugelsphären Holzringe (z.B. käufliche Stickrahmen) verwendet, wobei der innere im

Abb 1.: Die Vorstellungen des Eudoxus zur Sonnenbewegung (Homozentrische Sphären)
Der täglichen und jährlichen Sonnenbewegung entspricht je eine Kugelsphäre, deren Drehachsen zueinander um 23,5° geneigt sind. Im Bild ist der geozentrische Beobachtungsort der Nordpol.

Abb. 2: Modell nach Eudoxus zur Darstellung der beobachtbaren Sonnenbewegung
Die Bilder links zeigen die Fixierung des inneren Rings auf eine bestimmte Jahresstellung am Nordpol (von oben nach unten: Sommer-, Herbst-, Winteranfang). Die Bilder rechts zeigen die tägliche Bewegung dazu: einen Parallelkreis zum Horizont am Nordpol.

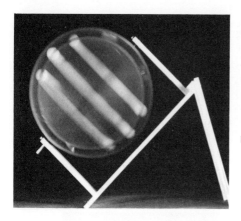

Abb. 3: Sonnenbewegung in gemäßigten Breiten. Für die Breite 50° sind die täglichen Bewegungen der Sonne für Winter-, Frühlings- bzw. Herbst-, Sommeranfang erkennbar, wenn der Horizont parallel zur Tischfläche durch die Mitte der Ringbewegung gezogen wird.

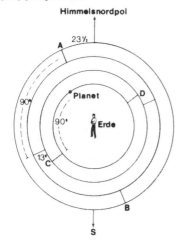

Abb. 4: Die Vorstellungen des Eudoxus zur Planetenbewegung. Hier werden 4 homozentrische Sphären benötigt, deren innerste den Planeten trägt.

äußeren arretierbar ist und die Sonne als Kugel enthält.

Man kann mit dem inneren Ring, der der jährlichen Bewegung entspricht, verschiedene Jahresstellungen der Sonne fixieren (Abb. 2, Bilder links) und mit dem äußeren Ring die tägliche Bewegung in der fixierten Jahresstellung vorführen (Abb. 2, Bilder rechts). Eine Neigung des ganzen Modells liefert verschiedene geographische Breiten zwischen Nord-, bzw. Südpol und Äquator (Abb. 3). Ein zusätzlicher Standhorizont um dieses Modell herum zur Erhöhung der Anschaulichkeit ist empfehlenswert, ebenso eine Aufspannung der Erde (als blaue Kugel) an einem straffen Draht im Zentrum des inneren Rings. Man erhält so eine Wiedergabe aller wesentlichen geozentrischen Beobachtungsdaten über den Sonnenlauf, wie sie jeder Schüler jährlich beobachten kann bzw. in anderen Breiten beobachten könnte.

Das entscheidend Neue im Eudoxischen Modell war in der Geschichte jedoch nicht die Sonnenbewegung, sondern die Erklärung der Stillstände und Rückwärtsbewegungen von fünf Wandelsternen, nämlich Merkur, Venus, Mars, Jupiter und Saturn. Die Gesamtbewegung dieser Gestirne wurde dabei aus vier Sphären zusamengesetzt (Abb. 4). Die *äußeren zwei* Sphären waren dieselben wie bei der Sonne. Dagegen entsprach die Umlaufzeit der zweiten Sphäre statt einem Jahr wie bei der Sonne einer vollständigen

Bewegung des betreffenden Planeten durch den Tierkreis der Ekliptik (siderische Umlaufszeit − von Sidus = Fixstern). Die Werte dafür in der Antike entsprachen bis auf Venus und Merkur in etwa den modernen Werten für die Umlaufzeit der Planeten um die Sonne.

Die darauffolgende *dritte Sphäre* jedes Planeten hatte ihre Pole im Äquator der vorhergehenden, d.h. in der Ekliptik, und drehte sich wie die zweite von West nach Ost. Die Umlaufszeit entsprach der Zeit eines gleichen Bogenabstandes zur Sonne, z.b. von Opposition zu Opposition (synodische Umlaufszeit − von Synodos = Zusammenlauf, hier natürlich Zusammenlauf mit der Sonne gemeint).

Die *vierte Sphäre* trug den Planeten auf ihrem Äquator und hatte eine bestimmte Neigung zur dritten. Diese Neigung war für jeden Planeten verschieden (genaueres weiß man nicht). Sie drehte sich mit derselben Geschwindigkeit wie die 3. Sphäre, aber in die entgegengesetzte Richtung.

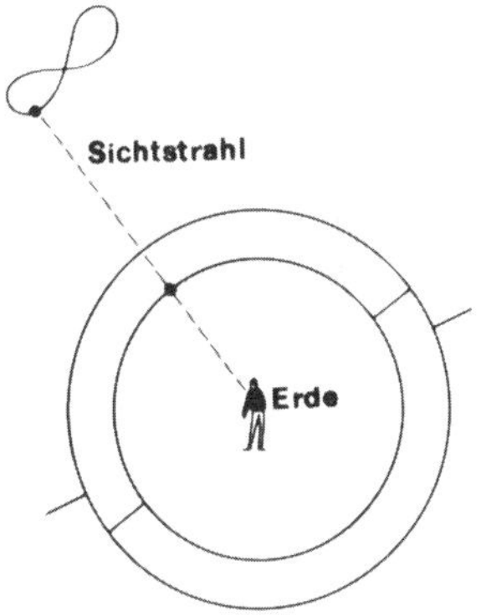

Die dritte und vierte Sphäre, allein betrachtet, erzeugen eine sogenannte Lemniskate, eine Art liegende Acht, die Eudoxus "Hippopede" (Pferdefußfessel) genannt haben soll (Abb. 5). Diese Figur wird durch die Bewegung der zweiten Sphäre, d.h. durch die Bewegung

Abb. 5: Das Entstehen der "Hippopede' nach Eudoxus. Die zwei inneren Sphären erzeugen eine Achter-Bewegung des Planeten.

der Planeten in der Ekliptik zu den charakteristischen beobachtbaren Schleibewegungen am Himmel auseinandergezogen.

Mit dem Holzringmodell zur Sonnenbewegung kann auch die Achter-Bewegung zweier Planetensphären demonstriert werden (Abb. 6). Dazu muß die innere Achse möglichst leichtgängig gelagert sein und die befestigte Kugel, die jetzt als Planet interpretiert wird, so schwer sein, daß sie bei langsamer konti-

Abb. 6: Das Modell der Sonnenbewegung, jetzt zur Darstellung der "Hippopede' verwendet.

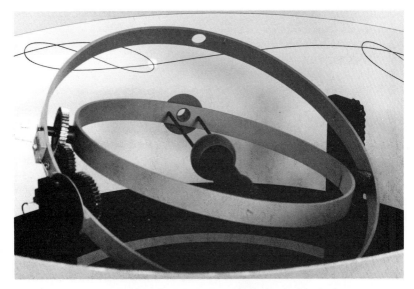

Abb. 7: Modell zur Darstellung der Planetenbewegung nach Eudoxus
Hier sind 3 Sphärenbewegungen mechanisch gekoppelt (Drehtisch und 2 Ringe) — die
äußere tägliche Bewegung ist weggelassen. Ein Lichtstrahl aus dem Geozentrum ersetzt
den Sichtstrahl bei der astronomischen Beobachtung. Eine Schleife dauert in Wirklichkeit mehrere Wochen bis Monate. (Aus: Ausstellung 'Wandel des Weltbildes' im Deutschen Museum)

ierlicher Drehung des äußeren Rings den inneren mit gleicher — aber entgegengesetzt gerichteter — Geschwindigkeit zurückzieht, um ihre tiefste Lage beizubehalten. Die entstehende Acht kann am besten sichtbar gemacht werden, wenn man einen durchsichtigen Plexiglasboden für das Modell verwendet, eine Bohrung in der Kugel anbringt und das ganze auf den Tageslichtprojektor stellt. Ein Modell, das die Bewegung dreier Sphären koppelt und die nach Eudoxus entstehende Schleifenbewegung zeigt, ist wesentlich komplizierter (Abb. 7).

Natürlich entspricht der Winkel zwischen den Achsen im Holzringmodell (23,5°), da für die Sonnenbahn gewählt, nicht quantitativ der Planetenwirklichkeit. Die Eudoxischen Vorstellungen funktionieren so einfach überhaupt nur bei Saturn ($\approx$ 7°) und Jupiter ($\approx$ 13°).

Interessant ist in der Sekundarstufe II eine eingehendere Diskussion auf wissenschaftstheoretischer Basis: die Frage nach Wirklichkeit und Modell in der antiken Astronomie im Unterschied zur Gegenwart, das Verhältnis von Astronomie und Physik bei Aristoteles (der das Eudoxus-Modell im Prinzip übernahm) und bei Newton, das Verhältnis zur Weiterentwicklung der Astronomie bis Ptolemäus um 150 n. Chr. und dann bis zu Copernicus/Kepler. Dazu und zu anderen Aspekten erscheint im didaktischen Projekt des Deutschen Museums ein Studienmaterial (Buch und Dias; Arbeitstitel: Wandel des Weltbildes — Gestalt und Bewegung der Erde in Astronomie, Physik- und Kulturgeschichte).

Fallgesetz nach Galilei

1973 wurde im Nachlaß Galileis ein Manuskript mit Wurfparabeln gefunden, das eindeutig Meßergebnisse mit theoretisch gewonnenen dazu verglich, während die Diskussion über wirklich durchgeführte und im modernen Sinn sorgfältige Experimente Galileis bisher stark kontrovers geführt wurde[10]. Die Angaben Galileis zum Experiment mit der schiefen Ebene in den Discorsi waren in der Tat wenig vertrauenerweckend, etwa wenn er ohne Angaben von Meßwerten feststellte: "Häufig wiederholten wir den einzelnen Versuch zur genaueren Ermittlung der Zeit und fanden gar keine Unterschiede, auch nicht einmal von einem Zehntel eines Pulsschlages."[11]

Es ist nun keine Interpretation Galileis zu dem Manuskript (Abb. 8 und 9) bekannt. Man weiß deshalb weder über die Bedeutung für seinen Forschungsprozeß, noch über die genaue Versuchsanordnung Bescheid. Doch erlaubt die ungefähr mögliche Datierung in die Zeit zwischen 1604 und 1609 den Schluß, daß es in engem Kontakt mit der Entdeckung des Fallgesetzes gestanden haben muß, das Galilei 1609 bekannt war. Die gezeichneten Wurfparabeln schließlich lassen eine höchstwahrscheinliche Rekonstruktion der Versuchsanordnung zu, die eine Art "Sprungschanze" gewesen sein muß (Abb. 10).

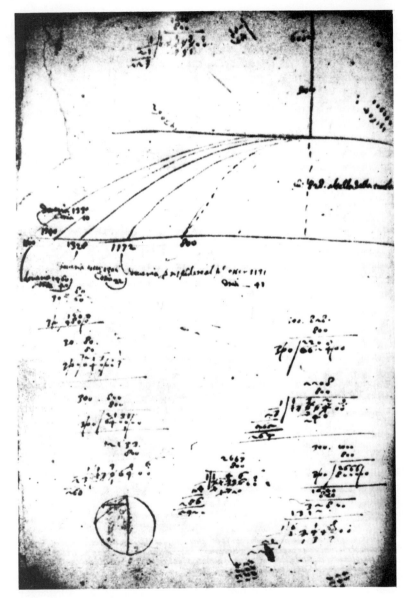

Abb. 8: Das 1973 aufgefundene Manuskript von Galilei mit Wurfparabeln
(aus: Isis, Bd. 64, 1973, S. 297)

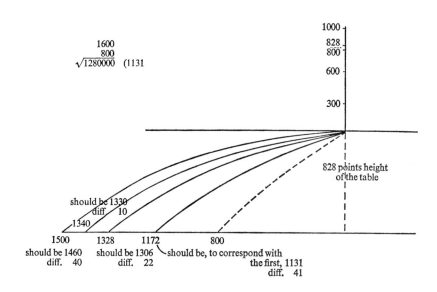

$$\frac{1600}{800}$$
$\sqrt{1280000}$ (1131

1000
828
800
600

300

828 points height
of the table

should be 1330
diff   10
1340

1500   1328   1172   800
should be 1460   should be 1306   should be, to correspond with
diff.   40   diff.   22   the first, 1131
                                   diff.   41

[*partial calculations
omitted as not used*]

300.   828.
         800
300 /662400   (2208

300.   800
         800
300 /640000   (2133

         2208
          800
        $\sqrt{1766400}$ (1329

        2133
         800
       $\sqrt{1706400}$ (1306

300.   1000
         800
300 /800000   (2666

        2667
         800
       $\sqrt{2133600}$ (1460

[*partial calculations
omitted as not used*]

Abb. 9: Umschreibung des Manuskripts von Galilei durch St. Drake
(aus: Isis, Bd. 64, 1973, S. 298)

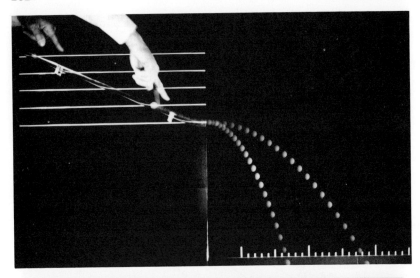

Abb. 10: Rekonstruktion zum Manuskript Galileis
oben: Stroboskopaufnahme eines Versuchs mit der kleinen 'Sprungschanze'. Die Laufhöhe war 5 bzw. 20 cm, die Absprunghöhe über Maßstab 38,5 cm. Die Flugweiten sind
zu ca. 23 cm und 46 cm erkenntlich.
unten: große 'Sprungschanze', wie sie vermutlich den Maßen Galileis entspricht.

Man kann sich nun vorstellen, daß Galilei damit testen wollte, ob die Geschwindigkeit bei Abwesenheit von Kräften erhalten blieb (siehe dazu Drake in Anmerkung 10). Diese Erhaltung würde sich hier auf die horizontale Geschwindigkeitskomponente bei vernachlässigter Luftreibung beziehen. Dazu mußte Galilei aber das Fallgesetz und das Superpositionsprinzip der Bewegungen voraussetzen. Er könnte aber dieses Experiment auch zur Bestätigung (oder gar zur Entdeckung) des Fallgesetzes Weg $\sim$ Zeit^2 benutzt haben[12] — mit entsprechend anderen Voraussetzungen. Auch eine Auffindung oder Bestätigung des Superpositionsprinzips wäre damit denkbar. Im Verlauf des Forschungsprozesses könnten alle diese Möglichkeiten vorgekommen sein. Ja: Das Experiment kann Galilei auch zur Befestigung seines Glaubens an alle drei geführt haben — was selbstverständlich gegen die Logik verstößt, aber öfters in der Geschichte nachzuweisen ist. Die Benutzung zur Bestätigung des Fallgesetzes ist eigentlich sehr naheliegend, da keinerlei Zeitmessung direkt dazu nötig wurde. Man kann folgende Größen definieren:

Flugweite = D; Höhe des Absprungs über der Aufprallebene = h = 77,7 cm (aus den Angaben von Galilei aufgrund existierender Meßgeräte von ihm auf moderne Einheiten umgerechnet); Laufhöhe auf der schiefen Ebene = H; Endgeschwindigkeit beim Absprung = v; Zeit = t.

Man erhält dann aus dem Experiment den Zusammenhang:

$$D^2 \sim H$$

Damit rechnete Galilei unter Benutzung des ersten erhaltenen experimentellen Wertes seine theoretischen Vergleichswerte im Manuskript aus. Wenn man annimmt (bzw. experimentell feststellt), daß alle Fallbewegungen in der gleichen Zeit stattfinden, muß gelten

$$D \sim v$$

Daraus folgt

$$v^2 \sim H$$

Das ist nur mit dem Ansatz

$$t^2 \sim H$$

verträglich, wie modern über einen einfachen Integralschritt nachgewiesen werden kann, wie aber auch über Galileische Überlegungen anders plausibel zu machen ist.

Die Galileischen Werte stimmen recht gut mit modern berechneten (nach $D = 2 \sqrt{5/7 \ Hh}$) überein, wie die umseitige Tabelle zeigt (alle Galileischen 'Punkte' umgerechnet in cm mit 180 Punkte = 16,9 cm):

H nach Galilei	D beobachtet nach Galilei	D theoretisch modern
28,2	75,1	79,1
56,3	110,0	111,8
75,1	124,7	129,1
77,7	125,8	131,3
93,9	140,8	144,4

Die Rekonstruktion im Deutschen Museum wurde sowohl in der wahrschein-
lichen Originalgröße als auch in einem kleineren Maßstab durchgeführt, der
für Unterrichtszwecke besser geeignet ist (Abb. 10). Die aufgrund der reinen
Höhenangaben bei Galilei willkürliche Neigung der Ebene wurde bei der
großen Rekonstruktion zu 35° gewählt. Die glatt bearbeitete Rinne in der
geneigten Holzschiene hatte einen halbkreisförmigen Querschnitt von zu-
nächst 25 mm Durchmesser, die benutzte Stahlkugel einen von 18 mm (es
wurden zu Versuchszwecken auch andere Werte sowie Papiereinlagen in der
Rinne gewählt). Es ergaben sich etwa folgende typische Meßreihen, wobei die
Flugweite der Kugel durch den Eindruck auf einer Plastilinbahn festgestellt
wurde:
Für die Galileische Laufhöhe 28,2 cm:
D = 76,7 / 76,9 / 76,6 / 76,8 / 76,3 / 77 / 76,5 cm
Für die Galileische Laufhöhe 93,9 cm:
D = 137,4 / 137 / 140 / 136 / 137 / 136,6 / 135,3 cm
Kritisch war die gleichmäßige und exakt horizontale Führung des Absprungs,
da sonst (etwa bei Neigung der gesamten Versuchsapparatur) deutlich syste-
matische Abweichungen auftraten.
Ungleichmäßige Bearbeitung der Rinne bewirkte außerdem starke statistische
Schwankungen der Flugweite, aber auch systematische Abweichungen, vor
allem bei größeren Laufhöhen.
Im kleineren Maßstab wurden zwei Rekonstruktionen hergestellt. Bei der
einen war die Absprunghöhe, bei der anderen die Neigung verstellbar. Im
ersteren Fall wurde für die Rinne ein halbiertes Plexiglasrohr verwendet
(Innendurchmesser = 2,4 cm, Länge = 60 cm), dessen eines Ende in der
Wärme gebogen wurde. Die unterste Absprunghöhe betrug 27,2 cm, die
Neigung 23,5°. Im zweiten Fall wurde ein lackiertes Metallrohr (Innendurchmesser = 3,2 cm, Länge = 60 cm) verwendet, an das ein biegsamer Metall-
streifen angelötet war. Die Absprunghöhe betrug konstant 27,2 cm. Die verwendeten Stahlkugeln hatten einen Durchmesser von 20 mm. Der Auffang

war derselbe wie bei der großen Rekonstruktion. Dabei ergaben sich bei der Absprunghöhe 27,2 cm mit der Plexiglaskonstruktion folgende typische Meßreihen:
bei einer Laufhöhe von 5,18 cm:
D = 19,9 / 19,9 / 19,5 / 20,4 / 19,9 / 19,9 / 19,8 cm
bei einer Laufhöhe von 20,7 cm:
D = 39,8 / 39,9 / 39,8 / 39,9 / 40,1 / 39,8 / 39,9 cm
Die krummen Werte bei der Höhenangabe erklären sich aus einer Neigung der schiefen Ebene, die zur Erreichung eines exakt horizontalen Absprungs nötig geworden war. Die theoretisch berechneten Werte (20,1 / 40,1) stimmen gut mit diesen Experimenten überein. Der quadratische Zusammenhang $D^2 \sim H$ wurde sehr gut bestätigt.

Unabhängig von diesen Versuchen wurden auf der im Deutschen Museum ausgestellten Rekonstruktion der schiefen Ebene aus Galileis Discorsi (Länge 6 r/m) Experimente mit einer Stahlkugel (bei Galilei Messing) von 5 cm Durchmesser angestellt, wobei zur Zeitmessung eine "Wasseruhr" nach Galileis rohen Angaben konstruiert wurde. Das Wasser wurde allerdings nicht gewogen, sondern der Ausfluß mit Hilfe des Wasserstandes so geeicht, daß in der Auffangmeßröhre 0,1 cm^3 gerade 1/10 s entsprachen (Abbildung 11). Das Volumen des Ausflußbehälters wurde so groß gewählt, daß die Beeinträchtigung durch Druckabfall während der Meßzeit unterhalb der Meßgenauigkeit blieb. Es ergaben sich z.B. folgende Meßreihen bei einer Neigung der schiefen Ebene von 1,5°:
bei einer Lauflänge von 6 Metern:
t = 7,9 / 8,1 / 8,0 / 8,1 / 8,1 / 8,0 / s
bei einer Lauflänge von 1,5 Metern:
t = 4,0 / 4,0 / 4,0 / 4,0 / 4,2 / 4,0 / 4,0 / s
Das ist bei der nicht gereinigten Laufbahn trotz der sicher im Vergleich zu Galilei zu perfekt runden Kugel ein ausgezeichnetes Ergebnis. Dabei spielt es eine Rolle, wie gut aufeinander abgestimmt das Meßteam aus zwei Personen ist.

Das Ergebnis verleitet zu Überlegungen, ob Galilei nicht auch eine lange 'Sprungschanze'

Abb. 11: Wasseruhr nach Galilei. Die Meßröhre ist hier in Sekunden geeicht (1/10 sec $\hat{=}$ 0,1 cm^3)

geringer Neigung konstruiert hat und hier direkt v ~ t nachwies (gemessen durch die Flugweite D).

Alle Rekonstruktionen zeigen, wie mit sehr einfachen Mitteln für die Schule brauchbare und durchsichtige Ergebnisse zum Zusammenhang Weg ~ Zeit^2 gewonnen werden können. Natürlich ist die absolute Bestimmung der Erdbeschleunigung g so nur über eine Betrachtung des Rollenenergieverlustes und der Neigung der schiefen Ebene möglich (g = 7/5 g' · sinα).

Der Rollenenergieverlust ist ein Problem, das höchstwahrscheinlich auch Galilei Schwierigkeiten − aber für ihn unlösbare − bereitete.

Leidener Flasche, Kondensatorprinzip und Blitzableiter

Die Entdeckung einer neuartigen Speichermöglichkeit für Elektrizität datiert auf die Jahre 1745 (Ewald Jürgen v. Kleist in Camin, Pommern) und 1746 (Pieter van Musschenbroek und zwei Mitarbeiter Cuneus und Allamand in Leiden, Holland) (Abb. 12). Die Bedingungen, die zum Gelingen des Experi-

Abb. 12: Leidener Experiment 1746
Der erste Zylinderkondensator der Geschichte und der Beginn einer neuen Elektrizitätstheorie (aus: Nollet, J.A.: Essai sur l'electricité des corps, Paris 1746. Tafel 4)

ments — modern: der Speicherfähigkeit eines Zylinderkondensators — führten, waren keinem der Beteiligten zunächst ganz klar. Am unklarsten waren sie auf jeden Fall dem Theologen Kleist. So konnte es zu verschiedenen Kontroversen um die Priorität der Entdeckung kommen. Es war einfach keineswegs ersichtlich, daß nur die "Belegungen" an der Glaswand der benutzten Gefäße (Haut der Hand außen — Wasserbegrenzungsfläche innen) entscheidend waren, ferner, daß es sich hier um einen Stromkreis handelte, der über die Verbindung Experimentator — Fußboden — Ableitung Elektrisiermaschine zwischen den 2 Seiten der Glaswand hergestellt wurde. Diese Interpretation entwickelte sich erst in einer mehrjährigen Debatte. Bald allerdings wurde erkannt, daß zwei Metallbelegungen statt Hand und Wasser ausreichten.

Die grundsätzlichen theoretischen Antworten kamen schließlich vor allem von Benjamin Franklin ab 1748. Während vor 1746 Elektrizität nicht als auf Leiter beschränkte Quantität verstanden wurde (Kraftwirkungen in den Raum sah man als materielle Ausströmungen dieser Elektrizität an), deshalb auch keine Stromkreisvorstellung existierte, so wurde jetzt Strömen von Elektrizität im Wesentlichen nur innerhalb eines Stromkreises erlaubt. Das war durch das Leidener Experiment plausibel zu machen: Aufladung wurde von Franklin als Ladungstrennung charakterisiert, genauer, als Überfluß (positiv) oder Mangel (negativ) einer einzigen existierenden Materie. Probleme dabei (z.B.: warum stießen sich zwei negative Körper, d.h. mit verringerter elektrischer Materie, voneinander ab) führten andere zur Erneuerung der These von zwei existierenden elektrischen Materien, die aber auch nur getrennt (Aufladung) und wieder zum neutralen Status vereint (Entladung) werden konnten. Beide Theorien basierten also nun auf einer Art Ladungserhaltungsprinzip.

Die Leidener Flasche führte schließlich auch kurz nach 1770 zur erstmaligen Trennung zweier Begriffe Quantität — Intensität (d.h. Ladungsmenge und Spannung)[13]. Ihre Erfindung steht in der Tradition der Versuche ab etwa 1600 (William Gilbert), nach Substanzen zu suchen, die die Eigenschaft des Bernstein (= Elektron) zeigten, sich durch Reibung elektrisieren zu lassen. Dabei wurde im 18. Jahrhundert vor allem die Transport- und Speicherfähigkeit dieser Eigenschaft untersucht. Metalle, Wasser und andere galten als Leiter, das hieß bei Isolierung leicht auffüllbare Speicher der Elektrizität. Metallkugeln usw. als Elektrizitätsspeicher sind dabei nach heutiger Vorstellung Kondensatoren gegen Zimmerwand mit dem Dieelektrikum Luft. Die Entdeckung der Speicherfähigkeit der Leidener Flasche beruhte also im wesentlichen auf der — zunächst gar nicht bewußten — Verringerung der Belegungsabstände um die Größenordnung 10^3, d.h. von einigen Metern Zimmerwandabstand zu einigen Millimetern Glasstärke. Eine geringere positive Rolle dabei spielte das bessere Dielektrikum Glas gegenüber Luft. Die größten Kapazitäten, die man mit einer Batterie parallel geschalteter Leidener

Flaschen damals erzielen konnte, lagen bei etwa 1μF.

Wie es zu dieser Entdeckung, die aus den damaligen Ausströmungstheorien nicht vorhersehbar war, kommen konnte, ist nicht einfach zu erklären. Die Frage ist aber von großem Interesse, da in der Entwicklung der Physik immer wieder solche experimentellen "Sprünge" auftreten, die eine ganz unerwartete Erweiterung von Handeln und Denken erlauben (siehe etwa auch die Entdeckung Galvanis 1791 zur "tierischen" Elektrizität, die Entdeckungen Röntgens 1895, die Entdeckungen Becquerels zur Radioaktivität 1896 usw.).

Es sind nun Überlegungen angestellt worden, daß gerade die Nicht-Fachleute (wie auch bei dem Mediziner Galvani ersichtlich) entscheidend für die erste Phase der Entdeckung waren:

Lederschuhe und Holzboden des 18. Jahrhunderts stellten eine viel bessere Leitung bei diesen Spannungen dar als heutige Materialien. Diese leitende Verbindung war als Teil des Gesamtstromkreises unbedingt nötig, um größere Auf- und Entladungswirkung zu bekommen. Doch waren die damaligen Erfahrungen der Physik genau umgekehrt: Aufladungen hielten nur, wenn der entsprechende Speicher isoliert war. Wenn man aber, wie vielleicht wirklich schon ab und zu vor 1745 versucht wurde, den Leidener Versuch nach den damaligen Anweisungen der Physik auf einem Isolator stehend ansetzt, ist die Wirkung (je nach Kapazität dieses zweiten "Kondensators" Füße — Isolator — Erde) mitunter kaum spürbar. Man mußte also bewußt oder unbewußt gegen scheinbar sicheres traditionelles Wissen verstoßen, um diesen neuen Effekt zu entdecken. Da keiner der Entdecker diese Tradition zunächst bewußt in Frage gestellt hat, wäre es tatsächlich möglich, daß hier die "Amateure" (von Kleist, Cunaeus, der den Effekt wahrscheinlich vor seinen Kollegen gesehen hat) einfach eine sonst allgemein anerkannte Regel mißachtet haben und deshalb zu Entdeckern werden konnten. Die entscheidende Interpretation kam allerdings auf jeden Fall von Fachleuten.

Zur Durchführung des rekonstruierten Versuchs (auch zu anderen historischen Versuchen) existiert eine Beschreibung im Deutschen Museum, die dort angefordert werden kann:

Geräte: 1 Bandgenerator (oder andere Elektrisiermaschine)
          1 Becherglas (am besten Kunststoff) mit Metalleinsatz
          1 Verbindungskabel 2 m
          1 Isolierschemel oder Kunststoffplatte, ca. 40 x 40 cm
          1 Metallstab (angerundet)

Durchführung (Abb. 13):

1. Setzen Sie den Metalleinsatz in den Kunststoffbecher und füllen Sie mit Wasser zu etwa zwei Drittel auf. Lassen Sie ein Erdungskabel von der Elektrisiermaschine auf den Boden hängen (bei Kunststoffböden und

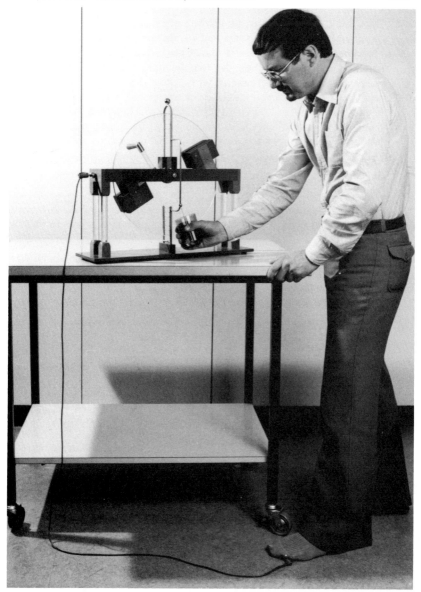

Abb. 13: Rekonstruktion des Leidener Versuchs
Betont wird die Notwendigkeit, beim Aufladungsvorgang die Elektrisiermaschine und die Füße des Experimentators zu verbinden.

Gummisohlen erhält man die stärkste Wirkung, wenn man ohne Schuh direkt mit einem Fuß auf das Kabelende tritt). Umfassen Sie nun den Plastikbecher mit einer Hand (je fester, umso stärkere Wirkung) und halten Sie das obere Ende des Metalleinsatzes an den Bandgenerator, während dieser in Gang gesetzt wird. *Laden Sie zunächst nur mit zwei oder drei Umdrehungen des Bandgenerators.* Danach ziehen Sie den Becher wieder zurück und nähern einen Metallstab in Ihrer zweiten Hand (oder den Finger direkt) dem Metalleinsatz, bis ein Funke überspringt. Ist die Wirkung zu schwach, laden Sie den Bandgenerator stärker auf.

2. Führen Sie den Versuch auch mit einer Entladungskette aus zwei oder drei Personen (oder mehr) durch, die mit den Händen verbunden sind, wobei die letzte freie Hand die Entladung bewirkt.

3. Sie können den aufgeladenen Becher auf den Tisch stellen, ihre Hand lösen und erst nach einigen Minuten wieder zugreifen und die Entladung einleiten.

4. Wenn Sie den Becher entleeren, abtrocknen und den Versuch ohne Wasser noch einmal durchführen, wird kaum eine Wirkung bemerkbar sein, es sei denn, Sie umfassen den Boden des Glases (und damit den inneren Metalleinsatz).

5. Der Versuch wird zunächst wie unter 1. durchgeführt, am besten mit einem unbeschuhten Fuß auf dem Erdungskabel des Bandgenerators. Doch soll jetzt beim Aufladen auf eine bestimmte Anzeige des am Bandgenerator angebrachten Elektroskops geachtet werden. Registrieren Sie die Stärke der physiologischen Erschütterung.
    Nun treten Sie auf den Isolierschemel — sind damit eindeutig isoliert gegenüber dem Erdungskabel — und führen den Versuch bei gleicher Anzeige des Elektroskops wie vorher noch einmal durch. Es zeigt sich eine wesentlich schwächere Entladungswirkung.

Ergebnis:

Eine Leidener Flasche ist ein einfacher Zylinderkondensator sehr hoher Spannungsfestigkeit (wie er bei Sonderaufgaben auch heute noch verwendet wird), der sehr viel größere Kapazität als eine einfache Metallfläche hat. Man kann mit einfachen Mitteln und völlig ungefährlich mechanische (Elektroskop), optische (Funke) und physiologische (Erschütterung) Wirkungen der elektrischen Entladung aus diesem Speicher demonstrieren.
Eine Unterbrechung des Stromkreises Körper — Erde — Ableitung Elektrisiermaschine, d.h. die Hintereinanderschaltung eines zweiten Kondensators (Füße — Kunststoffplatte — Erde) verringert die Gesamtkapazität

entsprechend. Der Entladungsfunke ist wesentlich schwächer. Diese Teilentladung läßt ferner nicht alle Spannungen gegen Erde verschwinden.

Anmerkungen:

1) für einen Fachwissenschaftler siehe Bondi, Hermann: Mythen und Annahmen in der Physik. Göttingen 1971; für einen Wissenschaftstheoretiker siehe Stegmüller, Wolfgang: Hauptströmungen der Gegenwartsphilosophie. Stuttgart [3]1965.

2) Teichmann, Jürgen: 150 Jahre Ohmsches Gesetz 1826 bis 1976. In: Elektrotechnische Zeitschrift, Ausgabe a, Bd. 97, 1976, S. 594—600. Andere Artikel zum Ohmschen Gesetz in derselben Zeitschrift Bd. 98, 1977, S. 94—102, 158—160. Beides als Sonderdruck im Deutschen Museum erhältlich.

3) Westfall, Richard S.: Stages in the Development of Newton's Dynamics. In: Roller, Duane H.D. (Hrsg.): Perspectives in the history of science and technology. Norman, Oklahoma 1971, S. 177—208. — Hanson, Norwood Russel: Patterns of discovery. An inquiry into the conceptual foundations of science. Cambridge 1972 (1. Auflage 1958). — siehe auch: Jung, Walter: Was heißt: Physiklernen? Didaktik der Physik zwischen Physik und Wissenschaftstheorie. In: Ewers, Michael (Hrsg.): Naturwissenschaftliche Didaktik zwischen Kritik und Konstruktion, Weinheim 1975, S. 133—158, hier S. 150.

4) Duhem, Pierre: Ziel und Struktur der physikalischen Theorien. Leipzig 1908 (französisch 1906), hier S. 248—249, 252, 253.

5) über Duhems Stellung in der Entwicklung der Wissenschaftstheorie siehe Losee, John: Wissenschaftstheorie. Eine historische Einführung. München 1977 (englisch 1972), S. 127f. — Piaget, Jean: Die Entwicklung des Erkennens II. Das physikalische Denken. Stuttgart 1975, S. 290f. (Französisch 1950).

6) z.B. Kuhn, Thomas S.: Die Entstehung des Neuen — Studien zur Struktur der Wissenschaftsgeschichte, Frankfurt 1976. — Diederich, Werner (Hrsg.): Theorien der Wissenschaftsgeschichte, Frankfurt 1974.

7) Jung, Walter (Anmerkung 3) — Jung, Walter: Anmerkungen zu den Konstruktionsprinzipien einiger moderner Physikcurricula. In: Robinsohn, Saul B. (Hrsg.): Curiculaentwicklung in der Diskussion. Stuttgart u.a. 1972, S. 202—213, hier besonders S. 209—213. — Teichmann, Jürgen: Geschichtlich-dynamische Wissenschaftstheorie: Möglichkeiten und Kritik. In: Bloch, Jan Robert u.a. (Hrsg.): Grundlagenkonzepte der Wissenschaftskritik als unterrichtsstrukturierende Momente. Referate des 13. IPN-Seminars. Kiel 1978, hier S. 337—352.

8) s. Analogie zum Lernprozeß von Kindern bei Piaget, Jean (Anmerkung 5), S. 191.

9) Jung, Walter (Anmerkung 3). Er macht hier keinen klaren Unterschied zwischen Studenten, die sich für den Berufswunsch Physiker entschieden haben, und Schülern. — Siehe auch Bondi, Hermann: Physik und unsere Kultur. In: Physikalische Blätter Bd. 38, 1977, S. 785—792.

10) Drake, Stillman: Galileo's Experimental Confirmation of Horizontal Inertia: Unpublished Manuscripts. In: Isis, Bd. 64, 1973, S. 291—305. — Alexandre Koyré etwa wandte sich in seinen ausgezeichneten Interpretationen gegen die Bedeutung von Experimenten im Entwicklungsgang Galileis. — Siehe dazu Koyré, Alexandre: Metaphysics and Measurement: Essays in Scientific Revolution? Cambridge, London 1968.

11) Galilei Galileo: Unterredungen und mathematische Demonstrationen über zwei neue Wissenszweige, die Mechanik und die Fallgesetze betreffend. Darmstadt 1973

212

(1. Auflage 1890—1904; italienisch Leiden 1638). Hier S. 162 (dritter Tag, Zusatz 1). Die deutsche Übersetzung des Titels wäre richtiger: 'die technische Mechanik und die Ortsbewegungen betreffend'.

12) Naylor, R.H.: Galileo and the problem of free fall. In: The British Journal for the History of Science. Bd. 7, Juli 1974, S. 105—134.

13) Teichmann, Jürgen: Alessandro Volta und die Grundbegriffe Kapazität, Spannung, Ladungsmenge. In: Physik und Didaktik, Heft 2, 1978, S. 113—119. Griechische Namen wurden in ihrer lateinischen Fassung verwendet (z.B. Ptolemäus statt Ptolemaios).

Literaturverzeichnis

BONDI, Hermann: Mythen und Annahmen in der Physik. Göttingen 1971.

BONDI, Hermann: Physik und unsere Kultur. In: Physikalische Blätter Bd. 38, 1977, S. 785—792.

DIEDERICH, Werner (Hrsg.): Theorien der Wissenschaftsgeschichte. Frankfurt 1974.

DRAKE, Stillman: Galileo's Experimental Confirmation of Horizontal Inertia: Unpublished Manuscripts. In: Isis Bd. 64, 1973, S. 291—305.

DUHEM, Pierre: Ziel und Struktur der physikalischen Theorien. Leipzig 1908 (französisch 1906).

GALILEI, Galileo: Unterredungen und mathematische Demonstrationen über zwei neue Wissenszweige, die Mechanik und die Fallgesetze betreffend. Darmstadt 1973 (1. Auflage 1890—1904; italienisch Leiden 1638).

HANSON, Norwood Russell: Patterns of discovery. An inquiry into the conceptual foundations of science. Cambridge 1972 (1. Auflage 1958).

JUNG, Walter: Anmerkungen zu den Konstruktionsprinzipien einiger moderner Physikcurricula. In: Robinsohn, Saul B. (Hrsg.): Curriculaentwicklung in der Diskussion. Stuttgart u.a. 1972.

JUNG, Walter: Was heißt: Physiklernen? Didaktik der Physik zwischen Physik und Wissenschaftstheorie. In: Ewers, Michael (Hrsg.): Naturwissenschaftliche Didaktik zwischen Kritik und Konstruktion, Weinheim 1975, S. 133—158.

KOYRÉ, Alexandre: Metaphysics and Measurement: Essays in Scientific Revolution. Cambridge, London 1968.

KUHN, Thomas S.: Die Entstehung des Neuen — Studien zur Struktur der Wissenschaftsgeschichte, Frankfurt 1976.

LOSEE, John: Wissenschaftstheorie. Eine historische Einführung. München 1977 (englisch 1972).

NAYLOR, R.H.: Galileo and the problem of free fall. In: The British Journal for the History of Science. Bd. 7, Juli 1974, S. 105—134.

PIAGET, Jean: Die Entwicklung des Erkennens II. Das physikalische Denken. Stuttgart 1975 (französisch 1950).

STEGMÜLLER, Wolfgang: Hauptströmungen der Gegenwartsphilosophie. Stuttgart ³1965.

TEICHMANN, Jürgen: Geschichtlich-dynamische Wissenschaftstheorie: Möglichkeiten und Kritik. In: Bloch, Jan Robert u.a. (Hrsg.): Grundlagenkonzepte der Wissenschaftskritik als unterrichtsstrukturierende Momente. Referate des 13. IPN—Seminars. Kiel 1978.

TEICHMANN, Jürgen: 150 Jahre Ohmsches Gesetz 1826 bis 1976. In: Elektrotechnische Zeitschrift, Ausgabe a, Bd. 97, 1976, S. 594—600.

WESTFALL, Richard S.: Stages in the Development of Newton's Dynamics. In: Roller, Duane H.D. (Hrsg.): Perspectives in the history of science and technology. Norman, Oklahoma 1971, S. 177—208.

Reihe:

texte zur mathematisch-naturwissenschaftlich-technischen forschung und lehre

Band 1
Ernst Grimsehl:
Didaktik und Methodik der Physik
reprint 1911
1978, 120 S., ISBN 3-88120-001-0   14,80 DM

Band 2   neu: Nov. '78
Martin Füssel:
Die Begriffe Technik, Technologie, Technische Wissenschaften
und Polytechnik
1978, 68 S., ISBN 3-88120-003-7   11,80 DM

Band 3   neu: Dez. '78
Michael Ewers:
Wissenschaftsgeschichte und naturwissenschaftlicher Unterricht
1978, ca. 240 S., ISBN 3-88120-004-5   34,80 DM

Band 4   neu: Jan. '79
Herbert Kraatz:
Möglichkeiten und Grenzen einer technischen Grundbildung
1979, ca. 150 S., ISBN 3-88120-005-3   ca. 20,— DM

verlag barbara franzbecker kg

Mozartstraße 3 —   D - 3202 Bad Salzdetfurth über Hildesheim